世界货币史丛书（第一辑）　　　石俊志◎主编

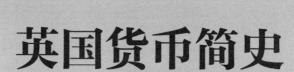

英国货币简史
——上古至光荣革命

黄希韦

著

经济管理出版社
ECONOMY & MANAGEMENT PUBLISHING HOUSE

图书在版编目（CIP）数据

英国货币简史：上古至光荣革命/黄希韦著．—北京：经济管理出版社，2023.9

ISBN 978-7-5096-9351-3

Ⅰ．①英…　Ⅱ．①黄…　Ⅲ．①货币史—英国　Ⅳ．① F822.9

中国国家版本馆 CIP 数据核字（2023）第 193160 号

组稿编辑：王光艳
责任编辑：李红贤
责任印制：黄章平
责任校对：胡莹莹

出版发行：经济管理出版社
　　　　　（北京市海淀区北蜂窝 8 号中雅大厦 Λ 座 11 层　100038）
网　　址：www.E-mp.com.cn
电　　话：（010）51915602
印　　刷：北京市海淀区唐家岭福利印刷厂
经　　销：新华书店
开　　本：880mm×1230mm / 32
印　　张：10
字　　数：233 千字
版　　次：2023 年 11 月第 1 版　2023 年 11 月第 1 次印刷
书　　号：ISBN 978-7-5096-9351-3
定　　价：68.00 元

世界货币史丛书
编委会

总　序

理论来源于实践。

货币学理论来源于已经发生的千千万万的货币活动实践，而这些货币活动实践被记载在历史文献中，又被出土的相关文物所证实。

人们从浩瀚的历史信息中寻找货币的起源、发展、演变的普遍性规律，从而产生了货币理论。

货币理论不能依赖一个国家、一个时期的货币实践，而是应该从更为广阔的视角来寻找、分析和总结。只有采用全时空的视角，横向全世界，纵向几千年，对货币的发展过程进行全方位的观察和研究，才能发现其中的普遍性规律，得出科学、准确的结论。

关于货币的这种广视角、全方位的研究学科，便是世界货币史。

为了推动世界货币史学科的发展，获得世界各国货币起源、发展、演变的相关知识，我们邀请了一批国内金融学、法学、历史学和外国语的专家学者，经过认真广泛的调查收集，筛选了一批外国货币史著作，并将其翻译成中文，汇编成"外国货币史译丛"出版，介绍给国内读者。

基于"外国货币史译丛"中的史料知识，通过对世界各国货币史的研究，结合世界各国出土的古代货币实物，以及世界各国货币发展、演变的历史背景，我们针对一些古代国家的货币史以及世界货币史的一些专题，开始撰写一批专著，以"世界货币史丛书"的名目陆续出版。

我们相信，"世界货币史丛书"的出版，对于我国货币理论研究，以及我国关于世界各国历史、政治、经济和文化的研究，具有一定的参考价值。

石俊志

2022 年 10 月 28 日

前　言

克罗齐（Benedetto Croce, 1866—1952）"一切历史都是当代史"（Ogni storiae la storia contemporanea）的说法已经被滥用，但在写作本书时，笔者经常停笔思考，在今天的货币金融体系语境下，探究一个遥远异国古代的金银币制，对于今天的货币金融研究，有什么参考价值？例如，如今全球货币体系正在发生的一大革命是中央银行数字货币（CBDC），此时探究古代商品货币（Commodity Money）的制造、发行和流通，以及相关的财政和货币政策等金融稳定问题，是否还有现实意义？

在古代英国，流通货币主要由银币和金币组成，最早的纸币出现于17世纪，到19世纪早期、拿破仑战争后正式进入金本位时代，延续至20世纪为法定货币（Fiat Money）所取代。英国货币史一个特别的地方在于文献与文物的丰富程度几乎是全球绝无仅有的。自盎格鲁—撒克逊时代以降，1000多年间，关于国家财政、税收、造币、国际收支等的文献，包括法案和谕令、政府、教会和企业的档案、财务报告、司法判决、政府和国会会议纪要、当事人的信函和日记等，原始文献几乎完整无缺地流传至今；存世的钱币实物，无论是收藏于公共博物馆还是在私人收藏家手中，以及相关的目录、图册等，可谓汗牛充栋；英国皇家造币厂至今已拥有超过千年的持续运营历史以及与之相关的详尽的文献和文物收藏。事实上，正是对钱币收藏的热衷，使英国历史货币成为今天全世界研究最充分、研究成果最丰富的古代货币。鉴于18世纪以来英国在全球金融体系中的显赫地位，研究英国货币史，对于厘清经济学、货币银行学、国际金融等学科的发展脉络和基本发展规律（上述学科几乎是随英国工业、贸易和金融霸权的建立同步发展起来的）有着重要的参考意义。毕竟，"太阳底下无新事"，例如，虽然商品货币已成为过去，但理解从金银锭到国家发行的法偿金银币的演进，以及由此导致的金属主义（Metallism）和名义主义（Nominalism）的争论、劣币驱逐良币的货币现象等，对于理解今天中央银行数字货币与比特币、稳定币等去中心的数字货币之间的关系，有相当大的参考价值。

本书的章节安排以时间为顺序，始于史前，终至"光荣革命"后的货币重造，涵盖自罗马征服前至"光荣革命"后、汉诺威王朝（House of Hanover，1714—1901年）建立前的英国历史，重点关注英格兰，同时，因内容的相关性，对苏格兰及英国殖民统治下印度的币制沿革也有所涉及。本书每章均先简要回顾特定时代的历史背景、重大事件与人物，着眼于呈现币制背后的政治、经济、社会、文化及国际关系动因，并对有代表性的钱币品类做详尽的描述，包括重量和贵金属成色、图案和铭文（通常是拉丁文）释义及其背后的典故等。英国发行和流通过的货币及换算制度乱花迷人，为此在本书的附录中按时间顺序列表，并同英国历史大事年表相对照，供读者参考解惑。

　　选择"光荣革命"作为本书的时间终点，是因为"光荣革命"可作为英国历史上的一个重要分水岭，金本位制度、工业革命、现代货币金融体系及英国的全球霸权均是"光荣革命"后较短时间内爆发而来。一段时间以来，我们研究金融几乎言必称英美，但实际上，在欧洲中世纪的中后期，现代金融和资本主义生产关系，乃至工业化和城市化最先出现于意大利和低地国家（大致包括今天的荷兰、比利时和卢森堡），与纸币在中国的最早出现差不多同时，而同期的英国则只是个落后的农业国，其金融体系一度由意大利银行家所掌控。英国人引以为傲的现代中央银行制度，也是"光荣革命"后才从荷兰引进的。但英国具备某些特别的优势，例如，朝野对币值稳定和坚挺均有着近乎宗教般的狂热坚持；较早确立了税收法定的原则，通过持续的斗争和博弈，包括革命和内战，建立了严格的公共财政纪律；自伊丽莎白时代以来，对外来创新兼容并包及对本土自主创新充分包容和鼓励等。研究英国货币史，可以有助于我们深入辨识大国崛起背后的若干货币金融规律，这对于我们如何使人民币成为国际主要货币之一，有一定的参考意义。

　　货币史是一门跨学科的综合领域，融合经济史、法制史、工业史、钱币学、考古学、冶金学等多门学科的概念和理念。除传统的文献、文物和考古研究，近年来，采用各种科技手段对存世古币进行了冶金学分析，以及利用实验考古学（Experimental Archaeology）方法还原古代造币工艺流程，在国内外相关研究领域也蔚然成风，出现了很多令人眼界大开的新发现，例如对中世纪英格兰金银币的冶金学分析揭示了当时造币用金银的主要来源，从而为还原当时全欧范围内的国际贸易和国际收支情况提供了重要线索。因时间和条件所限，在本书的写作过程中，笔者主要还是依赖于文献研究，而较少有机会进行实地研究以获得第一手的资料。笔者希望在未来的研究中有机会弥补这一缺憾。

感谢经济管理出版社王光艳编辑及各位同仁在本书写作过程中给予的支持。各位编辑老师的专业和敬业，使本书最终的呈现远超笔者的预期。

特别感谢本丛书主编石俊志博士在本书写作过程中给予的指导。多年前，石俊志博士引领笔者进入世界货币史研究领域，迄今已指导笔者出版多部专著和译著。石俊志博士博闻强识，治学严谨，其鼓励和提点是笔者在学术上不断精进的重大动力。

目　录

第一章　**不列颠早期货币** // 001

第一节　从铁条到金币：凯尔特人的货币沿革　005

第二节　PAX ROMANA："罗马统治下的和平"　011

第三节　便士与丹麦金：盎格鲁—撒克逊人的货币　018

第四节　诺曼征服与诺曼王朝的钱币　029

第二章　**继往开来的安茹帝国** // 035

第一节　名不副实的"安茹帝国"　038

第二节　开创英国宪政传统的《大宪章》　042

第三节　英法百年战争　046

第四节　金雀花王朝的币制　056

第三章　**英格兰文艺复兴** // 067

第一节　玫瑰战争与都铎王朝的建立　070

第二节　性格迥异的两父子：亨利七世和亨利八世　076

第三节　伊丽莎白一世女王和英格兰的第一个黄金

　　　　时代　085

第四节　西班牙"无敌舰队"的覆灭　090

第四章　都铎王朝的货币发展 // 095

第一节　都铎王朝的币制　099

第二节　亨利八世时期的金衡体系和大贬值　105

第三节　女王和她的财务顾问:如何恢复造币信用　111

第四节　著名的格雷欣法则　119

第五章　英格兰和苏格兰的币制统一 // 125

第一节　苏格兰币制简史　138

第二节　詹姆斯一世的货币体系　147

第三节　英国东印度公司的建立　151

第四节　印度流通的英国货币　161

第六章　革命前夕的货币制度 // 169

第一节　王室的财政危机　174

第二节　伦敦的金匠和银行券　179

第三节　查理一世时期的金属货币　188

第四节　内战和共和国的建立　192

第七章　资产阶级共和国和斯图亚特王朝复辟时期的币制 // 199

第一节　克伦威尔的财政难题与斯图亚特王朝

　　　　复辟　205

第二节　《航海法案》中的货币信息　211

第三节 斯图亚特王朝复辟时期的"债务大
停兑"和币制 **217**

第四节 造币厂牌价、名义主义与金属
主义 **227**

第八章 **光荣革命之后的货币重铸** // **235**

第一节 威廉三世与光荣革命 **239**

第二节 朗兹发表"银币改造论":币制改革
的先期造势 **249**

第三节 洛克的"金属价值论"与《王国钱币
混乱状况整治法案》的出台 **254**

第四节 牛顿出任造币监督 **259**

附 录 // **265**

附录一 英国历史大事年表
——史前至汉诺威王朝建立 **267**

附录二 英国钱币沿革一览表
——盎格鲁—撒克逊时代至汉诺威
王朝建立 **290**

参考文献 // **297**

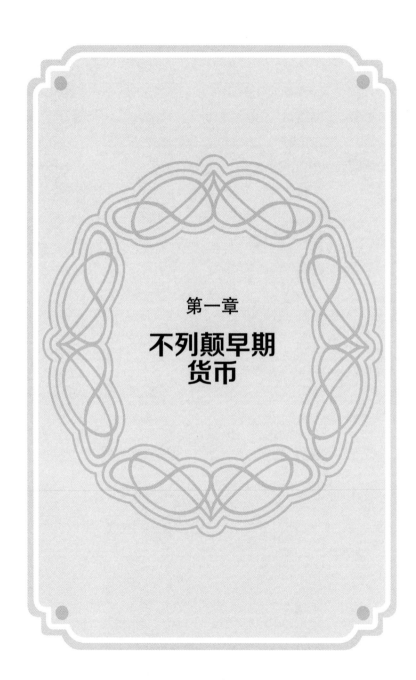

第一章

不列颠早期
货币

"赫胥黎独处一室之中,在英伦之南,背山而面野,槛外诸境,历历如在机下。乃悬想二千年前,当罗马大将凯彻未到时,此间有何景物。计惟有天造草昧,人功未施,其借征人境者,不过几处荒坟,散见坡陀起伏间,而灌木丛林,蒙茸山麓,未经删治如今日者,则无疑也。"[1]

有"达尔文的斗牛犬"(Darwin's Bulldog)之称的英国生物学家托马斯·亨利·赫胥黎所著的论文和演讲集《天演论》(*Evolution and Ethics*,今译《进化论与伦理学》)因严复先生的译本在 19 世纪末的中国轰动一时。从该书《导言一:察变》的这段话可以看出,赫胥黎认为,或者说在赫胥黎当时的一个普遍的观念是,英国的文明史始于高卢战争期间(公元前 58—前 50 年)恺撒对不列颠岛的两次远征。这两次远征分别发生在公元前 55 年和公元前 54 年,即中国西汉宣帝五凤三年和四年,正值匈奴内乱、呼韩邪单于向汉庭称臣之时。恺撒远征的目的是惩膺不列颠岛上支持高卢人的布立吞人(Briton),扶持亲罗马势力。布立吞人和高卢人同属凯尔特人(Celts),不列颠和法国的布列塔尼(Brittany)之名均源于拉丁语不列颠尼亚(Britannia),即罗马人设在不列颠岛上的行省的名称,意为布立吞人的国度。布立吞等

---

[1] 托马斯·亨利·赫胥黎(Thomas Henry Huxley, 1825—1895 年):《天演论》(*Evolution and Ethics*),严复译,维基文库,https://zh.m.wikisource.org/wiki/天演论。

不列颠群岛的凯尔特部落同高卢的凯尔特诸部落有密切的文化和血缘关系。

凯尔特人属地中海人种，是欧洲和安纳托利亚半岛众多古老民族和部族的统称，这些民族和部族曾广泛地活跃于欧洲大陆西部和中南部、安纳托利亚半岛及不列颠群岛，其语言均属印欧语系凯尔特语族，文化亦多有相近之处，且普遍信仰德鲁伊教（Druids）。今天仍坚持凯尔特文化认同的人群主要是古代海岛凯尔特人（Insular Celts）的苗裔，分布在爱尔兰、威尔士、苏格兰、曼岛（Isle of Man）、法国布列塔尼半岛以及英格兰康沃尔（Cornwall）郡；仍在使用的凯尔特语言包括爱尔兰语（盖尔语）、威尔士语、苏格兰高地盖尔语（Gaelic）、康沃尔语以及布列塔尼语（Breton）等；悠扬的风笛和健力士啤酒商标上的爱尔兰竖琴是今天最为人所熟知的凯尔特文化符号。

古希腊人称凯尔特人为 κελτοι，可能源自古凯尔特人的自称，意为"高大的人"。最早关于凯尔特人的记载出自古希腊历史和地理学家米利都的赫卡塔埃乌斯（Hecataeus of Miletus，约公元前 550 至公元前 476 年），用来指代居住在马萨利亚（Massalia）周边的蛮族部落。马萨利亚即今日的法国马赛，公元前 600 年左右，来自小亚细亚福西亚（Phocaea）①城邦的爱奥尼亚希腊定居者建立此城。希罗多德称凯尔特人居住在多瑙河源头及欧洲大陆西部。最早提及不列颠群岛并描述凯尔特和日耳曼诸部族风土民情的文献是公元前 4 世纪的《马萨利亚航海图》（*Massaliote*

---

① 今土耳其安纳托利亚半岛西部海岸的福卡（Foca）。

Periplus)。据信，古希腊航海家马萨利亚的皮西亚斯（Pytheas of Massalia）曾环绕不列颠岛和爱尔兰岛航行。在《高卢战记》（*Commentarii de Bello Gallico*）中，恺撒提到高卢人自称凯尔特人。古罗马时代，"高卢人"和"凯尔特人"这两个称谓经常混用。在古希腊和罗马人的记述中，凯尔特人剽悍尚武，既是横行无忌的劫掠者，也可以成为足堪倚重的雇佣军，部族之间的武装冲突是凯尔特人社会的常态。公元前 387 年，高卢凯尔特部落曾攻陷并洗劫罗马；汉尼拔远征罗马的大军中也有凯尔特雇佣军。

第一节

从铁条到金币：凯尔特人的货币沿革

由于给希腊、迦太基等充当雇佣军，凯尔特人学会了使用钱币，并开始仿照希腊式样生产自己的钱币，但质量和成色通常要差些。

据恺撒的《高卢战记》的描述，不列颠岛上的布立吞人是令人生畏的战士。他们身披兽皮，不事耕种，共妻，用从菘蓝（*Isatis Tinctoria*）中提取的颜料将皮肤染成蓝色；其军队有战车兵、骑兵、步兵等不同军种，其中最为精锐、地位最高的是战车兵[①]。《高卢战记》自成书以来一直被奉为信史，但基于新的考古发现，现代学者对其可信度提出了质疑，认为其中有不少是恺撒出于政

---

① Caius Julius Caesar, "Commentarii de Bello Gallico", Andesite Press, 2015.

治宣传目的夹带的"私货"，不可尽信。然而无论如何，作为关于不列颠岛和布立吞人最早的第一手史料，《高卢战记》仍是研究英国早期历史不可或缺的文献。

恺撒的两次远征均为时甚短，只能算是小规模、浅尝辄止的遭遇战，罗马大军也未能讨到什么便宜。恺撒的战略重心依然是征服山外高卢，并不想为一个贫瘠的海岛浪费宝贵的时间和军力。罗马人对不列颠的征服还要等到约一百年后克劳狄皇帝（Tiberius Claudius Caesar Augustus Germanicus，公元前 10 年至公元 54 年）在位时期。但恺撒的远征仍可视为英国早期历史的一个分水岭：自此之后，不列颠岛被纳入罗马人的势力范围，不列颠岛的历史也成为欧洲历史的一部分。

现代考古发现证明，不列颠群岛最早的人类活动可追溯至旧石器时代。2010 年，考古学家在英格兰诺福克郡

图 1　高卢首领韦辛格托里克斯（Vercingetorix）头像斯塔特金币

注：该币为琥珀金材质，重 7.65 克，直径 18.5 毫米，收藏于法国国家图书馆钱币、徽章和古玩部。钱币正面为面向左侧的韦辛格托里克斯头像和拉丁文铭文 Vercingetorix；反面为朝向左侧的奔腾的骏马，骏马卜方为双耳瓶。韦辛格托里克斯（约公元前 82 年至公元前 46 年）是高卢阿维尔尼（Arverni）部落的首领，其活动区域主要在今法国中部奥弗涅（Auvergne）大区。他领导高卢人抵抗恺撒统领的罗马大军。公元前 52 年战败后，为挽救部众，他单人独骑前往恺撒大营，作为战俘被押往罗马，于公元前 46 年在恺撒举办的凯旋仪式上被处决。19 世纪以来，韦辛格托里克斯被法国人尊为民族英雄，奥弗涅大区首府克莱蒙费朗（Clermont-Ferrand）有其塑像，由著名雕塑家、纽约自由女神像的设计者弗里德利·奥古斯特·巴托尔迪（Frederic Auguste Bartholdi，1834—1904 年）创作。

资料来源：法国国家图书馆电子文档。

的黑斯堡（Happisburgh，Norfolk）发现了前人（Homo Antesessor）的燧石工具；2013 年在附近的海滩又发现了非洲以外历史最久远的人类足迹，距今约 80 万年。在距今约 1 万年前的冰川时代，不列颠岛与欧洲大陆可能是相连的，或者二者之间的北海南部只是浅滩、沼泽或露出水面的大陆架，早期的智人狩猎采集者可能非常方便地往返于二者之间。在漫长的史前时代，不列颠岛上的人类定居者时有时无，直至约 6000 年前的新石器时代，农耕定居生活开始在不列颠岛出现。我们对不列颠岛上最早的定居者的族属、语言、信仰体系等所知不多，但对不列颠岛新石器时代人类遗骨的 DNA 研究发现，他们应该来自爱琴海地区，他们的农业生产技术源于小亚细亚半岛，并于公元前 4000 年左右自欧洲大陆移居至此。他们留下的最重要的遗迹是多处巨

图 2 英格兰埃姆斯伯里的巨石阵

资料来源：https：//upload.wikimedia.org/wikipedia/commons/d/da/Stonehenge_back_wide.jpg。

石阵（Stonehenge），其中规模最大的、最负盛名的是位于英格兰威尔特郡埃姆斯伯里（Amesbury，Wiltshire）的巨石阵，建于公元前 3000 年至公元前 2000 年。关于这些巨石阵的具体用途，目前尚无普遍接受的结论，但可能同不列颠岛先民对太阳的崇拜有关。

约公元前 2500 年，不列颠岛进入青铜器时代。今英格兰西南部的德文（Devon）和康沃尔拥有以当时标准而言丰富的、易于开采的锡矿资源。锡是冶炼青铜的重要原料，锡锭出口使不列颠岛成为当时大西洋贸易体系的一部分。公元前 12 世纪后期，一群来源不明的、被称为"海上民族"（Sea Peoples）的劫掠者在环地中海区域横行无忌，摧毁或重创了青铜时代诸多辉煌的古文明，包括古埃及、赫梯、克里特—迈锡尼、迦南等，环地中海文明进入了一段黑暗时期[①]。欧洲大陆特别是高卢的凯尔特人可能为躲避战乱或寻求新的发展机遇，开始大量移居不列颠群岛，可能的路径是经由布列塔尼半岛渡过英吉利海峡。公元前 750 年左右，冶铁技术传入不列颠岛，开启了英国历史的铁器时代，规模大到可以勉强算作"城镇"的定居点也于此时出现在今英格兰南部。到恺撒远征时，不列颠群岛的人口为 100 万至 400 万，主要分布在今英格兰南部及泰晤士河流域。

《高卢战记》记载，布立吞人使用铁条作为货币。不过考古发现表明，钱币在不列颠岛出现的时间是公元前 150 年左右，不列颠岛上的造币大概始于公元前 100 年，一直持续到被罗马征服时期。也许恺撒确实看到了布立吞人在一些交易场景中依然使用铁条作为支付结算手段，但当时布立吞人应该已经学会使用甚至制造金、银、铜等各类材质的钱币。

布立吞人如何称呼他们自制的钱币已无从可考，后世的研究

---

① Eric H Cline, "1177BC: The Year Civilization Collapsed", Princeton University Press, 2014.

者和收藏家通常沿袭希腊名称斯塔特（stater）来称呼不列颠凯尔特钱币。同古希腊和古罗马一样，这些钱币也是打制（strike）的，即先雕刻上下两个模具，将加热后的金属板夹在两个模具之间，放置在铁砧上，以锤击打。这与中国传统的铸造钱币的方式有着显著的差别。现代实验考古学发现，一个单一模具能承受多达47000次击打。

图3　公元4世纪的罗马浮雕墓碑，描绘打制钱币的场景

不列颠岛特别是英格兰出土的古代钱币甚多，使用金属探测器寻宝（特别是古代钱币和其他金属文物）在今天的英格兰蔚然成风，经常有重大的或有趣的发现。但遗憾的是，因自然和人文环境的变化，很多只是孤立的发现，历史信息并不多，断代较为困难。以钱币为例，都铎王朝时期，伦敦商人成立了专注于中东、近东和环地中海贸易的黎凡特公司（Levant Company），该公司进口了大量钱币特别是银币至英格兰，其中不乏古希腊、腓尼基、阿拉伯等古代文明的钱币。假如今天在英格兰发现了古希腊钱币，如果没有关联其他历史信息，很难判断这些钱币究竟是上古时代的还是都铎时代进口至英格兰的。

在不列颠岛上发现的最早的钱币是公元前三四世纪的迦太基铜币，可能是为迦太基和叙拉古服务的凯尔特雇佣军收到的军饷。但不列颠岛上的凯尔特人是将其用作交易媒介，还是作为其他用途,我们不得而知。公元前 150 年左右,高卢—贝尔盖(Belgae)^①斯塔特金币开始出现在不列颠岛。这些斯塔特金币明显是仿制马其顿国王腓力二世的斯塔特金币,正面为戴花冠的阿波罗头像,背面为双马战车,一人站在战车上挥鞭。依据图案的细微差异,这些斯塔特金币分为 A 至 F 六个系列。在肯特郡的布雷德加(Bredgar, Kent)出土过 A 系列的雕模,表明至少有部分高卢—贝尔盖斯塔特金币是在不列颠岛上制作的。公元前 2 世纪末,在今英格兰肯特郡出现了铸造铜币。高卢战争时期,金币的重量有轻微下降,银币开始出现。有明确的不列颠本土铭文的钱币大约出现于公元前 35 年,铭文是一位名叫阿德多玛洛斯(Addedomarus)的凯尔特部落首领的名字,其统治区域在今英格兰东南部。公元 1 世纪罗马征服不列颠前,一位名叫辛白林(拉丁文 Cunobelinus,英文 Cymbeline)的国王的名字出现在钱币上,即莎士比亚剧作《辛白林》的主人公。从考古发现来看,这位辛白林国王似乎同罗马帝国保持着良好的关系,使用拉丁文 Rex(国王)作为自己的头衔,其统治时期的不

图 4　高卢—贝尔盖斯塔特金币及其雕模

注:右上方为雕模,左边为用来打制钱币的金属板,右下方为打制的钱币。

---

① 贝尔盖人:高卢北部的凯尔特部落联盟,其活动区域在英吉利海峡、塞纳河北岸和莱茵河西岸之间,现代比利时的国名即源自贝尔盖人。

列颠经济繁荣，宫廷中充斥着来自欧洲大陆的进口奢侈品。不过这段时期已是凯尔特不列颠最后的余晖，罗马征服者的脚步已经到了门口。

第二节

PAX ROMANA：“罗马统治下的和平”

《诺尔玛》（*Norma*）是意大利作曲家、“美声三杰”之一贝利尼（Vincenzo Salvatore Carmelo Francesco Bellini，1801—1835 年）最著名的歌剧作品，讲述布立吞人反抗罗马入侵的斗争，以及布立吞人首领之女、德鲁伊教女祭司诺尔玛同罗马总督波霖内（Pollione）的爱恨情仇。这当然是个虚构的故事，不过公元 1 世纪，不列颠岛上确实有一位揭竿而起、反抗罗马统治的女英雄，即布

图 5　伦敦威斯敏斯特码头的布迪卡铜像

注：英国历史学家玛丽·比尔德指出，这尊雕塑作品“刻画了一位战士女王的美好形象，但从考古角度来看，很多细节都不符合常理，包括战车车轮上附着的致命的镰刀”[1]。

资料来源：https://upload.wikimedia.org/wikipedia/commons/2/23/Boudicca.jpg。

---

[1]　Mary Beard, "SPQR: A History of Ancient Rome", First Edition, Liveright Publishing Corporation, 2015, p.515.

立吞人爱希尼（Iceni）部落的女王布迪卡（Boudicca 或 Boadicea）。公元
60 年，布迪卡起兵反抗罗马帝国，当时在位的尼禄皇帝为此甚至
一度考虑放弃不列颠。但布迪卡旋即战败。传说战败后布迪卡饮
鸩自尽，其埋骨之所为今天伦敦国王十字（King's Cross）火车
站的某个站台之下。

　　同所有类似的故事一样，我们今天看到的布迪卡传说肯定是
不准确、不真实的：她本人或族人没有留下只言片语，罗马人出
于政治宣传，将其塑造为一个"蛮族的克里奥佩特拉"，而近代
的英国人在民族国家的叙事框架下构建了诸多民族大义、独立、
自由之类的含义，使其成为英国"建国神话"的一部分。不过有
一点可以肯定，即"罗马统治下的和平"（Pax Romana）既不美好，
也不和平。

　　恺撒两次远征后，公元前 34 年、公元前 27 年和公元前 25 年，
奥古斯都三次计划入侵不列颠，但因种种原因并未实施。这一时
期，不列颠岛和罗马保持着外交和贸易关系。公元 40 年，臭名
昭著的暴君卡利古拉（Gaius Julius Caesar Augustus Germanicus，
12—41 年）也曾计划入侵不列颠，大军集结于英吉利海峡，而
皇帝却下令军士在海滩上捡拾贝壳，颇有"烽火戏诸侯"的味
道。公元 41 年卡利古拉皇帝遇弑后，克劳狄被近卫军拥立为皇
帝。公元 43 年，克劳狄皇帝遣大将奥鲁斯·普劳提乌斯（Aulus
Plautius）率军入侵不列颠。据记载，罗马帝国出动了四个军
团，即第二"皇帝"军团（Legio II Augusta）、第九"西班牙"军团
（Legio IX Hispana）、第十四"双子"军团（Legio XIV Gemina）
和第二十"英勇胜利"军团（Legio XX Valeria Victrix），其中"皇

帝"军团的指挥官是后来成为罗马皇帝的韦斯巴芗（Titus Flavius Vespasianus，公元9—79年）。罗马帝国早期的一个军团满编员额为5800人，四个军团共2万余人，此外还有几乎同等数量的蛮族辅助军及少量战象。这次入侵开启了罗马人对不列颠岛大部分地区长达300余年的统治，直至公元410年罗马军团撤离不列颠才结束。

不列颠尼亚是罗马帝国最西北部的行省。罗马直接统治区域大抵在不列颠岛南部。公元1世纪晚期，历史学家塔西陀的岳父阿古利可拉（Gnaeus Julius Agricola，公元40—93年）在不列颠尼亚总督任内统帅罗马大军征服了威尔士、英格兰北部和苏格兰低地大部分，兵锋直抵苏格兰东北部，控制了几乎整个不列颠岛。但公元2世纪早期，这里的原住民特别是苏格兰皮克特人（Picts）[①]顽强抵抗，著名的第九西班牙军团可能就是此时因被全歼或重大战损撤销番号而"失踪"的，罗马疆域不得不向南回撤。公元120年，哈德良皇帝（Caesar Traianus Hadrinus，公元76—138年）巡视不列颠尼亚时，下旨修建长城以标示罗马不列颠尼亚的北部疆域并防御皮克特人的入侵，即哈德良长城（Hadrian's Wall），在今天英格兰北部纽卡斯尔（Newcastle）和卡莱尔（Carlisle）一线。长城以南是罗马不列颠尼亚，以北区域罗马人称为加勒多尼亚（Caledonia），即今苏格兰，罗马人眼中的化外之地。哈德良长城长73英里（约120千米），不高也不厚，基本没有军事防御价值，但作为普通的边境隔离墙似乎又有点小题大

---

① 生活在今苏格兰北部和东部的海岛，凯尔特部落联盟。

做，因此其具体意图和用途至今尚有争议。其后罗马势力再度向北推进，重新占领苏格兰低地。公元142年，安东尼·庇护皇帝（Antonius Pius，公元86—161年）下旨在哈德良长城以北，今苏格兰福斯湾（Firth of Forth）至克莱德湾（Firth of Clyde）之间的地峡修建长城，全长63千米，沿长城设置堡垒，并在长城北侧挖掘壕沟，是为安东尼长城（Antonine Wall）。到公元163年或164年，罗马军队放弃了安东尼长城，退守哈德良长城一线。在其后的200余年间，罗马不列颠尼亚的北部疆域大体固定于哈德良长城。因原住民长期的顽强抵抗，罗马帝国不得不在不列颠尼亚维持庞大的驻

图6　哈德良长城

资料来源：https://upload.wikimedia.org/wikipedia/commons/3/3a/Section_of_Hadrian%27s_Wall_1.jpg。

军并遣重臣宿将主持行省军政，韦斯巴芗等几位皇帝都曾在不列颠尼亚任职。此外，在苏格兰多处还出土过许多公元2世纪的银币窖藏，数量相当可观，依照当时加勒多尼亚诸部落的生产力水平，他们不可能通过贸易盈余积累如此多的银币。一种可能的解释是罗马政府向当地部落缴纳金钱以保持和平，即缴纳"保护费"，一如我国北宋朝廷向契丹和西夏支付的"岁币"。

　　罗马帝国的一项重大成就是在其统治的辽阔疆域内实现了币制的统一，在罗马统治下的不列颠使用的当然是罗马钱币。公元

3世纪末之前，罗马帝国的钱币只在罗马的造币厂生产，在不列颠岛上流通的罗马钱币主要从欧洲大陆进口，特别是公元3世纪后，在欧洲大陆，日耳曼部落不断地沿莱茵河侵扰罗马帝国的北部疆域，罗马帝国不得不重兵布防，不列颠尼亚驻军规模锐减，使在不列颠岛上生产的谷物有大量盈余可供出口，大量钱币因此流入不列颠岛。

罗马的钱币大体上有金、银、铜三种。从公元前1世纪至公元4世纪早期，金币为奥里斯（Aureus），直至戴克里先（Gaius Aurelius Valerius Diocletiance，公元244—312年）皇帝时期被新款金币索利都斯（Solidus）所取代。奥里斯的重量起初为1/40罗马磅，后来减重至1/45和1/50罗马磅，但纯度一直保持在24k，是后世藏家追捧的珍品。银币为第纳里乌斯（Denarius，复数Denarri），从公元前221年第二次布匿战争时代开始制造，直至公元3世纪时被安东尼尼安努斯（Antoninianus，复数Antoniniani）银币取代。铜币则有阿斯（As）、两阿斯（Dupondius）和两块半阿斯（Sestertius，后改为四块）等品类，材料有黄铜、青铜和金铜等。帝国时代，公元4世纪前，不同币种之间的换算公式为：

1奥里斯金币＝25第纳利乌斯银币＝100四阿斯铜币＝200两阿斯铜币＝400阿斯

2021年12月19日，英国广播公司（British Broadcasting Corporation，BBC）报道，2018年春，一名使用金属探测器寻宝的人士在剑桥郡亨廷顿（Huntington, Cambridgeshire）附近的田野中发现了两个罗马时代的陶制容器，其中装载了 9724 枚罗马钱币，全部是贱金属钱币，没有金银币[①]。钱币的制造年代为公元 251—274 年，主要是本地仿制的罗马钱币。当时罗马帝国正值多事之秋，正常的钱币供应受到冲击。公元 260 年，叛乱分子在高卢另立朝廷，疆域大体涵盖高卢、西班牙和不列颠，后人称为"高卢帝国"（其自称的拉丁文名称为 Imperium Galliarum，意为"高卢的朝廷"）。直至公元 273 年，奥勒良皇帝（Lucius Domitius Aurelianus，公元 214—275）方平息分离运动，重新统一了罗马帝国。

公元 286 年，罗马帝国海军不列颠尼亚水师（Classis Britannica）提督、贝尔盖人卡劳西乌斯（Carausius）拥兵作乱，割据不列颠尼亚及高卢北部，僭号"北帝"，与当时帝国的"双帝"——戴克里先和马克西米安（Marcus Aurelius Valerius Maximianus Herculius，公元 250—310 年）分庭抗礼，并于当年在不列颠尼亚首府伦蒂尼恩（Londinium）等三处设立了造币厂，这是罗马帝国不列颠尼亚自行设立官方造币厂之始。伦蒂尼恩位于今日的伦敦，其市区范围与

图 7　伦蒂尼恩造币厂的"北帝"铜币

注：钱币正面为"北帝"卡劳西乌斯头像及拉丁文铭文"IMP CARAVSIVS P F AVG"，意为"奉天承运卡劳西乌斯皇帝"；背面为狮子图案，拉丁文铭文"LEG IIII FL"，意为"第四'幸运'军团"，狮子是该军团的徽标，狮子下方的"ML"是伦蒂尼恩造币厂的拉丁文缩写。

---

① Katy Prickett, "Detectorist finds 10000 Roman coins in Huntington hoard", BBC East, https://www.bbc.com/news/uk–england–cambridgeshire–59665406.

今日的伦敦金融城（City of London）大体重合。伦蒂尼恩造币厂生产的钱币背面通常有"ML"标记，即拉丁文 Moneta Londinium 的缩写，或"LN""LON"字样。

叛乱于公元 296 年被平息，罗马帝国重归统一，但造币厂的运作仍在持续。此时的罗马帝国兵连祸结，货币不断贬值，中央政权失去了造币垄断权，各行省自造钱币成为常态。

自公元 4 世纪末起，来自欧洲大陆的盎格鲁部落、撒克逊部落等日耳曼部落开始不停地侵扰不列颠岛。与此同时，不列颠岛的罗马驻军却不断减少，更多的军队被调往欧洲大陆同入侵者作战，或是在将领的率领下回到欧洲大陆争夺帝位、参与内战。一般认为，最后的罗马驻军和行政机构于公元 410 年全部撤离了不列颠岛，留下岛民自生自灭。据传，这一年罗马皇帝霍诺留（Flavius Honorius，公元 384—423 年）在答复不列颠人的祈请表文时表示要他们自己保卫自己。其时罗马帝国正为西哥特人（Visigoths）的侵扰所苦。就在这一年的 8 月 24 日，西哥特人攻占并洗劫了罗马。

盎格鲁—撒克逊人最终占领了不列颠全岛，英国历史开始了一个新时代。从经济和金融角度来看，罗马统治的崩溃导致商品经济和城市的衰落，自给自足的自然经济成为主流，货币的供应减少了，对货币的需求也减少了，以物易物成为常态，欧洲成为一个"无货币"社会。

第三节

便士与丹麦金：盎格鲁—撒克逊人的货币

2021 年 11 月 3 日，英国广播公司报道，一位不肯透露姓名的使用金属探测器的寻宝人在英格兰诺福克（Norfolk）的田野中发现了 131 枚中世纪早期的金币及其他四件黄金制品，并上报了有关部门。这是迄今为止在英国发现的规模最大的盎格鲁—撒克逊时代的金币窖藏，大英博物馆专家称这是"极其重要的发现"。但这些金币并非在英国本土制作：其中四枚是东罗马帝国的金币，其余为法兰克墨洛温王朝（Merovingian kingdom）的金币。一般认为，盎格鲁—撒克逊时代早期英国不生产金币，金币都是从欧洲大陆输入的，且也不用作货币，而是被视为金锭或用作黄金饰品。

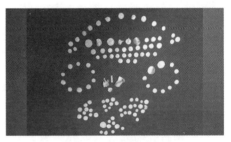

图 8　诺福克金币窖藏

资料来源：BBC，"Largest Anglo-Saxon gold coin hoard found in Norfolk"，2021–11–03, https :// www.bbc.com/news/uk-england-norfolk–59151380。

"盎格鲁—撒克逊"这一名词出现于公元 8 世纪早期，是后世的史学家对定居在不列颠岛的日耳曼诸部落的统称，主要包括三大部族，即来自日德兰（Jutland）半岛东南部、今德国石勒苏益格—荷尔斯泰因（Schleswig-Holstein）的盎格鲁人（Angles），来自今德国老萨克森（Old Saxony）地区的撒克逊（Saxons）人，以及来自今荷兰弗里斯兰（Frisland）的朱特人（Jutes）。现存的同现代英语最接近的语言是荷兰弗里斯兰人（Frisians）讲的弗里西语。这些日耳曼部族定居不列颠岛后不断融合，逐渐形成了统一的文化身份，即盎格鲁—撒克逊人，建立了统一的国家，即英格兰王国，发展出统一的语言，即古英语（Old English），并赋予今天英语民族共同的身份认同，尽管今天的英国人特别是英格兰人是凯尔特人、盎格鲁—撒克逊人、维京人和诺曼人的后裔。

英国历史的盎格鲁—撒克逊时期始于公元 5 世纪初罗马帝国放弃不列颠岛，终于 1066 年的诺曼征服。

罗马帝国弃守不列颠尼亚前后的一段历史，即从公元 4 世纪末至公元 6 世纪初，被史学家称为"后罗马"（Post-Roman）或"亚罗马"（Sub-Roman）时期，属于欧洲历史上所谓的中世纪早期"黑暗时代"（Dark Ages）。这一时期的一个显著特征是不列颠岛上的人口锐减，经济、文化和社会的全面倒退以及去城市化。首府伦蒂尼恩成为无人居住的"鬼城"，直到公元 9 世纪方重新建城。公元 6 世纪的查士丁尼瘟疫（Plague of Justinian）可能导致整个欧洲人口减少了 50%。罗马人的撤离在不列颠岛上造成权力真空。从未臣服于罗马帝国的皮克特等苏格兰凯尔特部族开始侵扰不列颠尼亚，罗马不列颠尼亚居民则邀请撒克逊人作为雇佣军来协助抵御。收到邀请也好，不请自来也罢，更多的日耳曼部族涌入不列颠岛，同原住民发生了冲突，并逐渐反客为主，征服并同化了凯尔特原住民。亚瑟王和圆桌骑士的传说反映了这一时代不列颠凯尔特原住民族同日耳曼入侵者的斗争，尽管没有证据证明历史上存在过一位名为"亚瑟"的布立吞人国王。瓦格纳著名的歌剧作品《特里斯坦与伊索尔德》（*Tristan und Isolde*）的故事背景也是这一时代。

公元 600—800 年，盎格鲁—撒克逊人在今天的英格兰建立了多个政权，主要有肯特（Kent）、东盎格利亚（East Anglia）、诺森布里亚（Northumbria）、麦西亚（Mercia）、埃塞克斯（Essex）、萨塞克斯（Sussex）和韦塞克斯（Wessex）。这段英国历史被称为"七国时代"（Heptarchy）。七国时代的持续时间是从公元 5 世纪早期至公元 829 年韦塞克斯国王埃格伯特（Egbert of Wessex，公元 770—839 年）成为各王国共戴的霸主。在公元 7 世纪时，盎格鲁—撒克逊诸王国皈依基督教。盎格鲁—撒克逊人统治的这段历史记载于以古英文书写的《盎格鲁—撒克逊编年史》（*The Anglo-Saxon Chronicle*）中，这部编年史一般被认为最早于公元 9 世纪开始成书，最后一次更新是在公元 1154 年，即诺曼征服近百年后。

公元 8—11 世纪，来自斯堪的纳维亚半岛的维京人（Vikings）开始在欧洲和环地中海区域大肆侵扰劫掠。维京人又称诺斯人（Norsemen），字面上的意思是"北方人"，也属于日耳曼部族，当时依然保持着异教信仰，有独特、奇诡的神话体系和波澜壮阔的萨迦（Saga）史诗。瓦格纳最伟大的作品《尼伯龙根的指环》的灵感即来源于冰岛维京人的史诗。维京人集商人、航海家、武士和海盗等身份于一身，剽悍尚武、视死如归，考古发现表明，维京女性武士，即史诗和传说中的"盾女"（Shield-maiden），可能同男性一样征战沙场；其独特的长船设计精巧、工艺高超，可在浅海和内河高速航行，使维京人可以灵活地、出其不意地选择登陆地点或溯河流而上进行劫掠和征战，其疾如风，侵掠如火。他们在波罗的海、大西洋和地中海沿岸横行无忌，于公元 10 世纪就已经到达格陵兰岛、纽芬兰岛和北美大陆；还深入里海和伏尔加河流域，建立了基辅罗斯国家；此外，维京人的航线远至巴格达，同阿拉伯人建立了贸易往来；东罗马皇帝的精锐亲卫军即瓦良格禁军（Varangian Guard）也由维京佣兵组成。维京人对后世的北欧国家和英国、法国、俄罗斯、乌克兰和白俄罗斯等的历史进程都产生了深远的影响。

今天英国历史上所说的"维京时代"大体指公元 800—1150 年。当时的盎格鲁—撒克逊文献对维京人有多种称谓，比如丹麦人、北方人、海狼、异教徒（Heathens）等。《盎格鲁—撒克逊编年史》记载，维京人对不列颠的首次侵袭发生在公元 793 年："6 月 15 日，劫掠成性的异教徒捣毁了林迪斯法恩岛[①]上上帝的教堂。宗庙丘墟，生民涂炭。"其后的几十年里，维京人逐渐不满足于抢掠财富和人口，而是开始在不列颠岛和爱尔兰岛建立据点，准备长期殖民。

公元 865 年，维京人大举入侵不列颠岛。北欧传奇《拉格纳的儿子们的故事》（Tale of Ragnar's Sons）记载，此前诺森布里亚王艾勒（Aella）杀害了维京首领拉格纳·洛德布罗克（Ragnar Lodbrock），拉格纳的五个儿子以"无骨人"伊瓦尔（Ivar the

---

① Lindisfarne，又称圣岛（Holy Island），位于诺森伯兰（Northumberland）的一处潮汐岛，是早期凯尔特人的基督教圣地。

Boneless）为首，召集维京大军兴师问罪。《盎格鲁—撒克逊编年史》称维京大军为"异教雄师"（Great Heathen Army）。异教雄师攻灭诺森布里亚、麦西亚等王国，只有韦塞克斯王国在阿尔弗雷德大王（Alfred the Great，公元 848/849—899 年）的统领下成功抵抗了维京人。公元 878 年，阿尔弗雷德大王在爱丁顿战役（Battle of Edington）中击败了维京大军。维京首领古斯伦（Guthrum，公元 835—890 年）乞和，双方签订条约，古斯伦受洗皈依基督教，阿尔弗雷德大王成为他的教父，维京军队撤出韦塞克斯国土。条约以古英文写就，其文本保留在剑桥大学基督圣体学院（Corpus Christi College，Cambridge）。条约签订后，双方基本平分了英格兰，维京人占据的领土被称为"丹麦法区"（Danelaw），该地区包括英格兰北部和东部的 15 个郡，适用维京人的法律，而非盎格鲁—撒克逊传统法。

维京"异教雄师"在肆虐不列颠的同时，也入侵了西法兰克（West Francia）王国，即今天的法国，于公元 865 年和公元 866 年两度围攻巴黎。为绥靖维京入侵者，公元 911 年，西法兰克国王"直截了当的夏尔"（Charles the Simple，公元 879—929 年）将埃普特（Epte）河至大西洋之间的一块土地分封给维京人首领罗洛（Rollo，公元 846—932 年），罗洛则皈依基督教，迎娶西法兰克公主，在名义上成为西法兰克的藩臣。西法兰克人称维京人为诺曼人（Norman），即北方人，这片领地因此被命名为诺曼底（Normandy），意为"诺曼人的领地"，罗洛成为首任诺曼底公爵，以鲁昂（Rouen）为公国的首府。在其后的两个世纪里，诺曼人大肆征伐，并在十字军东征中扮演了重要角色，一度统治南意大利、西西里岛、中东的安条克（Antioch，今土耳其和叙利亚部分地区）公国等。1066 年，罗洛的后人"征服者威廉"（William the Conqueror）入主英格兰。直至今日，英国王室仍传承其血统。

维京人的劫掠和征服令当时欧洲各国不堪其扰，包括盎格鲁—撒克逊诸王国和西法兰克王国等不得不向其人民征收一笔名为"丹麦金"（Danegeld）的额外税项用以向维京人支付岁币，以换取后者不来侵扰。在英国，维京时代的钱币和其他贵重物品窖藏时有出土，有些可能是维京人自己埋藏的，有些则可能是维京人入侵时当地人埋下的。

公元 927 年，韦塞克斯国王阿尔弗雷德大王的孙子埃塞尔斯坦（Athelstan，公元 894—939 年）统一了英格兰，成为历史上第一位"英格兰人的国王"（King of the English）。1013 年，维京人丹麦国王"八字胡斯文"（Sweyn Forkbeard，公元 963—1014 年）率军入侵英格兰，英格兰王"冒失鬼埃塞尔雷德"（Athelred the Unready）逃亡，并最终客死于妻子的娘家诺曼底，之后，斯文登基，开创丹麦王朝。斯文之子克努特大王（Cnut the Great，公元 995—1035 年）在位时，君临英格兰、丹麦、挪威和瑞典的部分地区，后世史家称其政权"北海帝国"（North Sea Empire）或"盎格鲁—斯堪的纳维亚帝国"（Anglo-Scandinavian Empire）。克努特大王娶"冒失鬼埃塞尔雷德"的遗孀诺曼底的爱玛（Emma of Normandy，公元 985—1052 年）为王后。克努特大王驾崩后，他的儿子"飞毛腿哈罗德"（Harold Harefoot）和哈特卡努特（Harthacnut）相继为王。哈特卡努特死后，其同母异父兄长，即"冒失鬼埃塞尔雷德"和诺曼底的爱玛之子"忏悔者爱德华"

（Edward the Confessor，1003—1066 年）成为英格兰国王，至此英格兰的王位再度回到盎格鲁—撒克逊人手中。

传世和出土的盎格鲁—撒克逊钱币数量庞大、品类丰富，是研究盎格鲁—撒克逊人统治英国时期的经济、政治和行政历史的重要物证。盎格鲁—撒克逊时期的钱币对后世影响最大的是便士（Penny）银币，自 8 世纪中期推出后的近 500 年间，便士银币几乎是唯一面值的流通钱币。今天便士钱币依然存在，在英国币制改用十进制后指 1/100 英镑，相当于人民币的辅币单位——分。

图 9　英格兰国王埃塞尔斯坦的便士银币

注："小十字"类型，拉丁文铭文"AETHELSTAN REX TO BRIT"，意为"埃塞尔斯坦，不列颠全境之王"，现收藏于英国约克夏博物馆（Yorkshire Museum）。图片由博物馆员工拍摄。

公元 5 世纪，罗马帝国在不列颠的统治崩溃后，不列颠岛的钱币生产也随之终结，不列颠进入"无货币"经济阶段。盎格鲁—撒克逊人殖民不列颠岛后，通过贸易从欧洲大陆进口了一些钱币，

图 10　中世纪早期盎格鲁—撒克逊斯灵萨金币

但这些金银币起初主要用作装饰品，同珠宝性质类似，而非用作货币。直至 7 世纪早期，盎格鲁—撒克逊人才学会使用钱币。

目前发现最早的盎格鲁—撒克逊钱币是肯特国王伊德巴尔德（Eadbald，公元 616—640 年在位）于公元 625 年制造的一种体量较小的金币。流传下来的《盎格鲁—撒克逊法典》称这种小金

币为 scillingas，这一词汇后来演变为"先令"（Shillings），但钱币学者一般称之"斯灵萨"（Thrymsa），系仿造法兰克墨洛温王朝的特里弥斯（Tremissis）金币。特里弥斯字面上的意为"三分之一单位"，是相对于罗马帝国的苏利达斯金币而言的，指其币值相当于苏利达斯的 1/3，重量为 8 西利克（Siliqua，复数形式 Siliquae），折合现代重量标准 1.7 克[①]。肯特斯灵萨的重量为 1~3 克，直径通常为 13 毫米左右，含金量为 40%~70%。公元 655 年后，斯灵萨的含金量降至 35% 以下。到公元 675 年，金币停止制造，被厚银币（Sceat）取代。

"厚银币"是一种小而厚的银币，源自古英语词汇 sceatt，意为财富、金钱或钱币。这是 17 世纪以后才有的称呼，其依据是流传下来的肯特和麦西亚法典上的说法，但当时这种钱币可能被称为第纳里乌斯或便士（古英语 Penningas，现代英语 Pennies）。据大英博物馆 19 世纪 90 年代编制的目录，厚银币有 100 多种品类。公元 680 年后的四五十年间生产的此类钱币的含银量高、重量均一，基本为 1~1.3 克，主要生产地区为肯特和泰晤士河入海口的周边地区。公元 710—750 年，几乎所有的盎格鲁—撒克逊王国均生产此类钱币。厚银币上通常没有铭文，或只有造币厂的名称；有几何图案或图像，包括动物、植物、怪兽、十字架等，展现了受罗马、凯尔特、日耳曼等多种风格的影响。到后期，厚

---

① 西利克原指长角豆树（*Ceratonia Siliqua*）的豆子，古罗马用作重量单位，折合 1/1728 罗马磅或 0.19 克。1 苏利达斯重量相当于 1/72 罗马磅，即 24 西利克，按黄金和白银比价为 1∶14 计算，1 西利克银币的含银量应为 0.19 克 ×14，即 2.7 克左右。角豆树原产于地中海，在我国仅在广州有种植。

银币仿制和贬值较为严重，重量在 0.8~1.3 克波动。所以将厚银币妥善断代、分类和归纳至为困难，特别是其在何时停产至今尚无统一意见。可能在 8 世纪中期的一段时间内英格兰很少生产甚至停止了生产钱币[①]。

替代厚银币的是便士银币。盎格鲁—撒克逊诸王国的便士银币系仿效法兰克加洛林王朝（Carolingian Dynasty）的便士银币。公元 754 或 755 年，在欧洲大陆，法兰克加洛林王朝开国之君、查理曼之父"矮子"丕平（Pepin the Short，

图 11　盎格鲁—撒克逊厚银币

注：该币生产于泰晤士河上游某造币厂，时间为 710—729/735 年。钱币正面为站立人像，面向右侧，手持两个十字架；背面为啄食的鸟，面向右侧。

公元 714—768 年）发起了币制改革，推出了比以往更薄、更宽、质地更为精良的银币，钱币上有君主的头像和造币厂的标识。这种银币沿袭罗马第纳里乌斯之名，缩写为"d"，但在各种古日耳曼语言中被称为便士或类似发音，如德语的芬尼（Pfennig），其词源可能是古日耳曼部族的单面图案打制硬币（Bracteate），因单面打制通常有一定弧度，形似锅（Pan），故名。1 加洛林王朝便士银币的重量为 1/240 加洛林磅，含银量为 94%，直径通常大于 15 毫米。虽然我们并不知道加洛林王朝度量衡中 1 磅折合现代公制度量衡的确切数字，但存世的加洛林王朝便士银币的平均重

---

① Stuart Rigold, "The Principal Series of English Sceattas", The British Numismatic Journal, No.47, 1977, pp.21–30.

量约为 1.70 克，240 枚便士银币约合 408 克。考虑到钱币在流通中的磨损，标准加洛林磅应高于这一数字[①]。

在不列颠，最早的加洛林式便士银币由麦西亚国王奥法（Offa，公元 757—796 年）于公元 8 世纪后期推出，一枚便士银币重量为 1/240 撒克逊磅，含银量 92.5%。1 撒克逊磅[②]合 5400 格令（Grains），折算公制单位为 350 克，由此推出，1 便士银币重 22.5 格令或 1.46 克，钱币上有国王的名字和造币者的名字。奥法的王后辛内斯蕾丝（Cynethryth）也以自己的名义发行过便士银币。其他盎格鲁—撒克逊王国，包括东盎格利亚、肯特、韦塞克斯、诺森布里亚等，两位坎特伯雷大主教，以及维京人统治区域，也效仿奥法制造便士银币。

图 12　阿尔弗雷德大王的便士银币

注：该币现收藏于大英博物馆。

奥法的便士银币或许是当时全欧洲制作最为精美的钱币。其正面图案通常为国王头像，背面图案则由制作雕模的艺术家天马行空地发挥自己的想象力，设计各种瑰丽的纹饰，如缠绕的蛇、鳗鱼，甚至有母狼为罗马人的双胞胎哺乳的图案。

①　Pierre Riché, "The Carolingians: A Family who Forged Europe," University of Pennsylvania Press, 1993.

②　撒克逊磅更常见的名字是塔磅（Tower Pound），因在伦敦塔（Tower of London）内保存有该重量单位的原型，但伦敦塔系诺曼征服后方始修建，故而此处称撒克逊磅。

公元 880 年，阿尔弗雷德大王的便士银币上开始出现"LONDONIA"字样，表明在伦敦生产。这个时间一般被视为英国皇家造币厂（Royal Mint）创始的时间。与罗马统治时期相比，当时的英格兰远未从中世纪黑暗时代恢复过来，生产力水平低下，商品经济落后，城市数量少、规模小，对钱币的需求量不大。大量的便士被用于向维京人缴纳"保护费"，即"丹麦金"，以至于在斯堪的纳维亚半岛出

图 13　麦西亚国王奥法的曼库斯金币

注：收藏于大英博物馆的这枚曼库斯金币系仿造阿拉伯帝国阿拔斯王朝哈里发曼苏尔（al-Mansur）的第纳尔金币，制作于公元 773 年或 774 年。造币工匠原样复制了阿拉伯文铭文，另外加上了拉丁文铭文"OFFA REX"，即奥法国王。

土的盎格鲁—撒克逊便士银币比在英国本土出土的要多得多。比便士更大的单位，如先令（1/20 磅或 12 便士）、镑等，一般只作为记账单位，现实中甚少生产此类钱币。但也有特例，其中最著名的是曼库斯（Mancus）金币。曼库斯金币系仿效当时阿拉伯帝国阿拔斯王朝的第纳尔金币，重 4~5 克，折合 30 便士银币。在当时，一枚曼库斯金币可购买 360 个面包。以当时不列颠岛低下的生产力和物价水平而言，显然日常流通根本不需要如此高价值的钱币，

图 14　西萨克森国王埃格伯特的曼库斯金币

注：钱币正面拉丁文铭文意为"埃格伯特国王，西萨克森"；背面铭文意为"BOZA 造币厂"。

这种金币应该是用于宗教布施、贡赋、国礼等专门用途，生产数量少，极为珍稀罕见，在收藏市场上属于可遇而不可求的稀世佳泉。2020年3月，一位探宝人于威尔特郡（Wiltshire）发现一枚盎格鲁—撒克逊时代韦塞克斯（又称西萨克森）国王埃格伯特（Ecgbert，公元770或775—839年）的曼库斯金币，重4.82克，品相完好，专家估值为15万~20万英镑。

第四节
诺曼征服与诺曼王朝的钱币

1066年初，英格兰国王"忏悔者"爱德华崩殂，没有留下子嗣。英格兰贵族拥立其内兄韦塞克斯伯爵（Earl of Wessex）哈罗德·戈得温森（Harold Godwinson）为王，由约克大主教加冕登基，王号哈罗德二世。哈罗德二世是英格兰最后一位盎格鲁—撒克逊人国王。

先是，"忏悔者"爱德华随父母流亡到其母的娘家诺曼底，依附其舅父——诺曼底公爵理查二世（Richard II），返国登基后有大批诺曼底廷臣和骑士跟随，在英格兰朝中形成强大的诺曼底势力。爱德华死后，理查二世之孙、诺曼底公爵威廉（1028—1087年）声称爱德华曾亲口答应将英格兰王位传于他，哈罗德也曾应允，并衔爱德华之命亲往诺曼底告知威廉。为此，威廉一方面传檄法兰克各诸侯纠集大军拟渡海远征英格兰，另一方面则入禀教皇亚历山大二世（Alexander II，1010或1015—1073年）指责哈罗德背誓篡逆。亚历山大二世支持威廉的这一指控，将哈罗德革除教籍，并赐威廉教皇旌旗，赋予威廉的入侵以合法性。与此同时，挪威国王"无情者"哈拉尔（Harald Hardrada，1015—1066年）也引兵入侵，在英格兰北部登陆。1066年9月25日，哈罗德率军在约克郡的斯坦福桥（Stamford Bridge）战胜挪威军队，阵斩哈拉尔，但己方也遭重大伤亡。9月28日，威廉率诺曼底军在英格兰东南的佩文西湾（Pevensey Bay）登陆，哈罗德回师迎战诺曼底军。10月14日，双方会战于黑斯廷斯（Hastings），8000疲敝盎格鲁—撒克逊军对阵12000诺曼底生力军，最终败绩，哈罗德和他的两个兄弟阵亡。威廉随即肃清残存的盎格鲁—撒克逊抵抗势力，于1066年圣诞节在威斯敏斯特大教堂（Westminster Abby）加冕为英格兰国王，王号威廉一世，开启了诺曼底王朝（简称诺曼王朝），史书称其为"征服者"威廉（William the Conqueror）。

诺曼征服后，盎格鲁—撒克逊贵族丧失了自己的领地、权势和地位，很多人逃离英格兰，流亡苏格兰、爱尔兰和东罗马帝国。东罗马帝国是流亡的盎格鲁—撒克逊贵族和武士特别钟爱的目

图15　中世纪巴约挂毯（Bayeux Tapestry）描绘的黑斯廷斯战役

的地，盎格鲁—撒克逊流亡者取代斯堪的纳维亚人成为瓦良格禁军的主力。来自欧洲大陆的诺曼贵族则成了英格兰的新主人，在

英格兰建立了与欧洲大陆相同的封建制度，通过向国王尽封建义务（特别是服骑兵役）获得领地。英格兰的君主同时又以法国诸侯的身份在法国拥有大量领地，这也为后来的英法百年战争埋下了伏笔。

诺曼贵族还带来了自己的语言，即诺曼法语，大批法语词汇进入英语，以至于现代英语中只有约26%的词汇传承自古英语。来自古英语的词汇通常简短，依然是日常沟通中最为常用的，而冗长的"高大上"词汇通常可经由中世纪法语追溯至拉丁语或古希腊语，为喜欢掉书袋、"文艺腔"的人士所喜用，对此作家乔治·奥威尔颇不以为然，在《政治与英语语言》（*Politics and the English Language*）一文中他调侃道："蹩脚的作家，特别是科学、政治和社会学作家，几乎总是被一种观念所纠结，即拉丁文或希腊文词汇比撒克逊词汇更宏大……"他建议："只要能用短词汇的，就绝不用长词汇。"①

"征服者"威廉于1087年去世后，其子威廉二世（William Ⅱ）和亨利一世（Henry Ⅰ，1100—1135年）相继继承王位。亨利一世没有男性后嗣，去世后，其女玛蒂尔达（Mathilda，1102—1167年）和外甥斯蒂芬（Stephen of Blois）为争夺王位展开内战，双方均无法获得完胜。这段时期在英国历史上被称为"无政府时期"（The Anarchy）。最后双方言和，斯蒂芬同意死后将王位传于玛蒂尔达之子、法国诸侯安茹（Anjou）伯爵亨利，即威廉

---

① George Orwell, "Politics and the English Language", *Horizon*, 1946-04, https://www.orwellfoundation.com/the-orwell-foundation/orwell/essays-and-other-works/politics-and-the-english-language/.——笔者译

一世的曾外孙。1154年，亨利入主英格兰，王号亨利二世。他的王后是欧洲历史上大名鼎鼎的阿基坦女公爵、前法国王后埃莉诺（Elenore of Aquitaine）。因他的父亲安茹伯爵若弗鲁瓦五世（Geoffrey V of Anjou）喜欢在帽子上插一支金雀花作为装饰而得到"金雀花"的绰号，故亨利二世建立的王朝也被称为金雀花王朝（House of Plantagenet）。

诺曼征服后，威廉一世基本沿用了盎格鲁—撒克逊币制。以当时的物价水平而言，一便士银币是相当大面值的货币，在日常交易中使用不便，因此一些便士银币在出厂时即被切割为两等分或四等分，以便于日常小额零售交易使用。威廉一世及其继任者威廉二世的便士银币正面为国王的正脸胸像，周围环绕拉丁文铭文"PILLEMUS REX，PILLEM REX ANGLOR，PILLEM REX AN，PILLELM REX，PILLEM R"，意为"威廉国王"或"威廉，英格兰人之王"；背面中心图案一般为某种形制的十字架，币文显示造币者和造币厂的身份。

诺曼时代的便士银币重量一般为20~22格令，即1.3~1.6克。造币人要对钱币的重量和成色承担全责。留存下来的案卷显示，颇有些造币人因缺斤少两、以次充好而遭断肢甚至死刑惩罚。民众对钱币的信任和接受度

图16　威廉一世的便士银币

注：该币制作于约1075年，现收藏于大英博物馆。

在很大程度上取决于造币人的信用，因此，造币人的名字要写全

名，而不使用缩写。诺曼征服后的一段时间内，英格兰的造币活动颇为兴盛，造币厂一度多达 70 余家，后来降至 30 余家。诺曼王朝第三代国王亨利一世在位期间推出了半便士银币和四分之一便士银币。目前存世的诺曼便士银币有 15 种，半便士银币有 12 种，但没有四分之一便士银币留存下来。

诺曼王朝早期的钱币质量低劣，造币者靠偷工减料大发横财。为扭转这一局面，1124 年，亨利一世将 150 位造币者召来温彻斯特（Winchester）问责，其中 94 名被定罪，受到很严重的惩罚。此后，终亨利一世一朝，钱币质量一直很高且保持稳定。

亨利一世死后，本来遗命其女玛蒂尔达继承王位，但他的外甥斯蒂芬却捷足先登，先行自诺曼底返回伦敦登基。英格兰贵族显然并不习惯拥立女主，因此纷纷支持斯蒂芬。玛蒂尔达在布里斯托（Bristol）另立朝廷。二人进行了长期内战，并在自己的统治区内各自发行钱币。玛蒂尔达起初嫁给神圣罗马帝国皇帝亨利五世（Henry Ⅴ，1081—1125 年），亨利五世崩殂后，再嫁法国诸侯安茹伯爵若弗鲁瓦五世，但仍保留皇后尊号。她的钱币上通常有拉丁文铭文"MATILDIS IMP"（玛蒂尔达皇后）、"MATILDIS COMITISSA"（玛蒂尔达伯爵夫人），或只有"MATILDIS"（玛蒂尔达），没有任何尊号。

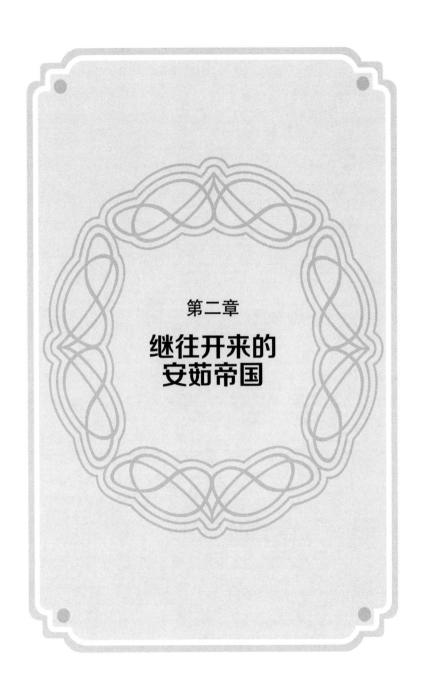

第二章

继往开来的
安茹帝国

以君王的名字为标题，莎士比亚著有十部讲述金雀花王朝至都铎王朝三百多年间的风云际会的历史剧，特别是英法百年战争和玫瑰战争的历史。起自约翰王同法国的斗争，终于伊丽莎白一世女王的诞生，这十部历史剧分别是《约翰王》《理查二世》《亨利四世（上）》《亨利四世（下）》《亨利五世》《亨利六世（第一部）》《亨利六世（第二部）》《亨利六世（第三部）》《理查三世》《亨利八世》，直至今天还经常上演，并多次被改编为影视作品，最近的一次是2012年开播的英国广播公司（BBC）电视剧集《空王冠》（*The Hollow Crown*），足见英国人对这一历史时期的痴迷。

金雀花王朝始自1154年亨利二世加冕，终至1485年理查三世战殁，是英国历史上的一个重要转折点，在塑造英国民族、国家和文化身份的进程中起着重要历史作用。英法百年战争和玫瑰战争都发生在这一时期；奠定英国宪政传统的《大宪章》于这一时期签署；英语于这一时期成为英格兰的首要语言；牛津大学和剑桥大学于这一时期成立。金雀花王朝为都铎王朝所取代标志着英国中世纪的终结和近代的开端[1]。

---

① Dan Jones, "The Plantagenets: The Kings who made England", London, Harper Press, 2012.

第一节

名不副实的 "安茹帝国"

　　亨利二世自九岁起即参与其母玛蒂尔达皇后与表舅斯蒂芬争夺王位的斗争，并成为安茹党人名义上的领袖。入继英格兰大统时，亨利二世还同时统治着祖先的领地诺曼底公国、从父亲手中继承的安茹伯爵领地，控制或一度控制了威尔士大部、爱尔兰东部、布列塔尼公国以及苏格兰的部分地区，他的王后埃莉诺则统治着自己的领地，即位于今法国西南部的阿基坦公国。后世的史学家称亨利和埃莉诺伉俪治下的广大地域为 "安茹帝国"（Angevin Empire）。但 "帝国" 之名言过其实，因为这些领地并无清晰的政治架构和统一集权的中央政府，只是若干拥有各自不同的法律和习俗的封建邦国因统治者的家族纽带而松散地结合在一起罢了。亨利二世恢复了王室在英格兰的行政管理体系，重建了对威尔士的霸权，并改革了英格兰的法律体系。他的法律改革成为后世英国普通法的基础。但他同妻子埃莉诺的反目，导致夫妻、父子兵戎相见，最终被自己的儿子理查击败。

　　埃莉诺是欧洲中世纪的一位奇女子。她的父亲是阿基坦公爵威廉十世，阿基坦公国是当时法国最大、最富庶的诸侯国，面积占到当时法国领土的1/3。在中世纪的欧洲，即使是王公贵族也普遍目不识丁，而威廉十世却让埃莉诺接受以当时的标准而言最好的教育。史书记载，埃莉诺貌美、聪慧、外向、活泼、意志坚定，且通晓多门语言，喜狩猎、骑射，常与文人墨客相唱和。1137年，威廉十世薨逝，当时年仅12岁或15岁（关于她出生的年份没有确切记载，根据文献倒推，最有可能是在1122年或1125年）的埃莉诺即位为阿基坦公爵。阿基坦公国的权势和财富使埃莉诺成为当时欧洲王公贵族心目中最理想的联姻对象，她的监护人法王"胖子"路易六世捷足先登，立即安排她嫁于法国太子路易，希望借此控制阿基坦公国。但聪明的埃莉诺在婚前协议中明确规定阿基坦公国保持自己的独立地位，只能由自己的男性后裔继承。婚礼举行之后，"胖子"路易旋即崩殂，同年圣诞节，太子路易即路易七世和埃莉诺加冕为法国国王和王后，二人育有二女。1147年，埃莉诺以法国诸侯的身份率家臣部曲参与第二次十字军东征。在这次战争中，路易七世的表现不尽如人意，证明了自己作为军事统帅的无能和驭下无方，导致远征无功而返。返国后，埃莉诺越发无法容忍法国宫廷的阴郁沉闷，并同路易七世之母阿德莱德太后（Adelaide of Maurienne）及朝中重臣势同水火。1152年，埃莉诺与路易七世离婚。返回封国后，

图17　阿基坦的埃莉诺

注：该画作由拉斐尔前派画家弗雷德里克·桑迪斯（Frederic Sandys，1829—1904年）创作于1858年。布面油画，高16英寸，宽12英寸，现收藏于加的夫国家博物馆（National Museum Cardiff）。

埃莉诺即致书当时只有十九岁的诺曼底公爵亨利，令其立刻前来迎娶自己，二人随即低调成婚。1154 年 12 月 19 日，亨利和埃莉诺在威斯敏斯特大教堂加冕为英格兰国王和王后。

亨利和埃莉诺育有八个子女，有三个成为国王。亨利二世晚年时同自己的妻子和几个儿子关系日趋紧张。1173 年，亨利二世之子"少王"亨利（Henry the Young King）、阿基坦公爵理查、布列塔尼公爵若弗鲁瓦，在母亲埃莉诺和"少王"的岳父、埃莉诺的前夫法王路易七世的支持下，纠集对亨利二世不满的贵族起兵反叛。反叛持续了 18 个月，战火波及英格兰、苏格兰和法国。最终亨利二世击败了儿子们，父子达成表面上的和解，埃莉诺则遭到亨利二世的软禁。十年后，1183 年，"少王"亨利去世。1189 年，亨利二世去世，由其在世的儿子中最年长的理查继承王位，即英国历史上鼎鼎大名的"狮心王"理查一世（Richard Ⅰ the Lionheart，1157—1199 年）。

"狮心王"理查以勇武豪迈著称，在民间传说和文艺作品中常被塑造为中世纪骑士精神的典范。但其在位期间，多数时间均在十字军东征、囚禁及对法国的战争中度过，于治国理政一道全然不用心，英格兰只是支撑其追求战场荣耀的"提款机"。

即位当年，理查与法王腓利二世（Philip Ⅱ，1165—1223 年）共同发动第三次十字军东征，旨在夺回于 1187 年被穆斯林军队攻克的圣城——耶路撒冷。1191 年，理查率十字军抵达圣地，夺取了黎凡特沿海地区，并在阿尔苏夫战役（Battle of Arsuf）中击败了埃及阿尤布王朝苏丹萨拉丁（Salah ad-Din Yusuf ibn Ayyub，1137—1193 年）统帅的穆斯林大军。但因十字军阵营内部矛盾重重，法军撤出，理查没有足够的兵力攻打耶路撒冷，穆斯林军亦无力驱逐十字军，于是双方谈判，于 1192 年达成和约，穆斯林继续占有耶路撒冷，但承认十字军占有黎凡特海岸，并允许非武装的基督徒香客和商人自由前往耶路撒冷。据传说，几番兵戎相见后，萨拉丁与理查惺惺相惜，互赠礼物，相约三年后再战，一决雌雄。但萨拉丁于翌年去世，理查也再未踏入圣地，双方再无缘交集。返国途中，理查遭奥地利公爵利奥波德（Leopold of Austria）囚禁——二人在一同参加十字军东征时结怨，后被移交给神圣罗马帝国皇帝亨利六世。亨利六世向英格兰索要 10 万磅白银赎金作为释放理查的条件，这笔款项相当于当时英格兰王室两年或三年的财政收入。理查的母亲埃莉诺在英格兰罗雀掘鼠，终于凑足了赎金，理查旋即获释，返回英格兰，并于 1194 年 3 月在温彻斯特重新举行加

图 18　"狮心王"理查在阿尔苏夫战役

注：此为古斯塔夫·多雷（Gustave Dore，1832—1883 年）版画作品，描绘"狮心王"理查率领十字军在阿尔苏夫战役击败萨拉丁统领的穆斯林大军。画面中心跃马挥锤者为理查，其盾牌上英国王室的狮子纹章系由他首创。

冕典礼，以示洗清被囚禁的屈辱。

理查远征及被囚禁期间，法王腓力二世趁机夺取了诺曼底公国的大部分领土，并挑唆理查之弟约翰图谋篡逆。理查赦免了约

翰，重新稳定了英格兰的局面，随后渡海转战法国，力图恢复金雀花王室在法国的领地。然而5年后，1199年，即将大功告成之际，在一场不起眼的小规模围城战中，理查被一名敌方士兵用弩射中肩膀，随即因伤口感染死去。

第二节
开创英国宪政传统的《大宪章》

　　理查没有留下子嗣，本来指定侄子布列塔尼公爵阿瑟（Arthur I of Brittany，1187—1203年）继承英格兰王位和英国王室在法国的领地，但理查的幼弟约翰在内战中击败阿瑟夺取了王位，后将阿瑟杀害。此前，亨利二世在晚年时将领地分赐诸子，但约翰因最为年幼而所得微不足道，因此被称为"无地王"约翰（John Lackland）。

　　与慷慨豪侠、极富个人魅力的兄长理查相比，无论在当时还是后世，约翰均风评不佳，在文艺作品中常被刻画为生性凉薄、阴鸷、放荡、睚眦必报的小人。理查留下来的英格兰王国是个烂摊子：为了给十字军东征筹措军费，从亨利二世在位时期即开始征收"萨拉丁什一税"（Saladin Tithe）；为了募集理查的赎金，又额外征收重税，包括对贵族和骑士征收免役税（Scutage），英格兰的贵族和百姓不堪其扰。法国染指英格兰王室内部纷争，伺机夺取英国王室在法国的领地。1202年，两国之间爆发战争，到1204年，金雀花王室在法国北方的领地几乎全部沦陷。其后的

10 年间，约翰致力于生聚教训，试图夺回领地。其聚敛无度、侵夺贵族传统权利的做法使统治集团离心离德。

1214 年，约翰在法国的军事行动以失败告终，英格兰贵族对其的愤恨达到了大爆发的临界点。1215 年 5 月，反叛贵族于北安普顿（Northampton）会师，宣布终止对约翰的封建义务，并组建"上帝之师"（Army of God）占领伦敦。约翰的兵力不足以反击，乃敦请坎特伯雷大主教史蒂芬·朗顿枢机（Stephen Langton，1150—1228 年）居间斡旋。1215 年 6 月 10 日，约翰与反叛贵族的代表在温莎城堡附近泰晤士河南岸的兰尼米德（Runnymede）会晤。会上，反叛方向约翰提交了一份改革内容草案，即《男爵法案》（*Articles of the Barons*），其内容主要来自亨利一世所颁布的《自由宪章》（*Charter of Liberties*）。朗顿枢机主教将《男爵法案》修改为一份停战协议，这份协议后来被称为《自由大宪章》（*Magna Carta Libertatum*），通称《大宪章》（*Magna Carta*）。6 月 15 日，双方就文件的内容达成基本共识；6 月 19 日，反叛的贵族重新向约翰宣誓效忠，《大宪章》抄本被送往英国各地。

图 19　现存的《大宪章》原件之一

注：原文为中世纪拉丁文，以铁胆墨水写在羊皮纸上，盖有约翰王的国玺。原版火漆封印已遗失。这份原件现珍藏于大英图书馆，编号 British Library Cotton MS Augustus Ⅱ.106。

《大宪章》共六十三条，主要内容涵盖保护教会的权利，保护贵族不被无罪关押，限制国王及其官员的行为，等等。其中第三十九条规定：

凡自由民除经其贵族依法判决或遵照国内法律之规定外，不得加以扣留、监禁、没收其财产、褫夺其法律保护权或加以放逐、伤害、搜索或逮捕。[①]

这一条款后来衍生出现代法治中的"人身保护"（habeas corpus）原则。

《大宪章》第六十一条规定：

诸男爵得任意从国中推举男爵二十五人，此二十五人应尽力遵守维护朕所颁赐彼等并以本宪章认可之和平与特权。[②]

但约翰和反叛的贵族彼此并不信任，也无意遵守《大宪章》。三个月不到，第一次诸侯战争（First Baron's War，1215—1217）爆发，反叛贵族向法国求援，法国太子路易率军在肯特登陆，长驱直入叛军据守的伦敦，被拥立为英格兰国王。战争进入胶着状态。1216年10月19日，约翰王驾崩。10月28日，约翰之子亨利在格罗斯特大教堂（Gloucester Abbey）加冕为王，史称亨利三世（Henry III，1207—1272年）。

为结束战争，亨利三世在删除若干条款特别是第六十一条后，再次颁布《大宪章》。1217年9月，亨利与路易言和，亨利承诺不追究、惩罚反叛的贵族。1217年11月，修订后的《大宪章》

①② 《大宪章》译文出自国民政府立法院编译处的《各国宪法汇编》，于1933年（民国二十二年）8月出版。维基文库，https://zh.m.wikisource.org/zh/英国大宪章。

再次颁布，加入了保护贵族财产、限制国王征税权的条款。1225年，为了给在法国的战争筹措资金，应贵族要求，亨利三世再次颁布《大宪章》。1297年，为换取征税的权利，亨利三世之子、当时的国王"长腿"爱德华一世（Edward Ⅰ the Longshank，1239—1307年）颁布《宪章确认谕旨》（*Comfirmatio Catarum*），《大宪章》成为英国成文法的一部分。1300年，《宪章补充条款》（*Articuli Super Cartas*）出台，共计十七条，用以规范宪章的执行问题，其中规定：宪章应下发到每个郡的郡守，每年四次在郡法院宣读，每个郡设立一个三人委员会处理有关宪章执行的申诉。13—15世纪，《大宪章》经历了32次重新确认，许多新的提法加了进去，包括"程序正义"（Due Process of Law）原则，宪章保护的范围也从"自由人"扩充到所有男性。至今《大宪章》仍是英国法律的一部分，尽管随着时代变迁其大多数条款已不再适用，实际法律效用也已经微乎其微。

第二次诸侯战争（Second Barons' War，1264—1267年）期间，1265年1月20日，反叛的贵族组成国会，在伦敦威斯敏斯特宫举行首次会议。尽管反叛最终被平息，但聚集贵族、骑士和市民代表共商国是的理念得以根植下来，并在14世纪成为常态，逐步发展为英国国会下议院，即平民院（House of Commons）。通过国会，市民阶层特别是伦敦的工商业者和法律从业人士得以对国家政治发挥越来越大的影响力，极大地影响了英国的历史进程。

整个中世纪期间，英格兰王室一直试图扩充和强化王权并最后成功，但《大宪章》依然是规范国王和贵族之间权利义务关系的基础性法律文件，在英国及其他英语国家政治和法制演变过程中起着重要作用。到 16 世纪，都铎王朝试图建立绝对君权，刻意淡化《大宪章》，甚至试图重新定义关于《大宪章》的历史叙事。但当时的部分法学家提出一个新的观点：盎格鲁—撒克逊时代的英国曾经存在过一份古老的宪法，诺曼征服后被废止，《大宪章》又复活了这部古老的宪法；《大宪章》承认和保护每个英国人的自由，将国王置于国家的普通法之下，确立了陪审团审判的体制。当然，从历史学角度来看，这一说法并无依据，但在其后斯图亚特王朝同国会的斗争中，《大宪章》作为国会的法律武器，发挥了巨大的作用。

《大宪章》的文本也被英国殖民者带到了美洲，早期美洲殖民地的基本法均可见到《大宪章》的影子。美国独立战争中，殖民地的诉求是享有《大宪章》所保障的自由和权利，如革命时期的主要口号"无代议权不纳税"等。美国的《独立宣言》和宪法均受到《大宪章》的影响。

第三节

英法百年战争

亨利三世之子"长腿"爱德华一世在位期间，英格兰确立了对威尔士的统治，英国王储享有威尔士亲王（Prince of Wales）的尊号即从此开始。但爱德华一世和其子爱德华二世对苏格兰王位的觊觎和争夺终以失败告终。1995 年的好莱坞电影《勇敢的心》

（*Brave Heart*）即基于这一时期苏格兰人民反抗英格兰入侵的故事。

英格兰和法国的矛盾和战争也一直持续不断，双方争夺的焦点是金雀花王室在法国的众多领地。最多时，金雀花王室在法国的领地超过法国王室的领地。但历任法国国王一直在寻找各种机会夺取英国国王的领地，到 14 世纪初，金雀花王室在法国的领地只剩下法国西南部的加斯科涅（Gascony）一地。

爱德华二世（1284—1327 年）的王后是法国国王腓力四世之女伊莎贝拉（Isabella of France，1295—1358 年），号称"法兰西母狼"（She-Wolf of France）。爱德华二世偏幸男宠，夫妻反目。1326 年，伊莎贝拉与情人起兵废黜并弑杀爱德华二世，令其与爱德华二世的儿子爱德华三世（Edward Ⅲ，1312—1377 年）即位，伊莎贝拉摄政。1328 年，伊莎贝拉的兄长、爱德华三世的舅父法王夏尔四世（Charles Ⅵ，1294—1328 年）驾崩，没有子嗣或兄弟，卡佩王朝（Capetian Dynasty）绝嗣。伊莎贝拉主张由与先王血缘关系最近的爱德华三世继承法国王位，但为法国贵族所拒绝，理由是按照法兰克人的萨里克继承法（Salic Law of Succession），女儿及其后裔不享有王位继承权。最终，法国贵族拥立夏尔四世的堂兄瓦卢瓦伯爵腓力以旁枝宗室入继大统，是为腓力六世（Philippe Ⅵ，1293—1350 年），绰号"幸运者腓力"（le Fortune），开创了法国历史上的瓦卢瓦王朝（Valois Dynasty）。尽管爱德华三世提出抗议，然而为了保住加斯科涅领地，还是以法国诸侯的身份承认了腓利六世的宗主权。但双方的矛盾并未因此有本质性的缓解。1337 年 5 月，腓力六世决定夺取加斯科涅。

这一举动激怒了爱德华三世，于是他重新提出对法国王位的主张，不惜用武力来夺取。英法百年战争就此爆发。

英法百年战争从 1337 年爆发，直到 1453 年法国获胜并收复除加莱（Calais）以外的全部领土，是欧洲历史上持续时间最长的一场战争，两国五代君王为争夺当时西欧最大的王国之王位开始大肆杀伐，导致血流漂杵，生灵涂炭。战争和战争期间暴发的黑死病、饥荒、民变，以及办兵小匪的雇佣军的肆虐导致法国人口减少了近一半，英国人口也减少了 20%~33%。战争期间，不堪重负的两国民众均曾发动起义。战争的直接结果是瓦卢瓦王朝成功控制了整个法国。在英国，战争失败和欧洲大陆领地的丧失激化了统治集团的内部矛盾，导致"玫瑰战争"的爆发和都铎王朝的建立。

百年战争对欧洲历史影响深远。双方在军事技术和战术领域均多有创新，包括建立职业常备军和炮兵；而传统的中世纪骑士精神在本次战争中臻于巅峰后开始衰落。封建制度逐渐解体，更强烈的民族认同感在两国生根发芽，尽管后世两国王室仍有联姻，但总体而言是各自按照自己的道路发展，统治者不再对对方国家的王位提出主张，但历史习惯使然，很长时间以来英格兰君主依然在钱币上使用"法兰西国王"的尊号。两国逐步发展成为更加偏向于中央集权的民族国家，并逐步崛起为世界霸权。

战争期间，两国曾三次签署休战协议，以签署休战协议时间作为分界点，后世的史学家将战争分为三个阶段：爱德华战争（Edwardian War）阶段，1337—1360 年；夏尔战争（Caroline War）阶段，1369—1389 年；兰开斯特战争（Lancastrian War）阶段，

1415—1453 年。

战争第一阶段，在爱德华三世及其子"黑太子"爱德华（Edward, the Black Prince，1330—1376 年）的统帅下，英军所向披靡。"黑太子"爱德华被同时代人视为骑士精神的典范和当时最伟大的骑士之一，英格兰和威尔士长弓手（longbowmen）则赢得了欧洲最强劲旅的名号。在 1346 年 8 月的克勒西战役（Battle of Crecy）和 1356 年 9 月的普瓦捷战役（Battle of Poitier）中，英军以少胜多，特别是在普瓦捷战役中，法王让二世（Jean Ⅱ，1319—1364）被俘，众多贵族骑士殒命沙场。

1347—1351 年，黑死病在欧洲肆虐，两国人口锐减。英军采用的"骑行劫掠"（chevauche）战术，即通过对敌方国土纵火和劫掠来削弱敌方的生产能力并迫使敌方主力出城野战，给法国的经济和民生带来了巨大灾难。1358 年夏初，法国爆发扎克雷（Jacquerie）农民暴动。暴动被残酷镇压，大批农民和市民惨遭屠戮。内忧外患使法国无力再战。1360 年，法国监国太子夏尔、未来的国王夏尔五世（Charles Ⅴ，1338—1380 年）被迫与英格兰签订《布勒丁尼和约》（Treaty of Brétigny），割让大片领土给英格兰，由"黑太子"爱德华统治，而不再是法王的附庸；同时，英王放弃对法国王位的主张。法国还需缴付三百万埃居（ecu）[①]金币作为让二世的赎金。让二世以其子安茹公爵路易和贝里公爵让留在英格兰为质，自己返回法国复位。百年战争第一阶段至此

----

① 法国历史上的金币，1266 年由路易九世（"圣路易"）开始制造。"ecu"一词源自拉丁语"scutum"，意为盾牌，因金币上的图案为法国王室的百合花盾形纹章，故名。英国通常称此种法国金币为克朗（crown），即王冠。

结束。

因财务负担沉重，英格兰和法国均不得不遣散大批雇佣军。失业的雇佣军组成"自由军团"，在法国四处烧杀抢掠，让二世无力弹压。1363 年，安茹公爵路易背信从英格兰脱逃，而法国答应缴付英格兰的赎金也未能如期筹措完备。为恪守骑士的信义与荣誉，让二世主动返回英格兰为质。这一举措为他赢得了"好人"让（Jean le Bon）的绰号。英格兰宫廷给予其盛大礼遇。1364 年，让二世客死英格兰，监国太子夏尔即位，称夏尔五世。

夏尔五世是百年战争期间法国的一代英主，以"智者"夏尔（Charles le Sage）之名彪炳史册。与剽悍骁勇的乃父让二世相比，夏尔五世身形羸弱，肢体不成比例，肤色苍白，右手和左臂均有痼疾，但其作为统治者的睿智和老练则远超乃父。在让二世被俘期间，夏尔作为太子监国，期间平息了巴黎第三等级对王权的挑战、扎克雷暴动及妹婿纳瓦尔王"坏蛋"夏尔（Charles the Bad）对法国王位的觊觎，稳定了法国国内局势。

夏尔五世即位后面临的最重大挑战，一是收复根据《布勒丁尼和约》割让给英格兰的领土，二是解决当时肆虐法国的失业雇佣军问题。他最为倚重的将领是布列塔尼小贵族出身的贝特朗·杜·盖克兰（Bertrand du Guesclin，1320—1380 年）。盖克兰1370 年起任法国王室统帅（Connetable de France，即王家军队总司令，地位仅次于国王），绰号"布列塔尼之鹰"。

1367 年，现代西班牙的前身之一卡斯蒂利亚（Castile）王国因王位继承纠纷爆发内战，英格兰和法国各支持一方。英格兰起初获胜，杜·盖克兰被"黑太子"爱德华俘获，但英军因疾病大量减员，"黑太子"爱德华本人也感染疟疾，被迫退兵，法军反败为胜，在卡斯蒂利亚扶持亲法政权。对英军来说，更严重的是巨大的军费支出无法弥补，"黑太子"爱德华只得在加斯科涅征收炉灶税，这引起加斯科涅贵族不满，他们向夏尔五世申诉。夏尔五世召"黑太子"爱德华来巴黎与加斯科涅贵族对质，"黑太子"爱德华以战争相威胁。夏尔五世以"黑太子"爱德华违背和约为名，于1369年5月宣战，并宣布没收英格兰王室在法国的领地。爱德华三世则以牙还牙，重新提出对法国王位的主张。百年战争第二阶段开始。

1371年，"黑太子"爱德华因病重返回英格兰，此时爱德华三世的健康状况也是每况愈下。1372年，法国和卡斯蒂利亚联合舰队在拉罗谢尔海战（Battle of La Rochelle）中击败英格兰舰队，继而侵扰英格兰海岸，将战火燃向敌人本土。1373年8月，爱德华三世第三子兰开斯特公爵刚特的约翰（John of Gaunt, Duke of Lancaster，1340—1399年）率军自加莱向法国南部展开"骑行劫掠"，沿途遭法军以游击战术袭扰包抄，尽管最终抵达英军控制下的加斯科涅，但马匹、装备和辎重损失殆尽。到1375年底，法军已成功收复除加莱和加斯科涅的全部失土。1376年，"黑太子"爱德华病逝；1377年，爱德华三世病逝，"黑太子"爱德华之子理查冲龄践祚，称理查二世（Richard Ⅱ，1367—1400年）。到1380年，英格兰在法国的属地只剩下波尔多周边及加莱等几个港口。

但法国的好运也并不持久。1380年，夏尔五世和杜·盖克兰相继去世，夏尔五世之子"受爱戴的"夏尔六世（Charles Ⅵ le Bien-Aime，1368—1422年）继位。至此，两国均处于主少国疑的状态，宗室、重臣各结朋党，民间亦因长期战争和重税困苦不堪，民变时有发生。因此，尽管没有正式和谈，但双方的军事行动暂告沉寂。1381 年，英格兰爆发了以瓦特·泰勒（Wat Tylor）为首的农民暴动，农民军一度占据伦敦，要求废除人头税和农奴制，并处死了若干朝廷重臣，但最终被残酷镇压。理查亲政后，同叔父刚特的约翰等宗室长辈和重臣矛盾重重。他将约翰之子亨利·波林勃洛克（Henry of Bolingbroke）放逐国外，又在约翰去世后没收其财产和领地。1399 年 6 月，亨利趁理查二世及其亲信近臣远征爱尔兰之际，返回英国发动政变，废黜并弑杀理查二世。1399 年 10 月，亨利加冕，称亨利四世（Henry Ⅳ，1367—1413 年）。亨利四世是自诺曼征服以来第一位以英语而非法语为母语的英格兰国王。

亨利四世仍然坚持对法国王位的主张，但其在位期间，主要精力用于同苏格兰、威尔士及反叛的北方贵族的斗争，无意同法国重启战端。而此时的法国，夏尔六世因长期罹患精神病无力理政，他的幼弟奥尔良公爵路易一世（Louis Ⅰ of Oreleans）和叔父勃艮第公爵"勇敢的"菲利普二世（Philip Ⅱ l' Hardi）及菲利普之子、继任勃艮第公爵"无畏的"让（Jean sans Peur）为争夺摄政权柄势同水火。1407 年，让派遣刺客在巴黎街头刺杀了路易，法国爆发内战，持续至 1435 年。内战中，勃艮第派引英格兰为奥援。

1415 年 8 月，英王亨利五世（Henry Ⅴ，1386—1422 年）重燃战火，率军在法国登陆。亨利五世被认为是英格兰中世纪最出色的军事统帅，也是莎士比亚"亨利"系列历史剧中相当引人入胜的角色。1415 年 10 月 25 日，在阿金库尔战役（Battle of Agincourt）中，亨利五世统帅 6000~8000 名英军，对阵超过 25000 名法军，以不足 600 人的伤亡代价杀死 6000 余名法国贵族骑士，包括王室统帅、海军统帅及 3 名公爵在内的法国一代军政精华几乎悉数丧命于此役。这场战役至今仍被奉为英国军事史上最著名的大捷之一，莎翁剧中第四幕亨利五世的战前动员演说，也被奉为伟大的英语演讲之一，虽然这段演说其实是莎翁"脑补"的，正史并无记载。

图 20　描绘阿金库尔战役的 15 世纪书籍插画

注：此次画作为 15 世纪细密画，大约制作于 1422 年，收藏于伦敦蓝贝斯宫图书馆（Lambeth Palace Library）。

到 1419 年，亨利已经占领了整个诺曼底。1420 年，亨利与法王夏尔六世会晤，双方签订《特鲁瓦条约》（Treaty of Troyes），条约内容包括亨利迎娶夏尔之女瓦卢瓦的凯瑟琳（Catherine of Valois）为王后，成为法国摄政王，他和他的继承人将在夏尔六世驾崩后继承法国王位。

法国太子夏尔则被剥夺了继承权。这是整个百年战争中英格兰取得的最大的胜利。

然而这场胜利并不持久：1422 年 8 月，亨利五世染病去世；两个月后，夏尔六世也去世了。亨利和凯瑟琳之子、当时尚在襁褓中的亨利六世（Henry Ⅵ，1421—1471 年）成为英格兰和法国国王，亨利五世的弟弟贝德福公爵兰开斯特的约翰（John of Lancaster, 1st Duke of Bedford, 1389—1435 年）受遗诏出任护国公（Lord Protector）[①]。但法国太子夏尔及其支持者认为夏尔六世精神不正常，拒绝承认《特鲁瓦条约》的合法性，主张太子夏尔一方才是法国正朔所在，战火再度燃起。

英格兰护国公贝德福公爵计划一劳永逸地结束战争，于 1428 年在勃艮第派的协助下进攻法国中部，于 10 月开始围攻奥尔良。当时英军和勃艮第派军队已控制除奥尔良的法国北部全部地区，只有奥尔良依然效忠于法国太子夏尔。到 1429 年初，奥尔良在英军的围困下已岌岌可危。此时，一位名为贞德（Jeanne d'Arc, 1412—

图 21　安格尔油画作品《圣女贞德在
夏尔七世的加冕典礼上》

注：此作品为布面油画，尺寸为 240cm×178cm，安格尔（Jean Auguste Dominique Ingres, 1780—1867 年）创作于 1854 年，现收藏于卢浮宫。

1431 年）的农家少女求见太子夏尔，自称收到圣徒的启示拯救法国。会面后，夏尔赐其铠甲、旌旗，遣其随部队开赴奥尔良解围。

[①]　英格兰历史上君主幼冲不能亲政时指定宗室尊长为护国公，相当于摄政王。共和国时代，克伦威尔以此为头衔建立军事独裁统治。

此前数年间，关于一位蒙上帝恩典的披甲少女将解救法兰西的谶语已在民间广为流传，因此，贞德的出现被认为上应天命，极大地鼓舞了奥尔良军民的士气。4月29日，在军民的盛大欢迎下，贞德策马入奥尔良城。法军开始对围城的英军进行反击。5月8日，英军解围撤离，法军乘胜追击。6月18日，法军在帕提战役（Battle of Patay）中大获全胜，这是多年来法军第一次在野战中大败英军。7月，法军光复圣城兰斯（Reims）。7月17日，按照法国王室传统，太子夏尔在兰斯主教座堂举行加冕典礼，王号夏尔七世（Charles Ⅶ le Victorieux，1403—1461年）。

1430年5月13日，在贡比涅（Compiègne）的一次战斗中，贞德被勃艮第军俘获并移交英军，被英格兰当局控制下的宗教裁判所以异端和女巫罪名判处死刑，于1431年5月30日在鲁昂被处以火刑。至今，贞德仍被法国人奉为民族英雄，并被天主教会封为圣徒。

此时战争胜利的天平已不可逆转地向法国一方倾斜。夏尔七世整军经武，创建了训练有素的职业常备军以及当时欧洲装备和技术、战术水平最先进的炮兵

图22　描绘卡斯蒂永战役的羊皮纸插画

注：该作品创作于约1484年，描绘英军指挥官、有"英格兰的阿喀琉斯"（English Achilles）之称的名将约翰·塔尔博特（John Talbot, 1st Earl of Shrewsbury and 1st Earl of Waterford，1384—1453年）阵亡的场景。据记载，塔尔博特的战马被法军炮火击毙，其本人落马后被一名法军战士用战斧杀死。该作品为法国国家图书馆藏品。

部队，为自己赢得了"胜利者"（le Victorieux）的美誉。1435 年，勃艮第公爵"好人"菲利普（Philippe le Bon）输诚，将巴黎献给夏尔七世，使得英军在法国越发陷于孤立。百年战争的最后一场战役是 1453 年 7 月 17 日的卡斯蒂永战役（Battle of Castillon），法军的野战炮兵对战争胜利起了决定性作用。战后，法军攻克加斯科涅首府波尔多，至此，除加莱外，英格兰丧失了在法国的全部领地，百年战争以法国的胜利告终。

第四节

金雀花王朝的币制

金雀花王朝统治的三百多年间基本沿用此前的币制，便士银币形制与诺曼时代大体一致。从亨利三世起，英格兰开始尝试发行金币。这一时期的金币制作精美，存世稀缺，具备极高的收藏价值。贯穿整个金雀花王朝的一个货币金融难题是英格兰的贵金属价格低于欧洲大陆的贵金属价格，但英格兰的造币质量高于同期欧洲大陆的钱币，这就导致钱币和金银外流，通货紧缩。

1180 年，亨利二世推出新的便士图案，即短十字便士（short-cross penny），这一图案一直沿用至 1247 年。其间，英格兰造币厂的数量大为减少，质量控制变得更为容易、可靠。也是在亨利二世时代，英格兰银币的含银量正式确立为 92.5%，即国际标准银，英镑的正式名称"pound sterling"即源于此，意为一磅 925 银。1 塔磅合 240 便士 925 银。

约翰王在位期间，先因恶劣气候等导致农业歉收，引发剧烈的通货膨胀，紧接着又因战争开支导致严重的通货紧缩。当时的习惯做法是，国王将征收来的税银集中起来，重新制造银币，再将新制造的银币用木桶装载送往各处王家城堡、要塞储藏，以备支付雇佣军的军饷和其他相关军政活动的开销。约翰在与法国战争期间，军费开支骤增，大量银币退出流通，闲置

图 23　约翰王的短十字便士银币

注：钱币正面为约翰王正脸头像，背面为短十字及造币者的名字 Iohan of Ipswich。钱币重 1.35 克，制造于 1205—1207 年。

往往达数月之久。经济活动因缺少钱币而陷于停滞，导致社会动荡。许多贵族不得不向犹太人大量举债，《大宪章》第十和第十一条专门就此问题做出规定。第二次诸侯战争的导火索之一便是贵族要求豁免其所欠犹太人的债务。反叛的贵族对犹太人进行大屠杀并焚毁其账簿，成为恶意逃废债行为的一个极端案例。

图 24　亨利三世的长十字便士银币

亨利三世在位期间，给银币"剪边"（clipping）的犯罪行为颇为猖獗，导致流通中的银币大量不足重。剪边即剪去或凿去钱币外廓以盗取造钱的金属材料牟利。

在我国古代，钱币"剪边"或称"剪轮"也不少见，如东汉末年的"剪边五铢"，即官方给钱币减重，故意制造通货膨胀掠夺民间财富。"剪边"犯罪行为之所以能够得以实施，是因为打制钱

币的形状本来就不是完美的圆形，短十字钱币被剪边后不容易被发觉。为此，亨利三世推出新的图案设计，即长十字便士，背面的十字架上下左右贯穿整枚银币，这样同时也便于将一枚便士银币切割为两等分或四等分用于日常小额交易。

中世纪早期，因商品经济不发达，英格兰境内流通的钱币以小面值银币为主，偶尔有大额交易需要更高价值钱币的情形，则通常用从东罗马或伊斯兰世界进口的少量金币和大面值银币解决。随着商品经济的发展及军费开支等造成对更高面值钱币的需求，亨利三世时期英格兰曾短暂尝试了发行便士金币。亨利三世的便士金币每枚价值20便士银币，由御用金匠格罗斯特的威廉（William of Gloucester）设计，正面为国王身着衮服端坐于御座，右手持权杖，左手持十字圣球（Globus Cruciger），铭文为HENRICUS REX Ⅲ，即亨利三世国王；背面为贯穿的长十字，将币面分为四等分，每个部分有一株花朵，还有造币人的名字"WILLAM ON LVND"，即"伦敦的威廉"。这次尝试并不成功，因为当时的金银比价为1∶24，而1枚便士金币则只能兑换20便士银币，将金币融化为金条转卖即可套利4便士银币，因此不久后已发行的金币即被召回融化，后世的史家和收藏家甚至不知道曾有这样一款金币存在，直到18世纪后方从历史记录中获悉。如今存世的亨利三世便士金币极为稀缺。2022年一名探宝者发现了一枚，在拍卖会上以54万英镑的价

图25　亨利三世的便士金币

格成交，创下英国本土发现钱币的最高拍卖价格记录[①]。

爱德华一世在位期间特别重视钱币的质量。商品经济的发达也需要多种面值的钱币。法国于 1266 年推出大图尔银币（gros tournois，又名 gros St. Louis，即大圣路易），重 4.22 克，含银量 23/24（23K），合 4.044 克纯银，在英格兰颇受欢迎。为与大图尔银币竞争，这一时期英格兰推出了格罗特（groat，4 便士）、半格罗特、半便士和法寻（farthing，1/4 便士）等不同面值的银币。同时，给银币"剪边"的犯罪活动依然屡禁不止。1279 年，爱德华一世推出新的钱币设计，旨在保持钱币的高质量，并使"剪边"行为更易于被发现。新款钱币正面的国王头像更加写实，铭文也更长，通常为拉丁文缩写"EDW REX ANGL DNS HYB"，意为"爱德华，英格兰之王，爱尔兰国主"；背面图案依然为长十字，但不再出现造币者的全名，而铭文造币厂所在城市的拉丁文全称，如"CIVITAS LONDON"（伦敦城）。新币还带有暗记（privy mark），如国王胸前

图 26　爱德华一世的新款便士银币

佩戴的玫瑰、国王发型的细微差异、国王眼睛的大小或某个字母使用不同的字体等，用以辨识造币人的身份。新币推出后，民众可前往造币厂用各种旧币兑换新币，造币厂要收取一定费用，相当于造币税。爱德华一世的新款银币因成色和重量充足，制作精

---

① BBC. "Gold coin found in Devon field fetches ￡540k", 2022-01-22, https://www.bbc.com/news/uk-england-devon-60095685.

美，在欧洲大陆大受欢迎，结果大量银币外流，给英格兰的经济带来通缩压力。为此，1279 年，英格兰进行货币贬值，1 塔磅白银由生产 240 便士降至 243 便士。1299 年开始，英格兰一度禁止银币出口[1]。

1279 年，爱德华一世在伦敦塔城墙内设立皇家造币厂，又

图 27　中世纪皇家造币厂内景

称伦敦塔造币厂（Tower's Mint），其周边永久性作业区域被称为"造币街"（Mint Street），包括造币作坊、冶炼车间、马厩、员工宿舍等。自那时起至 1810 年造币厂搬迁至塔丘（Tower Hill），英格兰的钱币主要在这一造币厂生产。手工打制造币时代，造币流程可分为 16 道工序，如融化金银锭、将金银锭切割成钱坯、将钱坯打制成钱币等[2]。因为多道工序需要高温熔炼或软化金属材料，并大量使用对人体有害的化学品，所以造币厂工作条件异常恶劣、危险。在英

---

① Challis C. E., "A New history of the Royal Mint / edited by C.E. Challis", Cambridge University Press Cambridge, 1992, http：//www.loc.gov/catdir/toc/cam021/89031656. html.

② 英国皇家造币厂博物馆官网，https://www.royalmintmuseum.org.uk/journal/ history/making-money/。

格兰，很长一段时间以来，损毁和伪造钱币视同叛国罪，使用当时最残酷的死刑执行方式，工作人员进出造币厂也受到严密的监控和检查[①]。直到 17 世纪金属冲压工艺取代手工打制工艺后，造币可常温作业，造币厂的工作条件才得到根本改善。但直到 18 世纪，造币厂的建筑主要还是木质，做工粗劣，年久失修，以至于来访的外国参观者莫名惊诧：如此精美的钱币竟然是在这么破旧的地方制造出来的。

爱德华二世和爱德华三世的便士银币基本沿袭了爱德华一世的形制。爱德华三世时代生产的便士银币较少，而生产格罗特银币较多，且开始逐渐取代便士成为最流行的银币面值。从爱德华三世起，历届国王开始自称"法兰西国王"，并将这一尊号加在钱币上。爱德华三世时期，英格兰向佛兰德斯出口的羊毛大幅增加，佛兰德斯商人以金币支付。金币的流入以及英格兰尝试自己发行金币导致其后的 200 年间英格兰币值动荡不定。1344 年，爱德华三世对货币进行减重，1 便士银币降至 20 1/4 格令 925 银。

理查二世时代，大量劣质银币自欧洲流入英格兰，质量相对较高的英格兰银币则被输往欧洲，熔化后掺杂贱金属制成质量低劣的钱币，以此牟利。这是"劣币驱良币"的格雷欣法则（Gresham's Law）在英格兰的一个早期案例。英格兰贵金属价格低于欧洲大陆贵金属价格所导致的问题在其后的年代依然存在。亨利四世时代，这一问题给英格兰的经济金融秩序带来极大干扰：

---

① Martin Allen, "Mints and Money in Medieval England", Cambridge: Cambridge University Press, 2012.

经济生活中缺乏足够的钱币流通，造币厂则无法购买到充足的白银用来造币。亨利四世推出"轻"钱币，与欧洲大陆的银价水平接轨，暂时解决了白银外流问题。但到爱德华四世时代，英格兰银币面值低于欧洲大陆白银价格的情况再度出现。爱德华四世索性下旨将所有银币减重20%。

在爱德华三世时代，英格兰再度尝试发行金币。1344年1月27日，爱德华三世颁谕旨推出弗洛林（florin）金币，由纯金打造，重108格令（约7克），价值6先令（72便士银币）。弗洛林金币本为一款佛罗伦萨金币，于1252年首次推出，重3.5克，是当时欧洲国际贸易结算中最流行的标准硬通货，也有大量进口至英国。爱德华三世的弗洛林金币相当于两枚佛罗伦萨弗洛林金币。英格兰弗洛林金币制作精美，正面图案为国王端坐于御座，头上有华盖，左右各有一只豹头，拉丁文铭文"EDWR D GRA REX ANGL 7 FRANC DNS HIB"，意为"奉天承运爱德华国王，英格兰和法兰西之王，爱尔兰国主"；背面为四瓣花（quartrefoil）环绕着皇家十字架，四瓣花的四个凹陷处各有一只花豹，四周有拉丁文铭文"IHC TRANSIENS PER MEDIUM ILLORUM IBAT"，出自《圣经·新约·路加福音》4∶30，意为"他（耶稣基督，笔者注）却从他们中间直行，过去了"。① 这段经文用以纪念爱德华三世在1340年的斯鲁伊斯海战（Battle of Sluys）中战胜法国舰队，也是当时骑士祈祷在战场上勇往直前的常用经文。因其正面图案中的两个豹头，后世的研究者和收藏家称爱德华三世的弗洛

---

① 中文译文出自《圣经·新约》，新标点和合本，并排对照版，中华基督教两会出版，2015年2月第1版第6次印刷，第174页。

林金币为"双豹"（Double Leopard）。因种种原因，爱德华三世的弗洛林金币甫一推出就立即被召回，目前存世仅三枚，其中两枚于 19 世纪晚期出土，现珍藏于大英博物馆；另一枚于 2006 年由一位金属探测器探宝人在英格兰南部某个未披露的地点发现，当年在拍卖会上以 46 万英镑成交，此后一度由剑桥大学菲茨威廉博物馆（Fitzwilliam Museum）借展，但于 2016 年出售给一位不肯透露姓名的美国私人收藏家，据悉转让价格超过百万英镑[①]。"双豹"是世界上现存名贵的钱币之一。

（正面）　　　（背面）

图 28　爱德华三世的"双豹"弗洛林金币

上文提到，爱德华三世将 1 便士银币贬值至 20 1/4 格令 925 银，按照 1 弗洛林金币兑换 72 便士银币，则金银比价为 1∶12.5，高于同期欧洲大陆 1∶11 的金银比价，结果导致英格兰白银外流。为此，1344 年 8 月，爱德华三世又发行了新设计的"贵族"（noble）金币。一枚"贵族"金币价值银币 6 先令 8 便士（6/8 或 6s. 8d.），折合 80 便士或 1/3 磅白银。爱德华三世第二次造币（1344—1346 年）时期，"贵族"金币重 138.5 格令（9 克），直径 33~35 毫米；后来逐渐减重，到第四次造币时（1351—1377 年）仅重 120 格令（7.8 克），含金量 23/24，由此折算金银比价为

---

① Spink, "Coins of England and the United Kingdom", 46th Edition Standard Catalogue of British Coins, 2011.

1∶11.2，与欧洲大陆基本一致。除了"贵族"，还有半"贵族"和四分之一"贵族"两种面值，比"贵族"更为常见、使用更多。爱德华三世第二次造币时期的"贵族"金币正面为国王持剑和盾端坐在战船上，拉丁文铭文"EDWR D GRA REX ANGL 7 FRANC DNS HIB"，意为"奉天承运爱德华国王，英格兰和法兰西之王，爱尔兰国主"；背面为十字架、十字架中心的字母L、战船和《圣经》经文"IHC TRANSIENS PER MEDIUM ILLORUM IBAT"，出自《圣经·新约·路加福音》4∶30"他却从他们中间直行，过去了"。理查二世时代，"贵族"金币在伦敦和加莱两个造币厂生产，其中加莱生产的金币正面图案中战船上有一面旗帜。"贵族"和"半贵族"金币是英格兰首款批量生产和发行的金币。

亨利四世时代，受百年战争影响，英格兰货币再次贬值，1便士银币降至15格令（0.899克纯银），半"贵族"金币（40便士银币）降至54格令，折合金银比价1∶10.3。

图29 爱德华三世的"贵族"金币

在欧洲大陆，法国于1425年进行了货币改革，英格兰半"贵族"金币与法国1巴黎里弗尔（livre Parisis）或20苏（sols）价值基本持平，半格罗特银币与1苏基本持平。佛兰德斯于1434年改革了币值，1荷兰弗洛林（Dutch florin）约合40便士，1荷兰先令（stuiver）约合2便士。直至1560年，英格兰与欧洲大陆主要货币的比价才大体保持稳定。

15世纪30年代以后，欧洲大陆黄金价格高于英格兰，大批金币流出英格兰用以套利。为阻止金币外流，1464 年，爱德华四世将"贵族"金币的价格由 6 先令 8 便士（80 便士）上调至 8 先令 4 便士（100 便士），同时还推出一款新的金币名为"皇家玫瑰"（Royal Rose）或"里亚尔"（Ryal），重 120 格令，价值 8 先令 4 便士（100 便士），但其并不受欢迎，于 1470 年停止生产。爱德华四世又于 1465 年推出"天使"（Angel）金币，与"贵族"金币形制大体相同，重 80 格令，或 5.12 克，直径 29 毫米，正面图案为天使长米迦勒斩龙，价值 6 先令 8 便士（80 便士），此后的价格在 6 先令 8 便士至 11 先令变动。爱德华四世还推出了半天使（Half-angel）金币，重量为天使金币的一半。

　　1430—1480 年，英格兰发生经济衰退，史称"大衰退"（Great Slump），即由白银紧缺导致通货紧缩和信贷紧缩，其间适逢泛欧范围内的贵金属饥荒（the Great Bullion Famine，1457—1464 年）。欧洲缺乏贵金属的情况直到新航路开辟后欧洲殖民势力在美洲和非洲找到新的贵金属来源方才缓解。在此期间，英格兰便士再次贬值，降至 12 格令，半天使金币重 40 格令，合 40 便士银币，折合金银比价 1∶11.2。英格兰的主要出口市场佛兰德斯当时在勃艮第公国治下，1469—1475 年，根据勃艮第和英格兰之间的协议，勃艮第公爵"大胆"夏尔发行的 2 先令（Double Patard 或 2-Stuiver）银币与英格兰格罗特银币（4 便士）可以等价互换。

　　"贵族""天使"等金币在都铎王朝时期仍广为使用，在莎士比亚的剧作中常有出现，如《无事生非》（Much Ado about Nothing）第二幕第三场培尼狄克（Benedick）说："……她必须有高贵的人品，否则我不愿花十先令把她买下来。"[①] 其原文为 "noble, or not I for an angel"，其中 noble 和 angel 都是用金币的名字语带双关，在莎士比亚生活的时代（伊丽莎白一世和詹姆斯一世当朝），这两种金币的市场价格都在 10 先令上下。文化背景的差异使然，即使是朱生豪先生这样的翻译大家也难以完整传达原文的妙处。

① 《莎士比亚全集》（莎士比亚诞辰 450 周年纪念版）第三册，朱生豪译，人民文学出版社，2014 年 10 月北京第 1 版，2022 年 3 月第 7 次印刷，第 349 页。

第三章

英格兰文艺复兴

2012年9月5日，英国莱斯特大学（Leicester University）的考古学家在莱斯特的一个停车场下发现一具男性骸骨，驼背，有冷兵器留下的伤痕。经科学分析和DNA比对，2013年2月4日，莱斯特大学正式公布，这具遗骸属于理查三世（Richard Ⅲ，1452—1485年），金雀花王室的最后一位国王，也是最后一位战死沙场的英国国王[①]。2015年3月26日，理查三世的遗骸隆重奉安于莱斯特主教座堂。对于这位国王，熟悉莎翁剧的朋友一定会记得《理查三世》第五幕第四场中他在博斯沃思原野战场上的绝望哀号："一匹马！一匹马！我的王位换一匹马！"（A horse, a horse! My kingdom for a horse!）[②]

百年战争后，英格兰爆发内战。金雀花王室的两个支系，即兰开斯特支系和约克支系，为争夺王位时断时续地进行战争，从1455年开始，持续至1485年。战争的结局是金雀花王室直系后裔绝嗣，都铎王朝建立。几十家世家大族也在战争中绝嗣，封建贵族势力遭到极大削弱，使都铎王朝得以建立中央集权政体，英格兰中世纪随之终结，"英格兰文艺复兴"（English Renaissance）开始。"玫瑰战争"（Wars of Roses）之名是后人取的，来源是莎

---

① Richard III: Discovery and Identification，英国莱斯特大学网站，https://le.ac.uk/richard-iii。

② 《莎士比亚全集》（莎士比亚诞辰450周年纪念版）第六册，朱生豪译，人民文学出版社，2014年10月北京第1版，2022年3月第7次印刷，第204页。

士比亚历史剧《亨利六世》中双方的支持者各自采摘红白玫瑰佩戴在身上表明立场的场景。兰开斯特家族的族徽是红玫瑰，约克家族的族徽是白玫瑰，故名。都铎王朝通过联姻将两大支系合二为一，以红白双色的"都铎玫瑰"（Tudor Rose）为族徽，至今仍为英国王室沿用。

图 30 莎士比亚《亨利六世》中兰开斯特和约克家族的支持者采摘红白玫瑰表明立场的场景

第一节
玫瑰战争与都铎王朝的建立

百年战争的失败令英格兰王室和贵族在经济和名望上均蒙受了无可弥补的损失，不同朋党间就谁应对战争失败承担问责喧嚷不已。卡斯蒂永战役的噩耗传回英格兰后，本就生性暗弱的英格兰国王亨利六世精神崩溃，不能理政。其精神病可能遗传自其外公、法国国王夏尔六世。王后——出自法国瓦卢瓦王室旁枝的安茹的玛格丽特（Margaret of Anjou，1430—1482 年）——及近臣专擅朝政，引发朝野不满。亨利六世的族叔约克公爵理查·金雀花（Richard Plantagenet，3rd Duke of York，1411—1460 年）一直觊觎王位，于是借机发难。

大体说来，英格兰的王位和爵位继承制度同中国古代的同类制度类似，基本规则是嫡长继承。但英格兰承认女儿及其后裔的王位继承权，加之王室和贵族家族族内通婚颇为常见，且不序昭穆，导致情况往往更为复杂。约克公爵理查是爱德华三世第四子、第一代约克公爵兰利的埃德蒙（Edmund of Langley，1st Duke of York，1341—1402 年）之孙，母亲则是爱德华三世的次子克拉伦斯公爵安特卫普的莱昂内尔（Lionel of Antwerp，1st Duke of Clarence，1338—1368 年）的外曾孙女，因此理查也是次房安特卫普的莱昂内尔的合法继承人。理查二世遇弑后，金雀花王室长房"黑太子"爱德华一脉绝嗣，按顺位继承的顺序，次房莱昂内尔的合法后裔的继承权理应先于三房刚特的约翰和四房兰利的埃德蒙的后裔，这是约克公爵理查对王位主张的主要依据。爱德华三世诸子的后裔和大贵族均拥有雄厚的财力和大量效忠于本家族的部曲、私兵，且很多贵族家族间本就有世仇，因此，对王位继承的争议极易演变为内战。

1453 年亨利六世第一次精神病发作时，贵族成立了一个摄政理事会（Regency Council），并无视王后的反对，推举约克公爵理查为护国公（Lord Protector）和首席理事。1455 年，亨利六世神智恢复正常，重新亲政，王后成为兰开斯特派系事实上的领袖，并将理查逐出朝廷。理查遂以"清君侧"为名，召集军队进攻伦敦。1455 年 5 月 22 日，第一次圣奥尔本斯战役（First Battle of St. Albans）爆发，兰开斯特军战败，亨利六世被俘，诸多兰开斯特党重臣殒命。国会再次任命理查为护国公，局势趋于平静。1456 年，亨利六世再度恢复神智，巡幸英格兰中部期间，在王后的坚持下，拒绝返回伦敦，在考文垂设立行在，解除理查护国公之位。1460 年 7 月 10 日，在北安普顿战役，约克党获胜，再度俘获亨利六世并将他带回伦敦。但约克公爵废黜亨利六世、立刻登基的诉求并未得到贵族的普遍支持。国会投票表决决定保留亨利六世的王位，但通过了一项《调节法案》（*Act of Accord*），规定亨利六世驾崩后由约克公爵理查继承王位，亨利六世之子威斯敏斯特的爱德华（Edward of Westminster，1453—1471 年）被剥夺王位继承权，玛格丽特王后和爱德华王子被逐出伦敦。不满此结果的王后在英格兰北部组建军队，继续同约克党进行战争。1460 年圣诞，王后率兰开斯特军在韦克菲尔德战役（Battle of Wakefield）击败约克军，杀死约克公爵理查。约克党人在理查之子爱德华和内侄华威伯爵理查·内维尔（Richard Neville，16th Earl of Warwick，1428—1471 年）的统领下继续战争。1461 年 3 月 29 日，约克军在陶顿战役（Battle of Towton）击败兰开斯特军，双方阵亡人数加起来超过 2 万，这可能是在英格兰国土上发生的单日伤亡最惨痛的一场战役。战败后，亨利六世、王后和王子流亡苏格兰。1461 年 6 月 28 日，爱德华在威斯敏斯特大教堂正式加冕为英格兰国王，称爱德华四世（Edward IV，1442—1483 年）。在兰开斯特党的几次武装反抗被击败后，亨利六世于 1465 年再度被俘并被关押在伦敦塔，英格兰进入一段相对平静的时期。

　　1467 年开始，爱德华四世与其最有力的重臣华威伯爵间的关系日趋恶化。华威伯爵是当时英格兰最富有、最有权势的大贵族，与爱德华四世亦师亦友，被称为"造王者"（Kingmaker）。此前，华威伯爵一直力主爱德华与法国王室或勃艮第公爵家族联姻以巩固其统治，但爱德华却于1464年与一位寡居的小乡绅家庭女性伊丽莎白·伍德维尔（Elizabeth Woodville，1437—1492年）秘密结婚，令华威伯爵大为光火。对伍德维尔家族外戚新贵的不满，最终促使华威伯爵与其女婿、爱德华四世之弟克拉伦斯公爵乔治（George, Duke of Clarence，1449—1478年）反叛并转投兰开斯特阵营，迎亨利六世复位。1470年，爱德华四世逃亡勃艮第公国治下的尼德兰，托庇于其姐夫勃艮第公爵"大胆"夏尔（Charles Ⅰ le Temeraire，1433—1477年）。在夏尔的支持下，爱德华四世举兵返回英格兰，再度囚禁亨利六世，并在巴内特战役（Battle of Barnet，1471年4月14日）击败并杀死华威伯爵，其后在蒂克斯伯里战役（Battle of Tewkesbury，1471年5月4日）击败约克党人最后的生力军，亨利六世之子威尔士亲王爱德华阵亡。不久后，被囚禁在伦敦塔的亨利六世死去，有观点认为其是被爱德华四世或其幼弟格罗斯特公爵理查所弑。至此，兰开斯特家族的嫡派男性后裔全部灭绝，王后玛格丽特流亡，作为穷亲戚托庇于法国宫廷终老。2013年在BBC一台开播的电视连续剧《白王后》（The White Queen）即以此段历史为背景，讲述了英格兰历史上第一位平民王后伊丽莎白·伍德维尔的传奇一生。

　　1483年，爱德华四世去世，其长子爱德华五世即位，年方12岁，爱德华四世之弟格罗斯特公爵理查为护国公。理查旋即以爱德华四世与王后伊丽莎白·伍德维尔的婚姻非法为由，废黜爱德华五世自立为王，号理查三世（Richard Ⅲ，1452—1485年）。

理查三世将爱德华五世及其弟——时年九岁的约克公爵理查关入伦敦塔。这两位不幸的少年在史书上被称为"塔中王子"（Princes in the Tower），在理查三世加冕不久后即失去踪迹，疑似被理查三世下令弑杀。

此时，兰开斯特党人拥立里士满伯爵亨利·都铎（Henry Tudor，1457—1509 年）为新的领袖，继续争夺王位。亨利五世去世后，其王后、法国公主瓦卢瓦的凯瑟琳下嫁威尔士豪族欧文·都铎（Owen Tudor，1400—1461 年）爵士，亨利·都铎是凯瑟琳王后与欧文·都铎之孙，他的母亲玛格丽特·博福特女爵（Lady Margaret Beaufort，1441—1509 年）则是爱德华三世第三子刚特的约翰的曾孙女，以此关系，在亨利六世和爱德华王子殁后，亨利·都铎成为兰开斯特支系最后的合法继承人。1485年 5 月 22 日，都铎军与约克军会战于博斯沃思原野（Bosworth Field），理查三世众叛亲离，战死沙场。1485 年 8 月 21 日，亨利加冕为王，称亨利七世（Henry Ⅶ），建立都铎王朝。此前，1483 年理查三世篡逆时，亨利曾承诺娶爱德华四世的长女伊丽莎白公主（Elizabeth of York，1466—1503 年），1486 年二人举行婚礼，至此兰开斯特和约克两个支系合二为一。

都铎王朝自 1485 年亨利七世加冕持续至 1603 年伊丽莎白一世女王驾崩、苏格兰国王詹姆士六世入继英格兰大统，是英国历史上一个至关重要的时代，标志着英格兰中世纪的终结和文艺复兴的开始。在某种程度上，都铎王朝从根本上改变了英国的面貌，引领英国由中世纪的封建邦国转型为中央集权的近代民族国家，并奠定了雄厚的经济、军事和制度基础，使英国得以在其后的几个世纪里逐步崛起为全球最富强的"日不落帝国"。

图 31　博斯沃思原野战役——"玫瑰战争"
的最后一战

在欧洲大陆，随着 15 世纪末新航路的开辟，西班牙、葡萄牙和新近独立的荷兰凭借海外贸易和殖民征服获取了大量财富，建立了强大的军事力量和辽阔的殖民帝国。中世纪中后期起，金融创新在欧洲大陆萌芽、发展：意大利人发明了复式记账法和银行业务；尼德兰人发明了证券和衍生品交易；欧洲大陆出现了美第奇家族、福格尔家族等最早的跨国金融巨头，以及佛罗伦萨、热那亚、安特卫普、阿姆斯特丹、奥格斯堡等最早的国际金融中心。人文艺术领域，意大利及尼德兰文艺复兴和巴洛克时代的辉煌在西方至今仍无与伦比，古登堡（Gutenberg）对活字印刷技术的贡献促进了知识的传播。而直到 17 世纪早期，英格兰在欧洲还是一个相对贫困、落后的农业国。英国能够实现弯道超车，都铎王朝是一个关键的转型阶段。亨利七世凭借克勤克俭、与民休息，恢复了英格兰的财政健康，促进了制造业和贸易的发展；亨利八世发动了宗教改革并开始建立强大的海军；伊丽莎白一世时代，英格兰击败了西班牙"无敌舰队"，为未来几个世纪英国的海上霸权拉开帷幕；黎凡特公司（Levant Company）及其后更为知名的东印度公司（East India Company）的成立，开启了英国大规模海外贸易和殖民活动；英格兰在北美大陆建立了第一个殖民地弗吉尼亚；托马斯·莫尔、莎士比亚、培根、马洛等文化巨人在这一时代崭露头角……英国历史学家约翰·盖伊（John Alexander Guy）指出："在都铎王朝治下，与自罗马占领时期以来任何时代相比，英格兰在经济上更加健康，幅员更为辽阔，情绪更为乐观。"[①]

第二节

性格迥异的两父子：亨利七世和亨利八世

亨利七世在财政方面异常审慎，已经到了锱铢必较的地步，而且在他在位的20余年中只任用过两位国库大臣（Lord High Treasure），在一定程度上保证了财政政策的持续性。亨利七世大幅提高了税收征收的效率和有效性，英文成语"莫顿的叉子"（Morton's Fork），即假两难推理就出于亨利七世时代的税收征收。莫顿是指曾任亨利七世朝大法官（Lord Chancellor）[②]的坎特伯雷大主教约翰·莫顿（John Morton，1420—1500年）枢机，他征税

[①]　John A.Guy, "Tudor England", Oxford University Press, 1988, p.32.

[②]　现代内阁制建立前，英格兰的大法官职权和地位略约相当于同期我国明朝的内阁首辅或清朝的领班军机大臣，主持御前会议和上议院（贵族院），同时是国王衡平法法院的最高法官。亨利八世之前这一职务通常由神职人员（通常为大主教、枢机主教等）教会领袖担任，亨利八世之后改用世俗人士。现为英国政府"国务重臣"（Great Officers of State）之一，礼仪上排在首相之前。

的逻辑是，如果一位纳税人平日生活节俭克己，那么这位纳税人一定在存钱，当然也就交得起税；反之，如果一位纳税人日常起居豪奢，那么这位纳税人也一定有钱交税。亨利七世的税收政策自然引发贵族和民众的极大不满，以至于亨利八世即位后即处决了为亨利七世征税最得力的两位敛臣以平息众怒。此外，亨利七世还特别注重发展对外贸易。当时欧洲的纺织和印染工业需要大量明矾（alum）作为染料固定剂，而欧洲唯一的明矾产地在意大利的教皇领地内，对明矾贸易的垄断给教廷带来巨大收益。在意大利银行家的资金支持下，亨利七世在奥斯曼土耳其帝国找到了新的明矾货源，并在低地国家和英格兰降价销售，由此获得巨大收益。当时低地国家是欧洲毛纺织工业的中心，也是英格兰羊毛的最大出口地。在与当时统治低地国家的勃艮第公国进行了一场贸易战后，1496 年，亨利七世与勃艮第达成《大协议》（*Magnus Intercusus*），勃艮第给予往来低地国家的英格兰商人免税待遇，极大地促进了英格兰的出口，为英格兰带来了巨大财富。

　　亨利七世与王后约克的伊丽莎白虽系政治联姻，但伉俪情深。他是当时极为罕见的没有绯闻的欧洲君王。二人育有七位子女，其中三位早夭。1503 年，伊丽莎白王后去世后，一连几天，亨利七世将自己关在室内不同任何人交谈，此后也没有再婚，直到去世。尽管生前

图32　亨利七世的格罗特银币

被指责为锱铢必较、聚敛无度，但亨利七世去世时，英格兰社会

安定，经济繁荣，府库充盈，为其子亨利八世和孙女伊丽莎白一世在位时的积极有为奠定了基础。

亨利八世（Henry Ⅷ，1491—1547年）是英国历史上个性最为鲜明的君王之一。他精力旺盛、涉猎广泛、起居豪奢、固执己见、尚武好战，有点"巨婴"性格，但涉及权力和欲望时则表现得极为冷酷、工于算计、不择手段。六个妻子中有两个被他斩首，重臣、贵族、教会领袖被怀疑不忠或威胁其统治的，也会被毫不留情地处决——据统计，他在位期间处决的政治犯多达72000余人。他在位期间推行宗教改革、强化王权，建立了强大的海军，扶持文化、艺术和学术发展；对外政策方面，干预欧洲大陆事务，与法国、神圣罗马帝国、西班牙等争雄。

亨利八世是亨利七世和伊丽莎白王后的第三个孩子和次子，起初封为约克公爵，后来其长兄、王储威尔士亲王亚瑟早夭，乃由他成为王储，并娶寡嫂阿拉贡的凯瑟琳（Catherine of Aragon，1485—1536年）为妻。凯瑟琳是统一西班牙、驱逐摩尔人并资助哥伦布远航的天主教双王阿拉

图33 亨利八世肖像

注：此为亨利八世最著名的肖像画，出自其御前画师、来自德意志奥格斯堡的小汉斯·荷尔拜因（Hans Holbein the Younger，1497—1543年）。布面油画，239cm（高）×134.5cm（宽）。该画创作于约1537年，收藏于利物浦沃尔克美术馆（Walker Art Gallery）。

贡的斐迪南二世（Ferdinand Ⅱ of Aragon，1452—1516 年）和卡斯蒂利亚的伊莎贝拉一世（Isabel Ⅰ of Castile，1451—1504 年）的幼女，神圣罗马帝国皇帝和西班牙国王、哈布斯堡王室的查理五世（Charles Ⅴ，1500—1558 年）的姨母。亨利和凯瑟琳育有一女，即后来的玛丽一世女王。

　　玫瑰战争的血腥教训殷鉴不远，亨利八世担心女性继承会导致问题复杂化，引发政治争端甚至又一轮内战，因而特别渴求有男性后嗣，他与后宫女官安妮·博林（Anne Boleyn，1501—1536 年）成为情侣，希望与凯瑟琳离婚，另立安妮·博林为王后，乃责成大法官伍尔西（Thomas Wolsey，1473—1530 年）枢机主教与罗马教廷疏通，请教廷宣布他与凯瑟琳的婚姻无效。但当时的教皇——出身于美第奇家族的克莱门七世（Clement Ⅶ，1478—1534 年）因惧怕哈布斯堡王朝的权势，不愿或不敢批准。查理五世是当时欧洲最有权势的君主，统治着世界上的第一个日不落帝国，此前，1527 年，他的军队洗劫了罗马，教廷成了任由查理五世摆布的傀儡。不满于伍尔西枢机主教的办事不力，亨利八世将其逐出朝廷、籍没家产，伍尔西枢机主教在贫病交加中去世。继任大法官的人文主义学者、《乌托邦》的作者托马斯·莫尔（Thomas More，1478—1535 年）爵士是虔诚的天主教徒，持忠于教廷的立场，反对宗教改革，迫害新教徒，最终被亨利八世处死，后被罗马教廷封圣。为亨利八世玉成此事的是一个出身寒微的律师、伍尔西枢机主教的前门客托马斯·克伦威尔（Thomas Cromwell，1485—1540 年）。

　　英国小说家希拉里·曼特尔女爵（Dame Hilary Mantel）创作

的"克伦威尔三部曲"《狼厅》(*Wolf Hall*)、《提堂》(*Bring up the Bodies*)和《镜与光》(*The Mirror and the Light*)讲述了亨利八世的亲信大臣托马斯·克伦威尔的传奇人生，是近年来英语文学中不可多得的历史小说巨著，《狼厅》和《提堂》荣膺英语小说的最高奖项——布克奖(Booker Prize)，也让史学界和大众重新认识到托马斯·克伦威尔的历史地位。与本书的主旨货币金融相关，"克伦威尔三部曲"中颇有些段落描述克伦威尔与侨居伦敦的意大利银行家和商人社团的密切交往。克伦威尔出身商人家庭，少年时不堪忍受父亲家暴离家出走，在法国、低地国家和意大利当过雇佣军，在意大利时流落街头，被佛罗伦萨银行家弗朗西斯科·弗雷斯科巴尔迪(Francesco Frescobaldi)收留，可能学会了当时尚属创新的复式记账法和银行业务。后来克伦威尔多在低地国家主要商业中心的英格兰侨商群体活动，广泛建立关系网，并掌握多门语言。1520年，克伦威尔回到伦敦，获得律师资格，成为伦敦商界和法律服务行业的活跃人物，并成为伍尔西枢机主教的亲信家臣。伍尔西的失势并未影响他的仕途，反而让他进入亨利八世的核心决策层。1530年底，亨利八世超擢其加入枢密院(Privy Council)行走，由此克伦威尔跻身国王身边的核心决策团队，参与财政、行政、法律、国会事务等机

图34　希拉里·曼特尔"克伦威尔三部曲"

资料来源：笔者私人藏书。

要，逐步成为亨利八世的首席秘书和首席大臣，对亨利八世建立绝对君权、推行宗教改革、剥夺和处置教会资产居功甚伟。

亨利八世与安妮·博林于 1532 年秘密成婚，又于 1533 年 1 月 25 日正式举行大婚庆典，安妮·博林加冕为英格兰王后。1533 年 9 月 7 日，安妮·博林诞下一女，即后来的伊丽莎白一世女王（Elizabeth I，1533—1603 年）。

因婚姻问题，亨利八世与教廷彻底决裂。1534 年，英格兰国会通过《至尊法案》（Act of Supremacy），规定亨利八世及其继承者取代教皇成为英国教会至尊首脑（Supreme Head），这标志着英格兰宗教改革运动的开始。英格兰教会切断了与罗马教廷的关系，发展为英国圣公会（Anglican Church）。法案要求所有出任政府公职和教会职务的个人必须向君王宣誓效忠，拒绝宣誓者可能被以叛国罪起诉，乃至被处决。托马斯·克伦威尔被亨利八世任命为英国国教会的副教长（Vicar-General）和副摄政（Vicegerent），负责解散英格兰王室统治疆域内的修道院，剥夺其收入、处置其财产，史称"解散修道院"（Dissolution of the Monasteries）运动。同很多欧洲中世纪国家情形一样，天主教修道院是英格兰最大的土地和财富所有者，也是教育、医疗、慈善、社会救济等公共福利的主要提供者。剥夺修道院的财产给王室带来了巨大收益，支撑亨利八世在 16 世纪 40 年代在欧洲大陆与法国、西班牙等强权进行昂贵的争霸战争，王室的亲信近臣也靠收购修道院财产大发横财。但解散修道院的同时也破坏了社会肌理，造成文化浩劫，对民生和社区健康产生重大负面影响，激起了民众的反抗，甚至武装起义。

安妮·博林也未能为亨利八世诞下男嗣，夫妻感情恶化。克伦威尔与安妮·博林及其家族争权夺势，势同水火。亨利八世对内廷女官简·西摩（Jane Seymour，1508—1537年）移情别恋。1536年，亨利八世以通奸、乱伦、叛逆等一系列罪名处死安妮·博林及其兄弟和近臣，同年另立简·西摩为王后。翌年，简·西摩如愿为亨利八世诞下王子，即后来的爱德华六世国王，但她后不久即因产褥感染去世。对于下一任王后，克伦威尔力主亨利八世迎娶信奉新教的德意志诸侯公主克里维斯的安妮（Anne of Cleves，1515—1557年），并专门派好友、御前画师小汉斯·荷尔拜因前往德意志为公主绘制了一幅美丽的肖像，令亨利八世龙颜大悦。1539年，安妮公主抵达英格兰，但亨利八世对其容颜大失所望，加之当时神圣罗马帝国内部新教诸侯与皇帝之间的关系日趋紧张，大战一触即发，亨利八世不愿与新教阵营走得太近，乃解除婚约。不过作为分手条件，亨利八世慷慨地赠与安妮公主大量财产和年金，尊其为"御妹"（King's Beloved Sister），安妮公主留居英格兰，终生与亨利八世保持友谊，并实际上成为两位公主玛丽和伊丽莎白的继母，一直活到玛丽女王登基，成为亨利八世妻子中结局最好的一位。克伦威尔则没那么幸运，这桩婚事令亨利八世对其大为不满，加之他在朝廷树敌过多，1540年7月，亨利八世将其枭首示众，此前他刚刚晋封为伯爵和掌礼大臣（Lord Great Chamberlain）。

亨利八世的下一任王后是出身高贵但家境清贫的贵族女子凯瑟琳·霍华德（Catherine Howard，1521—1542年），二人于1540年成婚。凯瑟琳·霍华德被控通奸，于1542年被斩首。

亨利八世的最后一任王后是凯瑟琳·帕尔（Catherine Parr，1512—1548 年），嫁予亨利前结过两次婚，亨利去世后下嫁第三任王后简·西摩的兄弟托马斯.西摩（Thomas Seymour，1st Baron Seymour of Sudeley，1508—1549 年），成为结婚次数最多的英国王后。

除了宗教改革和杀妻，亨利八世在历史上也以"皇家海军之父"闻名。都铎王朝时代，西班牙、法国等欧洲大陆列强已经建立强大的常备军，陆军的作战方式进步为以火枪兵和长矛兵的混成方阵为主，如著名的西班牙步兵大方阵（tercio）。相比之下，英格兰的常备军规模小，只有区区数百人，装备和战法也相对落后，尽管落后不多。与教廷、法国和西班牙/神圣罗马帝国交恶后，法国或西班牙渡海入侵英格兰的威胁变得现实起来，为此，亨利八世在英格兰南部和东部海岸构建了先进的要塞集群，组成海岸防线。这些要塞被称为设备要塞（Device Forts），建筑这些要塞所用的建材直接来自被拆毁的修道院。海军方面，亨利八世建立了常备海军，投入巨资给战舰装备重型火炮，建设专用的军港及相关设施。他甚至尝试自己参与设计大型战舰，尽管他的设计是否可行史书上并无记载。更为重要的是，他设立了海事委员会（Council of the Marine）管理海军事务，后来逐渐演变为海军部（Admiralty）。在亨利八世时代，英格兰海军军力扩充至 50 艘战舰，其中最著名的是"圣母玫瑰"号（HMS Mary Rose）。这艘战舰于 1510 年开始建造，1511 年下水，四桅三层甲板，排水量500 吨（1536 年改建后增至 700 吨），最多时装备各类火炮 96 门。据测算，建造这艘战舰需要 16 公顷林地所生长的高大橡树。"圣母玫瑰"号在皇家海军服役33年，直到1545年在与法国海军的交战中沉没。其残骸于1971年被发现，1982年被打捞出水，英国为它专门建立了"圣母玫瑰"号博物馆[①]。

不过亨利八世对英国皇家海军的作用不宜高估。在他当政时期，西班牙依然是无可争议的海上霸主，伊丽莎白一世女王同西班牙海上争雄还是要大量依赖民间

图35 "圣母玫瑰"号战舰残骸

力量组织的私掠船。但建立庞大的近代化常备军往往是国家治理走上近代化、科学化的诱因。到18世纪，皇家海军已经是整个英国最庞大的产业部门。当时建设一家棉纺厂大约需要5000英镑总投资，但建造一艘主力战舰需要耗资60000英镑，这还不算武器装备、作战和支持人员、岸上设施以及在本土和全球战略要冲建造海军基地的花销。建设海军不仅需要巨额资金，更需要相关的组织、制度、管理和文化。英格兰于17世纪下半叶正式建立财政部，其初始目的就是管理军费开支的效率、透明度和有效性，后来其职权逐步扩充到公共管理的方方面面。英格兰银行的建立最直接的原因是当时英国需要一个筹款渠道以支持其与法国

①　关于这艘战舰的传奇历史，以及16世纪欧洲海军和海战的相关知识，可参考"圣母玫瑰"号博物馆官方网站（https：//maryrose.org）。

的九年战争，由此发展成为现代中央银行。斯图亚特王朝复辟时期任海军衙门都承旨的萨缪尔·皮普斯（Samuel Pepys，1633—1703年）在皇家海军早期专业化进程中起了重要作用。他留下大量日记，让我们从中管窥专业精神、财务纪律、流程优化、任人唯贤等现代管理手段如何将英国皇家海军打造为一支高效率、高效能的作战力量[①]。

第三节

伊丽莎白一世女王和英格兰的第一个黄金时代

亨利八世晚年为肥胖及其并发症所累，加之腿部在宫廷比武中受伤，伤口始终未能愈合，身体每况愈下。1547年1月28日，亨利八世于白厅宫（Palace of the Whitehall）驾崩，其子爱德华六世（1537—1553年）即位，当时年仅9岁，由其舅父萨默塞特公爵爱德华·西摩（Edward Seymour, 1st Duke of Somerset，1500—1552年）出任护国公。1549年，萨默塞特公爵失势，其政敌诺森伯兰公爵约翰·达得利（John Dudley, 1st Duke of Northumberland）继为辅政。1553年，爱德华六世病重，因其没有子女，为防止信奉天主教的异母长姐玛丽公主继承王位，爱德华六世遂与诺森伯兰公

---

① Margaret MacMillan, "War: How Conflict Shaped Us", Random House, New York, 2020, pp.21–23.

爵合谋，立亨利七世的外曾孙女、诺森伯兰公爵的儿媳简·格雷女爵（Lady Jane Grey，1537—1554年）为王位继承人。7月6日，爱德华六世驾崩。7月10日，简·格雷女爵被宣布为女王，前往伦敦塔等待加冕仪式。但玛丽迅速在东盎格利亚集结军队，准备武力夺权。重臣和贵族背弃了简·格雷。7月19日，枢密院宣布迎立玛丽公主为女王。诺森伯兰公爵父子和简·格雷相继被处决。在英国历史上，简·格雷以"九日女王"（Nine Day's Queen）闻名。1553年10月1日，玛丽正式加冕，称玛丽一世（Mary Ⅰ，1516—1558年）。

在英国历史上，玛丽一世被新教徒称为"血腥玛丽"（Bloody Mary）。在她当政时期，对新教徒的迫害确实有，但以当时的标准而言，也谈不上多出格，至少比乃父对天主教徒的迫害差得远。因母亲的缘故，玛丽笃信天主教，早年受到良好的人文主义教育，多才多艺，但健康状况不佳，且一直未曾婚配。早年母亲凯瑟琳王后在世时，曾有意撮合玛丽与表兄查理五世皇帝联姻。

图36　提香创作的西班牙国王费利佩二世披甲肖像

注：此画作为布面油画，193cm×111cm，创作于16世纪60年代。现收藏于马德里普拉多博物馆（Museo del Prado）。

即位后，在查理五世的运作下，她与查理五世之子、未来的西班牙国王费利佩二世（Felipe Ⅱ，1527—1598年）成婚。威尼斯画派大师、查理五世皇帝的御前供奉提香创作的一幅费利佩二世的全身肖像先期被送往伦敦供女王御览。根据婚前协议，女王有生之年费利佩享有英格兰国王的尊号，与女王共治，但女王身后费利佩无权主张英国王位；且二人联姻也不意味着英西两国在政治和军事领域结盟，英格兰对西班牙没有援助义务。这样的安排当然不能令费利佩二世满意，加之两人的年龄差异，夫妻关系相当冷淡。

从玛丽女王的角度考虑,这桩婚姻的主要目的还是诞下皇嗣,这样百年后可以不必由其信奉新教的异母妹妹伊丽莎白公主入继大统。不过当时玛丽女王已37岁，且健康状况不佳，最终未能生育。1558年11月17日，玛丽女王崩于伦敦圣詹姆士宫（St. James Palace），伊丽莎白公主即位，于次年1月15日正式加冕，称伊丽莎白一世（Elizabeth Ⅰ，1533—1603年）。

伊丽莎白一世女王是英国历史上最重要、最伟大的君主之一，因终身未婚，有"童贞女王"（the Virgin Queen）之称。在经历了爱德华六世和玛丽一世的短暂统治后，她君临英格兰长达44年，给英格兰带来了稳定和繁荣，对塑造英国的民族认同起了至关重要的作用。伊丽莎白时代，英格兰国运昌隆，举凡政治、经济、军事、金融、文化、海外贸易和扩张等各方面，并且巨人辈出，光耀后世，被称为英国历史上的黄金时代。作为莎士比亚系列英国历史剧的收官之作，《亨利八世》以伊丽莎白一世女王的诞生结束。该剧第五幕中，莎士比亚借坎特伯雷大主教托马斯·克兰默（Thomas Cranmer，1489—1556 年）之口颂赞他的这位恩主和戏迷：

> "这位皇室的公主——愿上帝永远在她周围保护她——虽然还在襁褓，已经可以看出，会给这片国土带来无穷的幸福，并会随岁月的推移，而成熟结果，她将成为——虽然我们现在活着的这一辈人很少能亲眼看到这件好事——她同辈君主以及一切后世君主的懿范。"[1]

据同时代人记载，伊丽莎白一世女王聪慧过人，博学多才，尤其富有语言天赋。女王早年经历坎坷，不到三岁时母亲被父亲处死，本人被贬为私生女，剥夺王位继承权；在异母姐姐玛丽女王当朝时期，因被怀疑与新教徒推翻女王的阴谋有关，一度被囚禁在伦敦塔，嗣后又被软禁一年。可能正是成长于这样险恶的家庭和

图 37　伊丽莎白一世女王"无敌舰队"肖像

注：此画作为木板油画，不知名艺术家创作于约 1588 年。110.5cm（高）×230cm（宽）。背景为舰队和海战场景，故名。收藏于格林尼治皇家博物馆。

资料来源：Royal Museums Greenwich, Public domain, via Wikimedia Commons.

---

[1]《莎士比亚全集》（莎士比亚诞辰 450 周年纪念版）第六册，朱生豪译，人民文学出版社 2014 年 10 月北京第 1 版，2022 年 3 月第 7 次印刷，第 399 页。

政治环境使然，伊丽莎白一世个性谨慎、耐心，善于等待和把握时机，不好战，有时甚至显得优柔寡断，但形势最终总会向有利于她的方向发展。她的座右铭是"明察无言"（video et taceo）。宗教方面，她逆转了玛丽女王时代的天主教复辟，重新确立了英国国教会的主导地位，但对不同信仰总体上持开明、宽容的态度。虽然宗教迫害和冤案同样存在，但与当时欧洲大陆天主教与新教阵营大打出手、流血漂杵相比，英格兰的情形要平和很多。内政方面，她对辅政大臣威廉·塞西尔（William Cecil, 1st Baron Burghley，1520—1598 年）和罗伯特·塞西尔（Robert Cecil, 1st Earl of Salisbury，1563—1612 年）父子信任有加，特别是老塞西尔，其 40 年的国务活动生涯，几乎与伊丽莎白一世一朝完全重合，可以说与女王一道是这段英格兰历史上的"黄金时代"的共同缔造者。另一位深得她信任的大臣是弗兰西斯·沃兴翰（Francis Walsingham，1532—1590 年）爵士，其长期主管外交和情报工作，被后世奉为英国情报机构的创始人，对英格兰国家和女王本人的安全居功甚伟。女王的对外政策以防御性为主，力图在欧洲大陆两大强权法国和西班牙之间保持平衡，尽管支持尼德兰独立运动和法国雨格诺派（Huguenots）新教徒，但尽力避免直接卷入战争。贸易和海外殖民方面，她支持伦敦的商人设立黎凡特公司、东印度公司等从事海外贸易，赞助弗兰西斯·德雷克爵士（Sir Francis Drake，1540—1596 年）环球航行和针对西班牙的私掠活动，以及沃尔特·雷利爵士（Sir Walter Raleigh，1552—1618 年）在北美的殖民活动。这两位航海家后来在击败西班牙"无敌舰队"的战斗中起了重大作用。

第四节

西班牙"无敌舰队"的覆灭

当时在欧洲大陆，新教和天主教阵营之间矛盾日益激化。1562 年，法国雨格诺派新教徒和天主教徒爆发内战；1566 年，尼德兰新教徒发动革命，旨在推翻哈布斯堡王朝的统治，争取民族独立，史称"八十年战争"（1568—1648 年）。在英国，天主教狂热分子也从事颠覆活动，企图推翻女王，拥立亨利七世的曾外孙女、流亡英格兰的苏格兰女王玛丽（Mary，Queen of Scots，1542—1587 年）为英格兰女王。1570 年，教皇庇护五世（Pius V，1504—1572 年）颁布《君临至高》（*Regnans in Excelsis*）谕旨，宣布伊丽莎白一世为异端，解除其臣民对女王的效忠誓言。1584 年，尼德兰革命领袖奥伦治亲王"沉默的"威廉（William the Silent，1533—1584 年）被一名天主教狂热分子刺杀身亡。在西班牙军队的打击下，革命岌岌可危。伊丽莎白一世派遣英国军队援助革命。1585—1586 年，弗兰西斯·德雷克爵士率私掠船在加勒比海袭击西班牙船只和港口。1587 年 2 月 8 日，苏格兰女王玛丽被处死；1587 年 4 月，弗兰西斯·德雷克爵士的舰队奇袭西班牙本土的加的斯（Cadiz）港，摧毁了停泊在港口内准备攻击英格兰的 30 余艘西班牙舰只及大量补给。西班牙国王费利佩二世决定入侵英格兰。

1588 年 5 月 28 日，西班牙"无敌舰队"（Grande y Felicísima

Armada，直译为"伟大、幸运的舰队"）在毫无海战经验的麦地那—西多尼亚公爵（Alonso Pérez de Guzmán y de Zúñiga-Sotomayor，7th Duke of Medina Sidonia，1550—1615年）的指挥下自里斯本起航，舰队由130艘各类船只组成，配备2500门火炮、8000名水手、18000名士兵。西属尼德兰总督帕尔马公爵（Alessandro Farnese，Duke of Parma，1545—1592年）率尼德兰方面军3万雄师在敦刻尔克集结，等待与"无敌舰队"会师，计划由"无敌舰队"的战舰护航到英格兰进行登陆作战。英格兰舰队则在普利茅斯（Plymouth）集结，枕戈待旦，有各类舰只200余艘，但船只较小，火炮数量只有西班牙舰队的一半。英格兰舰队指挥官为埃芬厄姆的霍华德勋爵（Lord Howard of Effingham，1536—1624年），副指挥官为弗兰西斯·德雷克爵士，第三指挥官为约翰·霍金斯爵士（Sir John Hawkins，1532—1595年）。

　　1588年7月，英军发现西班牙"无敌舰队"出现在康沃尔德蜥蜴半岛（The Lizard，Cornwall），通过烽燧将消息报告至伦敦。7月20日，战斗打响。7月27日，"无敌舰队"抵达加莱海域落锚，排出偃月阵型，离与尼德兰方面军预计会和地点敦刻尔克近在咫尺。但尼德兰方面军被革命军舰队封锁，动弹不得，并由于疾病等原因大量减员。7月28日，英格兰舰队以8艘火船冲破西班牙舰队阵型。8月8日，双方在今法国北部格瑞芙兰（Gravelines）港附近海域会战。英格兰舰船具备更灵活的操控性，并装备更多长程火炮，以侧舷齐射战法攻击西班牙舰队，而西班牙舰队固守传统战法，长于近战，寻机以随舰的陆战队员强登敌舰作战。英格兰舰队凭借火炮射程优势，在西班牙火炮射程外不断炮击敌舰，使西班牙舰队没有机会施展其传统战法，直到 8 小时后英格兰舰队弹药告罄，平安撤出战场。西班牙"无敌舰队"有 5 艘战舰被击沉，另有多艘遭不同程度损伤，与帕尔马公爵会师的计划彻底破产，只得铩羽而归，返国途中因恶劣天气和水文条件遭遇重大损失，最后只有 67 艘船只返航，不到 1 万人生还。

海战胜利的捷报传回伦敦前，因担心西班牙军队溯泰晤士河逼近伦敦，英格兰动员 4500 名民兵集结于艾塞克斯郡的西提尔伯里（West Tilbury, Essex）准备迎击西班牙军。8 月 8 日，伊丽莎白女王身着白色天鹅绒长裙，外罩银色胸甲，骑灰色骏马，驾临西提尔伯里检阅部队，并发表了她著名的演讲之一：

……朕虽女流弱质，但有君王——英格兰君王——的心与勇气。帕尔马公爵、西班牙或欧洲任何君主胆敢侵犯朕之封疆，朕唯有蔑视之。与其苟且偷生，朕当披坚执锐，亲为卿等之将军、裁判，并对卿等在战场上的功绩给予赏赐……①

捷报旋即传来，女王率六名随从轻车返回伦敦与臣民共庆胜利。

传统上认为击败"无敌舰队"是西班牙衰落、英格兰崛起为新的海上霸主的重大转折点。但这种观点并不符合实际情况。尽管遭遇重创，但其后的几十年里，西班牙仍然保持其海上霸主的地位。1589 年，弗兰西斯·德雷克爵士率舰队进攻西班牙的行动便遭遇重大挫败。到 1604 年英格兰和西班牙签订《伦敦条约》

---

① Speech by Elizabeth Ⅰ—Spanish Armada, July 1588, 大英图书馆（https://www.bl.uk/learning/timeline/item126630.html）。——笔者译

结束敌对行动时，这场战争只能算是打了个平手。代替西班牙成为海上霸主的是新生的荷兰，英国彻底击败荷兰的海上霸权已是18世纪的事了。但此次战役证明了英格兰在舰船设计和建造、海战战法等领域的创新能力，以及官兵士气、战术素养和主观能动性等方面的优势。西班牙则深陷八十年战争和三十年战争的泥潭，导致财政破产，再未能恢复旧日辉煌。

伊丽莎白一世女王终身未婚，尽管在其有生之年曾有几次成婚的念头，包括与法国等欧洲大陆国家王室联姻，但最终无果。她先后有过几个情人，包括与她青梅竹马的莱斯特伯爵罗伯特·达德利（Robert Dudley, 1st Earl of Leicester, 1532—1588年）——两人一度谈婚论嫁，但遭到朝中重臣的反对，以及比她年轻二十几岁的埃塞克斯伯爵罗伯特·德福罗（Robert Devereux, 2nd Earl of Essex, 1565—1601年），他因与辅政大臣罗伯特·塞西尔不睦，企图发动兵变而被处死。因为没有子女，到晚年，同她血统最近的备选王位继承人是苏格兰国王詹姆斯六世（James Ⅵ and Ⅰ, 1566—1625年）。詹姆斯六世是苏格兰女王玛丽之子，他的外曾祖母是亨利七世的长女、伊丽莎白的姑母玛格丽特·都铎（Margret Tudor, 1489—1541年）。

1601年11月30日，伊丽莎白女王最后一次驾临国会发表演讲，这篇演讲在历史上被称为"黄金演讲"（Golden Speech）：

> 身为国王、头戴王冠在外人看来尊崇无比，但对于背负这一荣耀的人而言远非愉悦。朕从未被国王的尊号或女王的权威所诱惑。上帝使朕成为他的工具，维护其真理与荣耀，保护其国度不受灾害、羞辱、暴政与压迫的侵害，这令朕铭感五内。在君王的

御座上不会有人如朕一样戮力国是、关爱子民，并时刻乐于为众卿的福祉与安全牺牲朕躬。[①]

1603 年 3 月 24 日，伊丽莎白一世女王龙驭上宾，梓宫于 4 月 28 日奉安于威斯敏斯特大教堂，与她同父异母的姐姐玛丽合葬。

女王驾崩同日，朝中重臣宣布由苏格兰国王詹姆斯六世继承王位。此前，女王晚年健康每况愈下时，首席大臣罗伯特·塞西尔即与詹姆斯六世保持秘密沟通，并由女王致信詹姆斯六世表示有意传位于他，希望以此保证王位继承得以平稳进行。5 月 7 日，詹姆斯六世抵达伦敦，7 月 25 日于威斯敏斯特大教堂加冕，称詹姆斯一世。至此，都铎王朝终结，斯图亚特王朝开始。

---

① The golden speech of Queen Elizabeth to her last Parliament, 30 November, anno Domini, 1601, 密歇根大学图书馆（https : //quod.lib.umich.edu/cgi/t/text/pageviewer-idx?cc=eebo; c=eebo; idno=a84363.0001.001; seq=%3Ca%20title=; page=root; view=text）。——笔者译

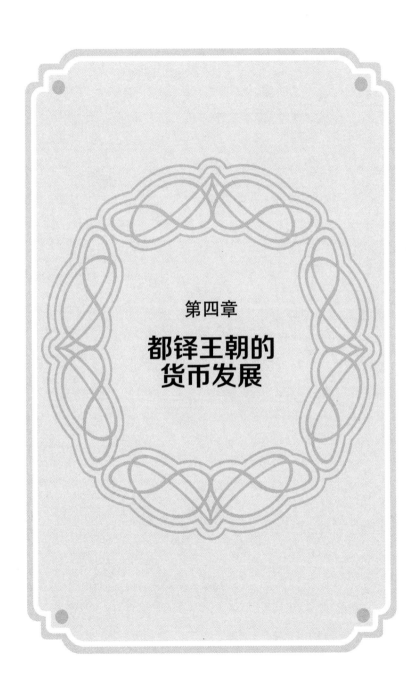

第四章

都铎王朝的
货币发展

英国经济学家沃尔特·巴杰特（Walter Bagehot，1826—1877年，也译白芝浩）的《伦巴第街》（*Lombard Street : A Description of the Money Market*）是货币银行学的早期经典著作。标题中的伦巴第街位于今天伦敦金融城的核心地段，全球保险市场劳合社（Lloyd's of London）的前身劳埃德咖啡馆（Lloyd's Coffee House）曾开在这条街上；直到20世纪80年代，英国大型金融机构如巴克莱银行等的总部也多在这条街上。在马克思和白芝浩的时代，伦巴第街就是欧洲乃至全球货币和信贷市场的代名词。

13世纪晚期，英格兰国王爱德华一世将这个地块授予侨居伦敦的伦巴第金匠。伦巴第是意大利北部的一个地区，今天的意大利伦巴第大区首府为米兰。欧洲的银行业起源于伦巴第，欧洲所有的重要港口和贸易中心城市都有或曾有伦巴第银行家聚集的伦巴第街或伦巴第胡同，也就是中世纪的"金融街"，比如爱尔兰都柏林的伦巴第西街是詹姆斯·乔伊斯的《尤利西斯》中很多场景发生的地点。鉴于中世纪时罗马教廷禁止贷款收取利息，当时的通行做法是，借款人将财物抵押给伦巴第金匠或典当业者获得贷款，约定一定时限内以一定价格（本金＋利息）"回购"抵押物，以此逃避监管，类似于今天的伊斯兰银行业务（Islamic banking）。现代中央银行的贴现窗口、逆回购等操作也可溯源至此。

到都铎王朝，意大利侨民团体在伦敦异常活跃，他们中有商人、银行家、艺术家和知识分子，其中不乏躲避宗教迫害的新教徒。当时，已经经历了文艺复兴洗礼的意大利，在工商、金融、科技、艺术、时尚、美食等领域执全欧之牛耳，而英格兰是个相对贫困、落后的农业国，当时的英格兰人想象中的意大利，"就像今天的村民想象伦敦或纽约"[1]一样，莎士比亚诸多作品以意大利为背景也就不足为奇了。饮咖啡的风气此时从意大利传入英格兰，从事不同商品和金融资产交易的市场参与者在不同的咖啡馆聚集，咖啡馆成为最早的金融交易场所。意大利银行家在英国金融市场的主导地位一直持续到17世纪以后贵格教徒（Quakers）、犹太裔、苏格兰人等新兴银行家群体崛起。与之类似，来自低地国家和汉萨同盟的商人和侨民团体在伦敦的国际贸易领域也有相当的影响力。他们有固定的居住和经营区域，有自己的自治机构，依照本国的法律和惯例管理侨民团体的内部事务，即享有"领事裁判权"。后来西方列强在中国等后发国家设立租界、享有治外法权之类的操作，在欧洲历史上早已有之。

1537年，伦敦商界领袖、市长理查·格雷欣（Richard Gresham）爵士向掌玺大臣（Lord Keeper of the Privy Seal）[2]托马斯·克伦威尔建

---

[1] Diarmaid MacCulloch, "Thomas Cromwell：The best Italian in England", History Extra, 2018-10-04, https://www.historyextra.com/period/tudor/thomas-cromwell-the-best-italian-in-all-england/.

[2] 掌管君王的私人印玺，在现代内阁制度建立前，略约相当于君主的办公厅主任。现为英国政府"国务重臣"（Great Officers of State）之一，纯粹为礼仪性头衔，没有具体职权，但为内阁成员，往往兼任国会上议院或下议院领袖。

议在伦巴第街设立一家金融和商品交易所。理查爵士的儿子、因著名的格雷欣法则而闻名的托马斯·格雷欣（Thomas Gresham，1519—1579年）爵士在此基础上，仿效世界最古老的交易所安特卫普交易所，于1571年创办了皇家交易所（Royal Exchange）。伊丽莎白一世女王御驾亲临交易所开业仪式，并授予其"皇家"头衔。交易所大楼是伦敦第一座用于专门目的的商业建筑，甚至连建筑和装修材料很多都是从安特卫普进口的，所费不赀。不过很长一段时间，交易所管理层嫌弃股票经纪人粗俗、吵闹、不上台面，不许其入内交易，股票交易多在附近的咖啡馆进行，其中最著名的是位于交易所胡同（Exchange Alley）的约拿单咖啡馆（Jonathan's Coffee House），也就是伦敦股票交易所（London Stock Exchange）的前身。

图38　伦敦皇家交易所开业时原址

正是通过对来自意大利和低地国家的金融创新亦步亦趋地学习、模仿，都铎王朝为后来英国工商业和金融等诸多领域的全面赶超奠定了基础。

第一节

都铎王朝的币制

1489年，亨利七世推出"至尊"（Sovereign）金币。这款金币含金量 23K（95.83%），价值 1 英镑零 1 先令（21 先令），但钱币上并无面值标记，更像是官方认证的金块。"至尊"因比以往金币的形制更大而得名。钱币正面图案为端坐于御座的君主正脸全身像，边缘为拉丁文国王尊号；背面图案为英格兰皇室的盾形纹章，四周环绕红白双色都铎玫瑰，边缘为拉丁文铭文 "A DNO' FACTU' EST ISTUD ET EST MIRAB' IN OCULIS NRS，系 A DOMINO FACTUM EST ISTUD ET EST MIRABILE IN OCULIS NOSTRIS"的缩写，出自《圣经·旧约·诗篇》118：23，意为"这是耶和华所做的，在我们眼中看为稀奇"[①]。金币直径为 42 毫米，重 15.5 克（0.5 盎司），相当于两枚此前生产的"里亚尔"（Ryal）金币。亨利七世起初将其命名为"双里亚尔"（Double Ryal），但很快将其重新命名为"至尊"。亨利八世"大贬值"（Great Debasement）期间，"至尊"金币的含金量由 23K降为 22K（91.67%），自此后 22K 成为英国金币的标准纯度。15 世纪 80 年代，大批黄金从西非流入英格兰，使英格兰皇家得以生产如此大形制的金币。对于日常流通而言，这款金币价值实在太高，并不实用，因此，当时生产这款金币的主要目的是用来赏赐和馈赠宗室、贵族、重臣的。皇室偶尔还会推出价值和重量相当于 2 枚"至尊"金币的"双至尊"（double sovereign）厚坯币（piedfort），更是纯粹为朝廷赏赐聘问专用，存世稀少。"至尊"金币的生产一直持续到 1604 年詹姆士一世推出新款"统一"

---

① 中文译文出自《圣经·旧约》，简化字现代标点和合本，中国基督教两会 2005 年印刷，第 965 页。

（unite）金币，以标志英格兰和苏格兰成为共主邦联[1]。拿破仑战争后的英国货币大重造期间，"至尊"金币又被"复活"，面值1英镑，标志着英国进入金本位时代。

图39 伊丽莎白一世女王"至尊"金币

注：该币制造于1583—1600年。

1526年，亨利八世推出"玫瑰王冠"（Crown of the Rose）金币，重3.5克，价值4先令6便士（4s./6d.），成色23K，但并不受欢迎，不久后便停止生产，如今存世仅3枚。钱币正面图案为英国和法国王室盾形纹章，上有王冠，拉丁文铭文"HENRIC 8 DEI GRA REX AGL Z FRAC"，意为"奉天承运亨利八世，英格兰和法兰西之王"；背面图案为玫瑰、两个上有王冠的字母H及两只狮子，铭文有两种，一种是"HENRIC RUTILANS ROSA SINE SPINA"，意为"亨利，璀璨的无刺玫瑰"；另一种为"DNS HIB RUTILANS ROSA SINE SPINA"，意为"爱尔兰国主，璀璨的无刺玫瑰"。

"双玫瑰王冠"（Crown of the Double-Rose）金币价值5先令（5s.），重57.5格令（3.37克），含金量22K，比"玫瑰王冠"金币更受欢迎，一直到亨利八世驾崩后仍在生产。金币正面图案为英国和法国王室盾形纹章，上有王冠，没有字母，或有字母hK

---

[1] C.E.Chalis "Currency and Economy in Tudor and Early Stuart England", The Historical Association, London, UK, 1989.

（亨利和凯瑟琳）、hA（亨利和安妮）、hJ（亨利和简）或 hR（亨利国王），铭文"HENRIC 8 DEI GRA REX AGL Z FRAC"，意为"奉天承运亨利八世，英格兰和法兰西之王"；背面图案为戴王冠的玫瑰，上有王冠的字母 hK（亨利和凯瑟琳）、hA（亨利和安妮）、hJ（亨利和简）或 hR（亨利国王），铭文"HENRIC RUTILANS ROSA SINE SPINA"，意为"亨利，璀璨的无刺玫瑰"。另有半"王冠"金币，相当于半个双玫瑰王冠，价值 2 先令 6 便士（2s./6d.），重 1.85 克，直径 20 毫米。1544 年，亨利八世推出半"至尊"金币，价值 0.5 英镑（10 先令）。

银币领域最重要的变化是泰斯通（Testoon）的推出，这款钱币后来演变为先令银币。

"先令"（Shilling）一词源自古英语词汇 Scilling，意为"分离"，在度量衡单位中指 1 磅的 1/20。但长期以来，英格兰并未制造发行此种重量的银币，先令只是一个记账单位。约 1489 年，亨利七世推出一款名为泰斯通的银币，相当于 12 便士或 1/20 磅。亨利七世泰斯通银币存世稀少，目前已知的只有 3 种雕模，对应的钱币正面拉丁文铭文分别为"HENRIC""HENRIC Ⅶ"和"HENRIC""SEPTIM"，即"亨利""亨利七世"（罗马数字Ⅶ）和"亨利七世"（拉丁文七），其中"亨利七世"（拉丁文七）最为稀少。雕模数量稀少说明亨利七世的泰斯通银币可能并非为正式流通所造，更像一个试点项目。

亨利八世"大贬值"时期继续生产泰斯通银币，但成色差。爱德华六世继续生产成色差的泰斯通银币。也是从爱德华六世在位时起，泰斯通银币开始被称为先令。玛丽女王时代的先令银币上有玛丽及其丈夫西班牙国王费利佩二世两人的头像。伊丽莎白一世女王逆转了其父的大贬值政策，开始生产足值的先令银币，但 1562—1582 年基本没有生产先令银币。

爱德华六世在位时间虽短暂，但在英格兰的钱币发展史上占有重要地位，多种不同面值的钱币在爱德华六世时代首次推出，包括王冠（Crown）银币和半王冠银币、六便士银币、三便士银币等。这几种面值一直沿用至 1971 年英国货币改用十进制。

伊丽莎白一世时代，6 便士差不多是一位外省农民工一天的工资，可以买两顿饭、在莎翁的环球剧院买站票看 6 场《哈姆雷特》，或买一本未装订的该剧剧本。六便士银币在流通中被大量使用，并被赋予一定文化内涵，比如关于毛姆的名著《月亮与六便士》的得名，他自己解释道："如果你只顾低头在地上寻找六便士，不去抬头仰望，那么你会错过月亮。"（If you look on the ground in search of a sixpence, you don't look up, and so miss the moon.）

王冠银币形制与当时全球贸易中最流行的硬通货西班牙八雷亚尔银币（Real de a ocho，英文通用名 Spanish dollar）基本相同，约 25 克或 0.82 盎司纯银，直径约 38 毫米。1 枚王冠银币价值 1/4 英镑，即 5 先令或 60 便士。当时欧洲各国都推出了类似形制的银币，应该是为便利国际贸易，类似后来专门生产用于与中国等东方国家贸易的遵循西班牙银圆标准的各类"贸易银圆"（Trade

图 40　爱德华六世的王冠银币

Dollars）。从晚清和民国时期的中国银圆到今天几乎所有以 dollar 为名的主要货币，包括美元、加元、澳大利亚元、新西兰元、新加坡元、中国的港币等，最先都是采用西班牙银圆标准生产的银币。

1707 年英格兰和苏格兰合并后，英格兰王冠银币为大不列颠王冠银币所取代，一直沿用至今，1990 年后面值为 5 英镑。

总结起来，以 1551 年为界，1551 年前，英格兰的钱币面值为：

银币：法浔（Farthing，1/4 便士）、半便士（Halfpenny）、便士、半格罗特（Half-groat，2 便士）以及格罗特（Groat，4 便士）。

金币：1/4 贵族（20 便士）、半贵族（40 便士）、贵族或天使（80 便士）。

基本与同期法国的苏（2 便士）和里弗尔（40 便士）相匹配。

1551 年后，英格兰的钱币面值为：

银币：三便士（取代半格罗特）、六便士（取代格罗特）以及先令（12 便士）。

银币或金币：半王冠（2 先令 6 便士，合 30 便士）取代四分之一天使金币（20 便士）；王冠（5 先令，合 60 便士）取代了半天使金币（40 便士）。

金币：半至尊（10 先令，合 120 便士，即半英镑）和至尊（20 先令，合 240 便士，即 1 英镑）[1]。

---

[1] Charles P. Kindleberger, "*A Financial History of Western Europe*", Taylor & Francis, 2005, p.60.

第二节

亨利八世时期的金衡体系和大贬值

自公元 757 年麦西亚国王奥法推出便士银币以来，英格兰的钱币、金银、药品等贵重物品的称量一直采用塔磅（Tower pound）体系，"塔"指伦敦塔，因为该种单位的标准原器保存在伦敦塔内的皇家造币厂。

英语中重量单位"磅"和货币单位镑（Pound）一词源于拉丁语 pondus，意为重量单位；其缩写 lb 源自罗马磅 Libra。法国历史上的银币里弗尔（Livre）、意大利里拉、土耳其里拉、黎巴嫩镑（Livre）等现代货币名称也源于罗马磅 Libra。早期的罗马以不同重量的铜锭为货币，一种称为"重青铜"（Aes Grave）的铜锭重量为 1 磅，1 罗马磅分为 12 个单位，名为 Uncia，英文盎司（Ounce）一词即源于此。公元前 278 年后，1 罗马磅基本稳定在 5076 英格兰格令，或 0.329 千克。随着罗马人对欧洲的征服，罗马的度量衡体系也推广开来。罗马帝国崩溃后，中世纪时代，在罗马度量衡的基础上，欧洲很多地方发展出自己的度量衡体系，直至现代公制（Metric）度量衡体系推广开来。

中世纪时期，若干类型的磅通行于不列颠岛，如塔磅、商人磅（mercantile pound）、金衡磅（Troye pound）、药剂师磅（apothecaries' weight）、常衡磅（avoirdupois pound）等适用不同商品或用途，其中塔磅是金银和钱币的主要单位。1 塔磅约合公制单位 350 克。

1 金衡磅合公制单位 373.24 克，分为 12 金衡盎司，每盎司 20 金衡便士量（Pennyweight，简称 dwt），共计 5760 金衡格令。1 金衡盎司合 31.1034768 克。金衡体系（Troye weight）一般被认为起源于法国东北部城市特鲁瓦（Troyes），该城是中世纪香槟伯爵领地的首府，是当时欧洲最重要的国际贸易盛会香槟集市（Foires de Champagne）的举办地之一，全欧洲的商人大量来此贸易，早期的国际商法、贸易惯例和金融创新也在此萌芽。香槟集市采用罗马第纳里乌斯银币为标准记账货币，其度量衡标准对中世纪欧洲各国产生了重大影响。不过英格兰的金衡制体系不见得直接源于特鲁瓦，而是同汉萨同盟主要港口都市不来梅（Bremen）的重量标准基本吻合，这可能同当时汉萨同盟商团在英格兰的影响力有关，极盛时的汉萨同盟主导着欧洲波罗的海和北海的贸易、渔业和航运，对英格兰影响甚大。当时法国 1 巴黎里弗尔（Livre Parisis）银币重 1 法国盎司，合 30.594 克，与金衡盎司基本持平；德意志的金格罗申（Guldengroschen）银币也效仿巴黎里弗尔银币，重 1 德意志盎司，合 29.232 克，基本可以等值互换。

注意，上文提到，此时的便士银币重量为 12 金衡格令，40 便士银币合 1 金衡盎司 925 银。换言之，作为重量单位的便士量与作为银币的便士不可混淆。实际上，随着时间的推移，金银币的重量一直处于下降趋势，1 便士银币的重量渐渐偏离便士量。关于这一点，将在本书第七章第四节"造币厂牌价、名义主义与金属主义"专门讨论。

塔制标准和金衡制标准的换算如下：

1 塔磅 = 12 塔盎司（Ounce，简称 oz）=7680 塔格令 =5400 金衡格令

1 塔盎司 = 20 塔便士量 = 640 塔格令 =450 金衡格令

1 塔便士量 = 32 塔格令 =22 1/2 金衡格令

1527 年，亨利八世颁布谕旨，要求英格兰造币由塔制单位转换为金衡制单位。这种做法的主要目的是同欧洲大陆通用的重量单位接轨，以便利国际贸易。

除金衡单位，都铎时期还采用常衡重量体系，用于除贵金属、药品和火药的其他商品。1 常衡磅 =16 常衡盎司 =7000 格令，1 常衡盎司折合公制单位 28.350 克，1 常衡磅合 453.59237 克，至今仍在美国使用。

英国国会于 1824 年通过《度量衡法案》确立了"帝国"（Imperial）度量衡体系。1965 年起，英国开始了向公制度量衡的转换，至今尚未完全完成。不过向公制单位转换已是大势所趋，当前全球主要经济体中只有美国还顽固地使用自己独有的度量衡体系，不与世界接轨。但金衡盎司在当今全球贵金属交易中依然被普遍使用，国际市场黄金、白银、铂金等贵金属的报价依然以金衡盎司为单位。官方发行的金币，如美国鹰扬金币（Gold Eagle）和水牛金币（American Buffalo）、南非克鲁格兰特金币（Krugerrand）等，依然使用金衡盎司为单位。我国的熊猫金币在 2016 年前也使用金衡盎司为单位，但 2016 年后改用公制单位克，最大一种重量为 30 克，略少于 1 金衡盎司。

除了改用金衡体系，亨利八世朝在财政和货币领域的另一件

大事是英国历史上绝无仅有的"大贬值"（Great Debasement）。

商品货币时代，君主和政府通过偷工减料、掺杂贱金属等行为对钱币进行贬值在世界历史上极为常见。在国家强制发行法偿货币的情况下，法偿货币通常按面值流通，用于在国家封疆内清偿债务。因为钱币流通过程中必然会因磨损等自然原因

图41　南非1盎司克鲁格兰特金币（背面）

注：钱币背面有英语和阿非利卡语"1盎司纯金"字样。

或剪边等恶意行为重量有所减轻，流通时间越长损失越多，因此，每隔一段时间，君主或政府就有必要进行货币重造（Recoinage），对流通中的旧币进行"非货币化"（Demonetization），以旧币兑换新币，兑换时通常扣减造币厂工本（Mintage）和造币税（Seiniorage），这对于君主和造币厂而言是重要的收入来源。重造的过程往往会伴随不同程度的货币贬值。常见的贬值手段主要有三种：一是降低单位钱币的金属重量（Devalue）；二是提升单位金属重量的钱币面值（Raise the Money）；三是掺杂贱金属，降低单位面值钱币的贵金属含量。尽管我国古代从战国时期楚国的爰金以后一直没有官方制造发行法偿金银币的传统（当然，楚国的爰金是否为一种法偿金币也远没有定论），但使用这三种方法进行货币贬值也屡见不鲜，比如新莽时代五花八门的货币乱象，以及后来朝代发行各种"当五""当十"钱，乃至宋金元时代的滥发纸币，道理也是一样的。明朝中期以后，白银（银两）成为中国的流通货币，明清两朝官方征税时在正税外额外加收"火耗"，

名义上是用以补偿官方将散碎银两熔铸为标准规格的银锭的工本费，同西方的造币税也有一定的可比性。

只要存在国家暴力及其强制使用固定面值法偿货币的情形，统治者就有动机通过货币贬值攫取民间财富，用来挥霍或进行战争。中世纪时期，欧洲的统治者如法国国王、苏格兰国王等，经常使用这种方法敛财。而与之形成鲜明对照的是，整个中世纪，英格兰基本上保持了金银币重量和成色的稳定，在当时的西欧堪称绝无仅有。这也导致高质量的英格兰钱币外流，低质量的、掺假的外国钱币流入英格兰，以及英格兰国内给钱币"剪边"、制造伪币等犯罪行为屡禁不绝。以往英国王室应对高质量的本国钱币外流的主要手段是提升钱币兑换价格或禁止钱币出口，但收效有限。这种情况到亨利八世时代改变了，亨利八世对英格兰货币进行了到那时为止甚至直到现代仍然是英国历史上最重大的一次货币贬值行动。

亨利八世在位的前 16 年基本延续此前的货币制度，保持钱币的高质量，但于 1544 年开始对英格兰货币进行大贬值，金银币的成色大幅下降，甚至被铜等贱金属取代，其动机在于宫廷的奢华生活及与法国和苏格兰的战争耗资巨大，尽管从解散修道院运动、出售王室土地和增税获得大量收入，但王室仍入不敷出，这就需要挖空心思榨取更多民脂民膏。大贬值期间，金币的含金量由 23K 最终降至 20K，银币的含银量更是从 92.5% 降至 25%。这一政策一直持续到 1551 年才被爱德华六世正式终止，但其影响因"劣币驱逐良币"的经济规律还在持续，直到 1560 年伊丽莎白一世女王责成托马斯·格雷欣爵士将贬值的劣币逐出流通，才逐渐恢复英格兰造币信用。

1540 年 5 月，亨利八世颁布密诏，命令在保密的情况下减轻金币和银币的重量，并重新生产泰斯通银币。其后的两年里，新生产的减重钱币被秘密存放在威斯敏斯特宫的珍宝塔（Jewel Tower），与此同时，正常标准的金银币还在继续生产。1544 年 5 月，因造币厂缺乏足够的金银锭用来造币，英格兰王室开始将密藏的不足值钱币投入流通。两个月后，1544 年 7 月，低地国家的商人首先发现新币贬值，只肯出低价兑换；同时，因为这些贬值钱币的存在，面值相同但贵金属成色更高的钱币则从流通中消失，这一现象后来被称为"劣币驱逐良币"的格雷欣法则。

从 1540 年开始，亨利八世在位期间，英国金银币一直在贬值：1545 年，金币的含金量从 23K 降低至 22K，1546 年再降至 20K；银币的含银量从贬值前的 92.5% 降至 1540 年的 50%，到 1546 年再降至 33%，且银币中开始掺杂铜。新造的泰斯通银币仅仅表面上包了一层银，很容易脱落，露出里面的铜，特别是银币正面亨利八世头像的鼻子，为此，亨利八世得到了一个新绰号："老铜鼻子"（Old Coppernose）。

爱德华六世时代依然持续亨利八世的贬值政策，其中银币的成色到 1551 年降至 25%，但金币的成色在 1548 年提高到了 22K，不过金币的重量减轻了。22K 从此成为英国金币的标准含金量，称为"王冠金"（Crown Gold）。这段时间，大量金银从美洲殖民地流入西班牙，又进一步外溢至欧洲其他国家，导致金银锭的价格出现大幅波动，货币形势变得更加复杂严峻。

亨利八世的大贬值在短期内给英国王室带来了收益。此前，英格兰因战争欠下巨额债务，货币贬值成为一种逃废债的有力手段。但从长期来看，英格兰王室财政、国民经济和民生福祉为此付出了惨痛代价。贬值造成物价飞涨，尽管王室颁布谕旨禁止哄抬物价，但市场规律使然，恶性通货膨胀无法遏制；富有的贵族、地主和商人通过囤积未贬值的金银币和金银锭大发横财；而普通工薪阶层因在劳动力市场上没有议价能力，承担了绝大部分代价；就王室财政而言，当时王室的土地均已出租并签订长期租约，王室收到的租金也是以贬值后的钱币支付，导致王室收入锐减。此外，当民众意识到新币的内在价值小于其面值时，市场上出现了双轨兑换机制，新币的市场价格大大低于官方兑换价格，王室预期的政策效果大打折扣，而为了实现预期的政策效果，王室只得不停发行更多的贬值货币，形成恶性循环，促使各类市场参与者逐渐失去对法偿货币以及王室财政和货币政策的信心[1]。

第三节
女王和她的财务顾问：如何恢复造币信用

伊丽莎白一世女王即位后意识到劣质的钱币不仅损害了民众对王室的信任，而且给英格兰的对外贸易造成了重大伤害，因为

---

[1]　Stephen Deng, " The Great Debasement and Its Aftermath" , In: "Coinage and State Formation in Early Modern English Literature, Early Modern Cultural Studies" , Palgrave Macmillan, New York, 2011, https: //doi.org/10.1057/9780230118249_4.

外国商人拒绝接受英格兰货币作为支付手段。与国务大臣博利男爵威廉·塞西尔（William Cecil，1st Baron Burghley，1520—1598年）和财务顾问托马斯·格雷欣爵士探讨后，女王确信，有必要恢复大贬值前的高质量钱币，将贬值的劣币从流通中收回，于是责成托马斯·格雷欣爵士全权负责此事。

托马斯·格雷欣爵士是16世纪英格兰的商业奇才，英国本土造就的第一位金融大家，历仕亨利八世、爱德华六世、玛丽一世和伊丽莎白一世四位君王，为英格兰的商业和财政金融进步贡献良多。

托马斯·格雷欣爵士出生于伦敦的布商家庭，他的家族凭借向欧洲大陆出口布匹、从欧洲大陆进口谷物积累了大量财富。他的父亲理查·格雷欣爵士是伦敦布商行业领袖，曾任伦敦城市长（Lord Mayor of London）、国会议员，并曾作为亨利八世的财务顾问为后者谈判获得优惠利率贷款，为此受封骑士。中世纪的欧洲，纺织面料是昂贵的商品，也是当时英格兰最重要的工业和出口部门，布业巨子富可敌国，布商行会（Worshipful Company of

图42　托马斯·格雷欣爵士肖像

注：此画作由尼德兰画家安东尼斯·莫尔（Anthonis Mor，1517—1577年）创作于安特卫普，1560—1565年。木板油画，90cm（高）×75.5cm（宽）。收藏于荷兰阿姆斯特丹国家博物馆（Rijksmuseum）。

Mercers）则是伦敦最古老的行会组织，在中世纪和近代早期英格兰的政治、经济和外交等方面拥有巨大影响力。与当时商贾人家的子弟一般不接受高等教育的习惯迥然有异，托马斯·格雷欣早年遵父命负笈于剑桥大学冈维尔与凯斯学院（Gonville and Caius College, Cambridge）接受了当时最好的人文主义教育，同时跟随叔父学习经营家族生意。1543年，托马斯·格雷欣前往低地国家打理家族业务，同时作为亨利八世的代理人协助处理英国王室在低地国家的各类事务。这段时间，他主要活跃于安特卫普，这里是他家族生意在欧洲大陆总部的所在地。安特卫普是当时西北欧的国际金融中心，也是证券和衍生品交易的发源地，全球最早的金融交易所即在此地创办。很快，凭借对市场动态的敏锐前瞻、对市场机遇的把握以及高明的交易手段，托马斯·格雷欣在安特卫普商界扬名立万。

爱德华六世时期，英格兰派驻低地国家的皇家商总威廉·丹塞尔（William Dansell）爵士管理不善，极大损害了英格兰王室的财政健康。王室求助于托马斯·格雷欣，格雷欣设计了一套大胆的、富有创新精神的组合交易策略，使英镑在安特卫普交易所大幅升值，缓解了王室的债务危机。此后，每当遇到财政困难，甚至一些敏感的外交问题，爱德华六世即求助于托马斯·格雷欣，而后者总是不辱使命。当时他并没有在英格兰政府担任任何公职，也没有从王室领取俸禄，但为了酬庸他对王室的贡献，爱德华六世赏赐大量土地给他，这些土地带给他每年400英镑的收入，在当时可以购买84匹马、320头奶牛或约合一个熟练工人近40年的工薪收入，以购买力平价计算，相当于今天的近百万英镑[①]。

1553 年玛丽女王即位后，托马斯·格雷欣一度失宠，王室另找他人做财务顾问。但新的财务顾问办事不力，玛丽女王只得重新任用托马斯·格雷欣，他一如既往地尽心王事，终玛丽女王一朝，举凡涉及王室举债、贵金属和军火的秘密交易等各类棘手事项，托马斯·格雷欣使命必达。玛丽女王付给他每天 20 先令（1 英镑）酬金，另赐教会土地，收益约合每年 200 英镑。

伊丽莎白一世女王继续倚重托马斯·格雷欣，除担任王室财务顾问，女王于 1559 年任命其为特命全权大使，出使哈布斯堡王室派驻尼德兰总督、查理五世皇帝的私生女帕尔马公爵夫人玛格丽特（Margaret of Parma，1522—1586 年）的宫廷，并赐予他骑士头衔。到 1567 年，尼德兰独立运动风起云涌，低地国家局势动荡，托马斯·格雷欣爵士于是离开安特卫普返回伦敦，但其继续作为商人和御前财务顾问与欧洲大陆保持着密切联系，并创办了伦敦皇家交易所。商业活动为他赚得巨大财富，使他成为当时英格兰的顶级富豪之一，年收入超过 2300 英镑，相当于当时一个熟练工人 100 多年的工资收入，或 2017 年的 470 万英镑[②]。去世前他立下遗嘱，设立一所高等教育机构，即格雷欣学院（Gresham College），由 7 位教授轮流在每周的每一天举办一场公共讲座，内容分别涉及天文、几何、物理、法律、神学、修辞及音乐。尽管不招收全日制学生，这所学院依然算得上是伦敦

---

①② 英国国家档案馆网站币值换算器：1290–2017，https://www.nationalarchives.gov.uk/currency-converter/。

的第一家高等教育机构，至今仍在运营，每年面向公众举办超过140 场免费讲座，讲座可在学校网站浏览，并通过油管（YouTube）视频播出[1]，是非常有益的知识来源。

托马斯·格雷欣爵士观察到，高纯度的贵金属钱币，即"良币"通常会被民众窖藏起来，退出流通，贬值的法偿货币，即"劣币"，则被用来清偿债务。这一观察后来以"格雷欣法则"（Gresham's law）之名为后世所熟知[2]。为逆转这一态势，英格兰通过法律，禁止"良币"出口，并取消"劣币"的法偿货币地位。1560 年，奉女王谕旨，托马斯·格雷欣爵士成功地将所有贬值的"劣币"从流通中回收，再将回收的劣币融化，重新制造为成色更高的"良币"，这一过程中，托马斯·格雷欣爵士为王室创造了大约 5 万英镑的收益。

当时英格兰皇家造币厂依然使用古希腊流传下来的打制钱币工艺（Hammered 或 Struck），不能满足大量制造新币的要求。1561 年，法国造币师艾鲁瓦·梅斯特莱勒（Eloy Mestrelle）将当时尚属"高科技"的机械冲压造币（Milled Coinage）技术引入英格兰。当时的机械造币用马匹提供动力带动冲压机床，不仅效率更高，而且能够生产出完美的圆形钱币，令"剪边"和造假币等犯罪活动更难进行。不过在清退劣币后，英格兰对制造新币的需

---

[1] 油管链接，https://www.youtube.com/c/GreshamCollege。

[2] Li Ling-Fan, "After the Great Debasement, 1544–1551: Did Gresham's Law Apply?" Working Papers No. 126/09, Department of Economic History, London School of Economics, 2009, Available at https://www.lse.ac.uk/Economic-History/Assets/Documents/WorkingPapers/Economic-History/2009/WP126.pdf.

求也相应锐减，艾鲁瓦·梅斯特莱勒因此被皇家造币厂解聘，其后因参与制造假币的犯罪活动被处绞刑。一直到 17 世纪中期皇家造币厂才重新使用机械造币，并在查理二世复辟斯图亚特王朝后全面取代古老的手工打制造币工艺。到 18 世纪晚期工业革命后，瓦特的生意伙伴马修·博尔顿（Matthew Boulton，1728—1809 年）发明蒸汽动力驱动机器造币。1810 年，皇家造币厂从伦敦塔搬迁至塔丘的新厂址后，购置了 8 台博尔顿发明的蒸汽动力造币机械，每台机器每秒可生产一枚钱币。

在中国，因为长期以来没有官方制造的法偿金银币，所以明清两朝，各类外国银圆在中国大量流通，如西班牙八雷亚尔银圆（"本洋""佛头""双柱"），以及后来的墨西哥比索银圆"鹰洋"、英

图 43 早期机械造币图示

国远东贸易银圆"站洋"、法属印度支那殖民地皮阿斯特银圆"坐洋"、荷兰银圆"马剑洋"等，基本上都是遵循西班牙银圆标准，专为与东方特别是中国的贸易结算制造，统称"贸易银圆"（Trade Dollars），中国民间俗称有"番饼""番银""花边"等名目。特别是在对外贸易繁荣、商品经济发达的东南沿海地区，重量和成色均一、制作精美、携带方便的外国银圆取代银锭和散碎银两成为民间流通最广的交易媒介，"圆"作为货币单位进入中国语言，后来简写为"元"，日元 Yen 和韩元 Won 的名称也来自"圆"。

清乾嘉时代的江南文人沈复在《浮生六记》中有数处提到"番银"或"番饼"，如"惠来以番饼二圆授余""当勉措番银二十圆以偿旧欠"（均出自卷三《坎坷记愁》）、"一夕之欢，番银四圆而已"（卷四《浪游记快》）等。当时广东民间的交易和资金往来主要使用外国银圆，只有藩库（省财政部门）和粤海关的税银还采用传统的元宝形制。鸦片战争前一口通商时期，广州是外国贸易银圆输入中国的最重要且几乎是唯一的窗口，当然也就成了外国贸易银圆在中国流通的第一集散地，而后再扩展到全国其他地区。到20世纪初，鲁迅先生在《祝福》中祥林嫂"捐门槛"一段写道："快够一年，她才从四婶手里支取了历来积存的工钱，换算了十二元鹰洋，请假到镇的西头去。但不到一顿饭时候，她便回来，神气很舒畅，眼光也分外有神，高兴似的对四婶说，自己已经在土地庙捐了门槛了。"鹰洋即墨西哥比索银圆，系墨西哥推翻西班牙殖民统治、赢得民族独立后，在原西属墨西哥殖民地造币厂生产的银圆，重量、成色基本沿袭西班牙银圆标准，只是图案改变了，正面为墨西哥国徽，即嘴里叼着蛇的雄鹰站在仙人掌上，因此中国人称之为"鹰洋"，背面则为象征民族独立和共和制度的自由帽。鹰洋是继西班牙八雷亚尔银圆后在全球使用最广的一款银圆，在中国和美国尤为流行。十二元鹰洋，对一位20世纪初的江南农村底层劳动妇女而言，应该是一笔"巨款"了，当时外国银圆对中国经济和社会的渗透可见一斑。

为统一币制、夺回造币利权，光绪十三年（1887年）张之洞任两广总督时奏请朝廷，于1889年在广州城东门外设银圆局，引进当时英国最大的私营造币厂商——伯明翰的喜敦父子造币有限公司（Ralph Heaton & Sons，以下简称喜敦公司）的成套设备和技术，并委托喜敦公司制模，开始批量生产西方式样、中英文铭文的"光绪元宝"银圆，因正面的蟠龙图案，俗称"龙洋"或"龙银"。这是中国发行法偿银圆和机械造币之始。当时英国皇家造币厂的造币设备也是喜敦公司提供的。广州造币厂设计日产270万枚钱币，是当时全球产能最高的造币厂。之后多个省份依照广东省的模式开始引进西方设备和技术，建设新式造币厂，使用机器造币。光绪三十一年（1905年），清廷设在天津的户部造币总厂竣工，开始统一全国币制。但中国自造的法偿银圆全面取代外国银圆还要等到民国三年（1914年）推出袁世凯像背嘉禾壹圆银币、即"袁大头"后方才逐渐实现。近年来，晚清时期的国产机制银圆渐成国内收藏市场上的新宠，一些稀有品类在拍卖中屡创价格纪录。

图44 1898年的广州造币厂

注：广州造币厂的故址位于广州市越秀区黄华路4号，现为广州市文物保护单位，但原厂房已荡然无存，殊为可惜。由此图可以看出，造币厂使用新式机器可以同时生产中国传统的圆形方孔铜钱和新式光绪元宝"龙洋"，而龙洋的币值依然沿用传统的称重形式，有库平七钱三分、七钱二分、三钱六分等若干面值（图片中银币面值为库平三钱六分，英文：3 MACE AND 6 CANDAREENS）。到民国时代，库平七钱二分成为中国银圆的法定标准重量，大体沿袭了西班牙银圆的标准。

第四节

著名的格雷欣法则

关于张之洞开创中国自造银圆和现代化机器造币先河，还有一个小故事。自明代中后期西班牙银圆流入中国以来，在中国流通的外国贸易银圆基本沿袭西班牙银圆的重量和成色标准，重约27.22克，成色为90%纯银或略高，在中国市场交易中被认为等同于库平纹银七钱二分，即所谓"七二银"。外国银币上经常有中国商人加盖的戳记，以进一步保证其重量和成色。因其比中国传统的银锭和散碎银两更为便捷可靠，外国贸易银圆在民间大受欢迎。我们的张香帅显然是不了解"格雷欣法则"的，认为中国自造银圆一定要比外国银圆更重、成色更高才好，否则不足以彰显"我大清"国威，因此决定首批龙洋的重量为库平七钱三分。结果新的龙洋因含银量高多被囤积或私毁，市面上流通的还是外国贸易银圆，故只好召回销毁已发行的银圆，修改设计，推出基本与贸易银圆持平的库平七钱二分龙洋。如今的收藏市场上，最早批次的库平七钱三分广东龙洋试造样币，即委托英国喜敦公司制模的"广东七三反版"龙洋，是存世稀少的佳泉，价值不菲。后来各省试造新式银圆，1圆或元基本上等同于库平七钱二分。民国三年（1914年），北京政府颁布《国币条例》，正式确定国币一圆重库平七钱二分，银八九、铜一一（含银量89%，铜11%），含银量略低于龙洋和贸易银圆。

"格雷欣法则"，一言以蔽之，就是"劣币驱逐良币"，或者按照诺贝尔经济学奖得主蒙代尔的修正，"如果二者以相同价格兑换，劣币驱逐良币"[①]。但这一法则并非托马斯·格雷欣爵士最先提出的，托马斯·格雷欣爵士本人也从未用自己的名字给这一法则命名。"格雷欣法则"实际上是在 1860 年由苏格兰经济学家麦克劳德（Henry Dunning Macleod，1821—1902 年）命名。略早于托马斯·格雷欣爵士，科学巨人哥白尼受波兰治下的皇家普鲁士议会委托就币制改革提供咨询建议。应波兰国王老西吉斯蒙德一世（Sigismund I the Old，1467—1548 年）邀约，哥白尼于 1526 年发表了《论造币》（*Monetae Cudendae Ratio*）一文提交给普鲁士议会，其中提到"劣币驱逐良币"和货币数量论（Quantity Theory of Money），探讨货币供给与通货膨胀的关系，并对商品的使用价值和交换价值做了区分。在波兰和部分中欧和东欧国家，格雷欣法则一直被称为哥白尼—格雷欣法则。我们今天提起哥白尼，首先想到的是日心说，但忽略了他是史上少有的"文艺复兴式"学术全才（Polymath），对经济和货币现象的观察和分析也颇为超前，富有洞察力。

哥白尼也许是第一位对格雷欣法则做系统性学术探讨的经济学家，但人们对这一现象的直观感受要早得多。早在公元前五世纪，古希腊戏剧家阿里斯托芬（Aristophanes，约公元前 446 年至公元前 386 年）在其著名喜剧《蛙》中借歌队之口讽刺当时雅典

---

① Mundell, Robert, "Uses and abuses of Gresham's law in the history of money", *Zagreb journal of economics*, Vol.2, 1998, pp. 3–38.

社会黄钟毁弃、瓦釜雷鸣，恰如做工低劣的铜币大行其道，制作精良的金银币则退出流通：

　　在我看来

　　我们的城邦曾多次遇到过好人和高尚的公民，

　　我们旧日的

　　和新铸的钱币也有这样的经历；

　　早先的钱币不是伪造的，

　　人们也那么认真地算计它，

　　好像那是最好的东西一样：

　　切割得正确、清脆透响儿，

　　不论是希腊人，

　　还是外邦人，都不胡乱地用它；

　　这些昨天和前天还在通行的、

　　肮脏的、毫无艺术造型的铜币，

　　是一种时尚。

　　对于市民也是一样，

　　那些我们知道，是出自好的家庭的、

　　高尚的、有名声的、

　　讲道理又有道德的人，

　　那些在音乐、舞蹈和体育熏陶下长大的人，

　　我们不去尊重他们……①

①《罗念生全集》第四卷《阿里斯托芬喜剧六种》，上海世纪出版（集团）有限公司、上海人民出版社 2007 年版，第 433—434 页。

实际上，自法偿货币出现以来，劣币驱逐良币的现象在许多古代文明中都有出现和相关记录，比如法国中世纪晚期的学者和里尔主教尼克尔·奥里斯姆（？—1382年），以及埃及马穆鲁克苏丹国时代的学者麦格里奇（Al-Maqrizi，1364—1442年）等对此均有论及，我国南宋永嘉学派大儒叶适（1150—1223年）在《淮西论铁钱五事状》中也提到了这一现象。

在商品货币（Commodity Currency）如金、银、铜币时代，金属价值高于面值的钱币称为良币，而金属价值低于面值的钱币称为劣币。固定面值的法偿货币出现后，政府有动机通过减重或在造币中掺杂贱金属掠夺民众；犯罪分子通过给钱币剪边或制造质量低劣的伪币牟利。如果政府有足够的威权保证在其统治区域内，无论钱币质量如何，均可按面值流通，或者金银复本位制度下，金银币的官方比价与市场上金银金属的比价出现脱节、产生套利机会时，都可能促使民众将高价值的良币窖藏起来，而在日常交易中尽量使用劣币。

在今天的商业交易中，劣币驱逐良币的现象同样存在，一个典型的例子是"柠檬市场"（Lemon Market）。"柠檬"是美国二手车市场中的俚语，指购买后才发现有问题的二手车，高质量的二手车则被称为"桃子"。2001年诺贝尔经济学奖得主、美国第78任美国财政部长珍妮特·耶伦（Janet Yellen）的丈夫乔治·阿克洛夫（George Akerlof）发表于1970年的论文《柠檬市场：品质不确定性和市场机制》（*The Market for Lemons*：*Quality Uncertainty and the Market Mechanism*）写道，假设买家不能分辨"柠檬"和"桃子"，就只愿意支付"柠檬"和"桃子"的平均价格，但卖方具备信息优势，知道自己待售的车辆是"柠檬"还是"桃子"。在买方愿意付出的价格是固定的前提下，"桃子"卖家会离开市场，交易无法达成；只有车辆是"柠檬"的情况下，才会乐于成交。换言之，在信息不对称条件下，因市场价格过低，价格机制将驱使好车离开市场，形成逆向选择，最终导致市场中劣质品充斥，市场崩溃[①]。

在信用货币时代，货币本身除了政府的信用没有任何其他保证，我们更多看到的是良币驱逐劣币的情况，即"梯也尔法则"（Thiers' Law）。梯也尔（Marie Joseph Louis Adolphe Thiers，1797—1877年）是法国政治家和历史学家，第三共和国首任总统，曾镇压巴黎公社。梯也尔法则指出，在恶性通货膨胀条件下，当一国的货币变得一文不值时，市场参与者将不再接受该种货币作为清偿手段，而是宁可违法也要求交易对手方用外汇、贵金属、比特币等进行支付，甚至以物易物。德国魏玛共和国时期、我国国民党统治后期、20世纪和21世纪的拉丁美洲和东欧、几年前的津巴布韦在恶性通货膨胀情况下都发生过类似情况。梯也尔法则和格雷欣法则如何在同一个理论框架下调和起来，我们至今尚未看到令人满意的分析。一种可能的解释是，劣币能够驱逐良币有先决条件：政府有足够的威慑力保证同等面值的劣币和良币能够等值流通，任何人无权拒收劣币；或者交易双方信息不对称，收款方没有能力区分劣币和良币。

---

① George Akerlof, "The Market for Lemons: Quality Uncertainty and the Market Mechanism", The Quarterly Journal of Economics, Vol. 84, No. 3, 1970, pp. 488–500. JSTOR, https://doi.org/10.2307/1879431.

　　除了亨利八世朝的货币大贬值，格雷欣法则在英格兰货币史上最典型的长期影响是白银日渐退出流通，导致英格兰长期白银紧缺。

　　国内货币流通方面，手工打制钱币时代，给钱币剪边（Clip）颇为常见。手工打制的钱币不规则，剪边不易被发现，被剪边的不足值钱币可以按面值流通，甚至可用来完税，导致劣币驱逐良币，即足值的钱币退出流通被窖藏起来，流通中的钱币则多为被剪边的不足值钱币，这种情况直到机器制币全面普及后才有根本性改观。机器制造的钱币形状规则，而且可以通过在边缘加上边齿（Serrated）或镌刻文字（Edge Lettering）使剪边更易被发现、制造伪币更难。这两种做法对于今天的硬币依然普遍沿用。

　　国际收支方面，历史上，英国出口收汇以黄金居多，进口则主要以白银支付，特别是与印度和中国的贸易，当时国际贸易中中国唯一接受的支付手段是白银。从 17 世纪中叶起，中国通过国际贸易输入的白银累计达到 28000 公吨，输出方主要是欧洲国家。对中国进口商品如茶叶、瓷器等的需求使英国不得不出口大量白银以平衡经常项目逆差，这也是后来英国向中国走私鸦片，进而挑起鸦片战争的动因之一。与此同时，随着城市化进程和中产阶级兴起，全社会"消费升级"，英国国内对银餐具等白银制品的需求大幅增加。当商品银锭价格高于造币厂牌价时，银匠乐于将银币熔化以获得制造银器的白银原料，为此大量银币被私毁。综合作用使然，17 世纪中叶起，英国流通中的银币数量大大减少，流通中的钱币大量被剪边，官方也因缺少造币所用的银锭，导致制造金币的比重越来越高。白银短缺是英国过渡到金本位制度的重要原因。

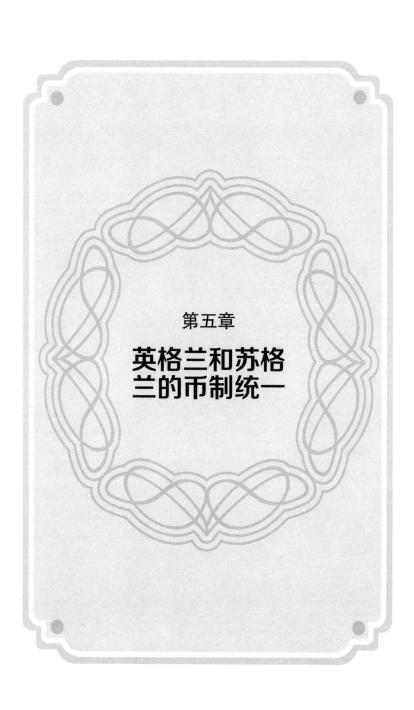

第五章

英格兰和苏格
兰的币制统一

直到今天，每年 5 月或 6 月，英国君主都会驾临威斯敏斯特宫国会大厦，于上议院议事厅举行国会开幕大典（State Opening of Parliament），两院议员齐聚，聆听君王圣训。2022 年 5 月的开幕大典伊丽莎白二世女王未能驾临，由当时尚为威尔士亲王的查理三世国王代为致辞，御座保持空缺。君王驾临国会前有两个特殊的仪式，一是由君王的贴身亲卫羽林郎（Yeomen of the Guard）搜查威斯敏斯特宫地窖，搜查完毕后每位羽林郎获得半品脱波特酒作为奖励；二是一名下议院议员要先期前往白金汉宫充当"人质"以确保君王驾临国会时的人身安全，君王平安返宫后"人质"方能"获释"。按惯例，"人质"通常由副宫务大臣（Vice-Chamberlin of the Household）兼下院执政党党鞭出任。

这两个仪式均源于斯图亚特王朝。前者源于 1605 年的"火药阴谋"（Gunpowder Plot），即盖伊·福克斯（Guy Fawkes）等十名天主教狂热分子在威斯敏斯特宫地窖埋设火药，预谋于 11 月 5 日国会开幕大典时引爆，弑杀詹姆斯一世以及朝廷重臣与国会议员，复辟天主教。该阴谋遭到举报，官方在威斯敏斯特宫地窖里发现 36 桶火药，足以炸毁国会上院，主谋人员被逮捕并处死。直到现在，每年 11 月 5 日，英国都会举行"盖伊·福克斯之夜"（Guy Fawkes Night）庆祝活动，燃放篝火和焰火纪念粉碎这一阴谋①。后者则源于查理一世时代，当时查理一世（Charles Ⅰ，1600—1649 年）与国会势同水火，有理由担心国会会做出不利于自己的举动，要求在其驾临国会时必须有一名下院议员到王宫充当人质。

这两个仪式揭示了斯图亚特王朝时期英格兰政治和社会的两大矛盾：一是宗教矛盾，既包括新教和天主教的矛盾，也包括新教内部英国国教会与更激进的加尔文派清教徒的矛盾；二是绝对君权与议会政治的矛盾。最终新教战胜了天主教，绝对君权让位于议会政治。随着斯图亚特王朝的终结和汉诺威王朝的建立，英国的政治生态发生了根本性的转变，君主立宪政体和内阁制度最终得以确立。

斯图亚特王朝时代，至少从法律意义上而言，英格兰、苏格兰和爱尔兰仍是独立的国家，各自有自己的国会、政府、教会和法律制度，只是君主为同一人，即所谓共主邦联（Union in

图 45　2022 年 5 月 10 日英国国会开幕大典前羽林郎举行搜查地窖仪式

注：这一年的仪式为史上首次由女性主持。

资料来源：英国国会上议院，Copyright UK Parliament 2022 / Photography by Jessica Taylor（https://creativecommons.org/licenses/by/2.0），via Wikimedia Commons。

---

① James Shapiro, "The Year of Lear : Shakespeare in 1606", First Simon & Schuster Hardcover Edition, 2015.

Person），类似今天英国与加拿大、澳大利亚、新西兰等英联邦自治领的关系，这些自治领名义上也是君主立宪国家，奉英国女王为君主。英格兰和苏格兰的合并还要等到斯图亚特王室最后一位君主安妮女王（Anne，1665—1714年）在位时期，1706年和1707年两国国会先后通过了《联合法案》（Acts of Union），自此两国正式合并为大不列颠王国。爱尔兰与大不列颠的正式合并则发生在1801年。

"共主邦联"并未给英格兰、苏格兰和爱尔兰之间带来和平。查理一世时期，1639—1653年，三个王国间及各王国内部因族群、文化、宗教和政治争端，爆发了一系列战争，史称三王国战争（Wars of the Three Kingdoms），其中最主要的是英格兰内战（English Civil War，1642—1651年）。不甘受国会制约，1629—1640年，查理一世宣称君权神授，以王家谕旨代替国会立法，实行无国会统治，史称"十一年暴政"（Eleven Years' Tyranny）。1639年，英格兰与苏格兰之间因宗教冲突爆发"主教战争"（Bishops' Wars），为给战争筹款，查理一世被迫重新召开国会。但君主和国会之间的矛盾日趋尖锐，"圆颅党"（Roundhead），即国会的支持者，与"骑士党"即保皇派（Cavalier）就国家治理体系和宗教权利展开激烈的战争，"圆颅党"获胜，查理一世于1649年1月30日遭处决，国会宣布废除君主制，成立英格兰共和国（Commonwealth of England）。1653年，国会军领袖奥利弗·克伦威尔（Oliver Cromwell，1599—1658年）自封护国公，建立军事独裁政体，征服苏格兰和爱尔兰，对天主教徒大肆打压和屠杀，并将大批新教徒移民爱尔兰，北爱尔兰天主教徒和新教徒之间的矛盾和仇恨今天依然存在。长期的内战造成约 25 万人死亡，约占当时英国总人口的 5%[①]。

奥利弗·克伦威尔去世后，其子理查·克伦威尔（Richard Cromwell, 1626—1712 年）继任护国公，但无力控制政局。1660 年，军方和国会拥护查理一世之子查理二世（Charles Ⅱ，1630—1685 年）从荷兰返国，复辟斯图亚特王朝。共和国建立至斯图亚特王朝复辟的这段时间在英国历史上被称为"王位空缺时期"（Interregnum）。

斯图亚特王朝复辟时期（Stuart Restoration）始于 1660 年，终结的时间在不同文献中有不同说法，一种说法是终于 1688 年光荣革命（Glorious Revolution）；另一种说法是终于 1714 年安妮女王驾崩后因斯图亚特王室没有信奉新教的合法继承人，汉诺威选帝侯乔治一世（George Ⅰ，1660—1727 年）继承大不列颠王位。

光荣革命前，查理二世及其弟詹姆斯二世（James Ⅱ，1633—1701 年）因与法国王室的亲缘关系（母亲为法国公主，法王路易十四的姑母），奉行亲法和亲天主教政策，导致国内矛盾激化，最终酿成 1688 年光荣革命，詹姆斯二世遭废黜，国会迎立其信奉新教的长女玛丽二世（Mary Ⅱ，1662—1694 年）和女婿兼外甥荷兰元首奥伦治亲王威廉三世（William Ⅲ，1650—1702 年）为共治君主。作为即位的条件，威廉三世和玛丽二世签署了国会提出的《权利法案》（*Bill of Rights 1689*，全称 *An Act Declaring the Rights and*

---

① British Civil Wars, National Army Museum, UK, https://www.nam.ac.uk/explore/british-civil-wars.

Liberties of the Subject and Settling the Succession of the Crown），英国从此确立了稳定的君主立宪政体。根据1701年的《王位继承法》（*Act of Settlement 1701*），斯图亚特王室所有信奉天主教的成员均失去王位继承资格。威廉三世和玛丽二世没有后嗣，威廉驾崩后由玛丽女王的妹妹、同样信奉新教的安妮女王即位。安妮女王于1714年驾崩，同样没有子嗣，王位由詹姆斯一世信奉新教的外曾孙、来自德意志的汉诺威选帝侯乔治一世继承，斯图亚特王朝终结，汉诺威王朝开启。乔治一世不谙英文，且即位时已年过半百，国是全权委托首相，英国内阁制度由此逐渐成形。

但詹姆斯二世及其天主教后裔的支持者、主要由天主教徒和苏格兰高地氏族组成的詹姆斯党人（Jacobite）一直在苏格兰高地和爱尔兰坚持武装斗争，直到1746年詹姆斯二世的孙子"英俊王子查理"（Charles Edward Louis John Casimir Silvester Severino Maria Stuart, "Bonnie Prince Charlie", 1720—1788年）于卡洛登战役（Battle of Culledon）战败逃亡。这场战役是发生在英国本土的最后一场大型武装冲突。著名的苏格兰民谣《斯凯岛船歌》（*The Skye Boat Song*）和爱尔兰民谣《我勇敢的爱人》（盖尔语：*Mo Ghile Mear*，英语：*My Gallant Darling*）就是为纪念这场战役和"英俊王子查理"的逃亡而作，倾诉凯尔特民族的亡国之痛。2014年开播的美剧《外乡人》（*Outlander*）也是以这一时代为背景，讲述一位20世纪的女性穿越到18世纪的苏格兰高地，与一位詹姆斯党高地战士的爱情故事。

斯图亚特王朝时期正值欧洲的多事之秋。在法国，宗教战争于1589年以新教一方获胜告终。在改宗天主教后，新教领袖纳瓦尔王亨利继承法国王位，称亨利四世（Henri Ⅳ，1553—1610年），开创了波旁王朝（House of Bourbon）。亨利四世的孙子"太阳王"（le Roi Soleil）路易十四（Louis ⅩⅣ，1638—1715年）对内强化王权，建立君主集权统治，对外穷兵黩武，意图建立在欧洲大陆的霸权。1689—1815年，英法两国进行了多场战争，战火从欧洲燃到印度和美洲，有些史家称之为"第二次英法百年战争"，战争的结果是英国最终成为"日不落帝国"。

　　哈布斯堡王室与尼德兰革命军的八十年战争于1648年结束。战争中诞生的尼德兰七省共和国——荷兰迎来了自己的"黄金时代"，成为当时欧洲最发达、富裕的国家以及新的全球贸易和殖民强权，在经济、金融、科技、航海、法律、艺术等领域人才辈出。荷兰联合东印度公司（Vereenigde Oostindische Compagnie，VOC）成为世界第一家公共上市公司，其商业和殖民活动遍及全球，堪称现代股份制企业和跨国公司的鼻祖；成立于1609年的阿姆斯特丹银行（Amsterdamsche Wisselbank）是世界上第一家真正意义上的中央银行，后来威廉三世创建英格兰银行即效仿阿姆斯特丹银行的模式；伦勃朗、维尔米尔等艺术大师的涌现，让当时的荷兰成为继意大利之后的欧洲艺术中心；全球第一场现代意义上的因资产泡沫破灭导致的金融危机也发生在这一时期的荷兰，即"郁金香疯狂"（TulipMania）。

　　反观西班牙，巨额军费开支、美洲金银输入受到荷兰和英格兰等新兴海上强权的干扰和劫掠以及王室在财政管理上的无能导致国家财政破产，几次主权债务违约，最终拖垮了哈布斯堡王室最大的金主、当时欧洲实力最雄厚的跨国金融财团德意志的福格尔家族（House of Fugger）[①]。热那亚银行家成为西班牙的新金主，热那亚成为欧洲最重要的金融中心，就连普通散户投资者也将积蓄投入与西班牙王室的金融交易中，最早的利率互换（Interest Rate Swap）即起源于这一时期热那亚银行家与西班牙王室的贷款交易。一个有趣的故事是，热那亚贵族银行家安布罗西奥·斯皮诺拉（Don Ambrogio Spinola Doria, 1st Marquess of Los Balbases and 1st Duke of Sesto, 1569—1630 年）为了确保家族资产安全，采取了一种不同寻常的贷后管理手段：亲自披挂上阵，在八十年战争和三十年战争（Thirty Years' War, 1618—1648 年）中为西班牙征战，并证明了自己是当时欧洲最璀璨的将星之一，维系着曾经战无不胜的西班牙步兵大方阵（Tercio）最后的辉煌，与老对手、荷兰元首奥伦治亲王拿骚的莫里斯（Mauritz van Nassau, 1567—1625 年）一时瑜亮。但贷款最终还是没有收回来，他本人也被西班牙王室欠薪，一度破产，仅拿回几个"安慰奖"，即侯爵、西班牙"大贵人"（Grandee）和"金羊毛骑士"的头衔，以及在他身故后，西班牙国王费利佩四世（Felipe Ⅳ, 1605—1665 年）委约他的生前好友、当时西班牙最伟大的艺术家委拉斯开兹（Diego Rodríguez de Silva y Velázquez, 1599—1660 年）创作了大型油画作品《布雷达之降》（*The Surrender of Breda*）以旌表其赫赫战功。斯皮诺拉的故事是当时热那亚银行家境遇的一个缩影：政治和军事霸权的衰落使西班牙王室从"优质大客户"沦为"老赖"，对这

[①]　Greg Steinmetz, "The Richest Man Who Ever Lived: The Life and Time of Jacob Fugger", Simon Schuster, 2015.

位优质"大客户"过度的风险敞口最终拖垮了天主教世界特别是意大利城邦的金融霸权[①]。新教国家特别是盎格鲁—撒克逊国家的金融势力则后来居上，从 17 世纪后半期开始，欧洲的国际金融中心先移到荷兰阿姆斯特丹，到 18 世纪落地伦敦，余波所及，我们在今天的全球金融体系中还能感受得到。

八十年战争的后三十年与三十年战争重合。几乎所有的欧洲国家都卷入了三十年战争，约有 800 万人丧生，其中德意志诸邦国损失人口在 25%~40%，包括约一半成年男性，诸多曾经繁华的城市沦为丘墟。战争的导火索是 1618 年 5 月的第二次布拉格掷窗事件，信奉新教的布

图 46　委拉斯开兹的油画《布雷达之降》

注：该画作为布面油画，307cm×367cm，描绘 1625 年斯皮诺拉接受荷兰布雷达要塞指挥官投降。创作于 1635 年，现收藏于马德里普拉多博物馆。

拉格贵族将哈布斯堡王室派驻波希米亚的大臣从布拉格城堡的窗子扔出去，宣布废黜神圣罗马帝国皇帝斐迪南二世（Ferdinand Ⅱ，1578—1637 年）的波希米亚国王王位，推选信奉新教的帕拉丁选

---

① Claudio Marsilio "Which way to turn?The destinations of the Spanish silver（1621–1650）London, Lisbon, or Genoa?", Working Papers GHES–Office of Economic and Social History, 2015/54, ISEG–Lisbon School of Economics and Management, GHES–Social and Economic History Research Unit, Universidade de Lisboa, 2015.

帝侯、英王詹姆斯一世的女婿腓特烈五世（Frederick Ⅴ of the Palatinate，1596—1632 年）为波希米亚国王。帝国军队旋即镇压了起义，支持神圣罗马帝国的西班牙和天主教联军占领了帕拉丁，腓特烈五世全家流亡荷兰。皇帝试图复辟天主教的举动引起德意志新教诸侯的警觉，战争从波希米亚进一步扩展到德意志诸邦，信奉新教的丹麦和瑞典也先后卷入战争，西班牙同荷兰的战争仍在持续。詹姆斯一世无意让英格兰卷入与西班牙的全面冲突，只给自己的女婿相当有限、往往是口惠而实不至的支援，更多只是摆出战争的姿态以绥靖国会中激进的新教势力，并同西班牙讨价还价，直到查理一世时代才以更为积极的姿态支持选帝侯及其继承人，但进行战争的资金需求也激化了查理一世与国会的矛盾，成为英格兰内战和革命的诱因之一。法国虽为天主教国家，但在权臣黎世留枢机主教（Armand Jean du Plessis，Duke of Richelieu，1585—1642 年）和继任的马札兰枢机主教（Jules Mazarin，1602—1661 年）的主导下加入新教阵营，借机挑战哈布斯堡王室在欧洲大陆的霸权。波兰—立陶宛联邦因天主教信仰和与瑞典的矛盾，支持神圣罗马帝国。俄罗斯因与波兰的矛盾支持新教阵营。同属新教阵营的丹麦和瑞典因争夺北欧和波罗的海霸权兵戎相见。奥斯曼土耳其帝国支持匈牙利的新教贵族挑战神圣罗马帝国的统治，但自身却因与波兰—立陶宛联邦和波斯萨非王朝（Safavid Dynasty，1501—1736 年）的战争只能提供相当有限的支援……战火从德意志诸邦蔓延至哈布斯堡王室在意大利的领地、西班牙本土、波兰—立陶宛联邦等欧洲大部分地区，荷兰东印度公司和西印度公司的舰队则进一步将战火燃至西班牙和葡萄牙在非洲、美洲和亚洲的殖民地。

到 1646 年，交战各方均疲惫不堪，于是开始在德意志威斯特伐利亚的明斯特（Munster, Westphalia）展开和谈，来自 109 个政治实体的代表团参与谈判，于 1648 年达成三个条约，即西班牙与荷兰的《明斯特和约》（*Peace of Munster*）、神圣罗马帝国与瑞典

图 47　三十年战争中士兵洗劫农家

注：此画作为弗拉芒巴洛克画家塞巴斯蒂安·弗朗克斯（Sebastiaen Vranx, 1573—1647 年）作品，创作于 1620 年前后，木板油画，50.8cm × 69.5cm，收藏于柏林德国历史博物馆（Deutsches Historisches Museum）。

的《奥斯纳布吕克条约》（*Treaty of Osnabruck*），以及神圣罗马帝国与法国的《明斯特条约》（*Treaty of Munster*），结束战争。这三个条约统称"威斯特伐利亚和平"（Peace of Westphalia）。威斯特伐利亚和平开创了国家间以外交谈判缔结公约的先例，确立了现代民族国家和主权的概念，成为后世国际法和国际秩序的基石。

在地缘政治方面，战争使哈布斯堡王室将神圣罗马帝国由松散的封建邦联被整合为中央集权国家的企图落空，皇帝的势力进一步衰落，照法国"毒舌"伏尔泰的说法，神圣罗马帝国"既不神圣，也不罗马，更不是一个帝国"，直到 1806 年神圣罗马帝国在拿破仑的威逼下解散；勃兰登堡—普鲁士、萨克森、巴伐利亚等邦国崛起，德意志的分裂局面愈演愈烈，直到 1871 年普鲁士

建立统一的德意志第二帝国；西班牙海上和陆上的军事优势均被打破，财政破产，已不足以成为欧洲大陆的一流强权；荷兰和瑞士的独立得到确认；荷兰开启了自己的"黄金时代"，获得了好望角、马六甲、摩鹿加群岛、锡兰等海外殖民地，阿姆斯特丹取代安特卫普成为西北欧的贸易、工商和金融中心；法国和瑞典赢得了领土和经济资源，确立了在欧洲大陆的军事霸权地位。相对而言，英格兰并非战争与和平进程的主要参与者，也没有什么重大收获或损失，但战争筹款导致王室和国会矛盾激化，最终酿成内战。

在军事方面，三十年战争中将星闪耀，涌现了一批天才军事家，包括帝国军队统帅华伦斯坦（Albrecht Wenzel Eusebius von Wallenstein，1583—1634年）、瑞典国王古斯塔夫·阿道夫斯（Gustavus Adolphus，1594—1632年）、荷兰元首奥伦治亲王莫里斯、法国元帅大孔代亲王（Louis Ⅱ de Bourbon，4eme Prince de Conde，le Grand Conde，1621—1686年）和蒂蕾纳子爵（Henri de La Tour d'Auvergne，Viscount of Turenne，1611—1675年）等。瑞典和荷兰率先开始了欧洲的"军事革命"（Military Revolution），武器装备、战术、军事工程、训练和纪律等领域的创新造就了更加训练有素，更加庞大、复杂和昂贵的职业常备军。维系这样的武装力量对公共管理、资金、人力资源、后勤保障等都提出了更高要求，从而催生出新的政府机构、公共财政制度和融资手段。可以说，现代战争和现代军队缔造了现代国家。欧洲在军事思想、装备、战术、后勤保障和组织管理等方面与东方传统的"火药帝国"（Gunpowder Empires）如明清时代的中国、奥斯曼土耳其帝国、波斯、莫卧儿帝国等之间逐渐拉开代差，到18世纪中后期形成压倒性优势，对后来的国际政治格局产生深远影响。

第一节

苏格兰币制简史

  斯图亚特家族是历史上第一个成功统治整个不列颠群岛的王室。詹姆斯一世在苏格兰的王号为詹姆斯六世，即第六位名叫詹姆斯的国王，在英格兰的王号则是詹姆斯一世。我们对这位国王最熟悉的可能是《钦定本圣经》（*King James Version*，KJV），其在今天仍是最为广泛使用的英文《圣经》，被认为是现代英语的基石之一，对英语语言文学影响深远。

  苏格兰从未被罗马统治过。罗马不列颠尼亚行省的北部边界最远为安东尼长城，长期固定在哈德良长城。哈德良长城以北的地域罗马人称为加勒多尼亚（Caledonia），居民主要为剽悍尚武的凯尔特部落皮克特人。罗马帝国放弃不列颠岛后，来自爱尔兰凯尔特部落盖尔人（Gaels）大量移居苏格兰并与本地凯尔特同族融合。盖尔人在拉丁语中被称为苏格提人（Scoti），苏格兰的国名即来源于此。中世纪早期，苏格兰分为多个小国，大约 5 世纪，苏格兰人皈依基督教。一般认为，统一的苏格兰国家始于公元 843 年。中世纪时期，苏格兰经常遭受英格兰侵略，英格兰王爱德华一世一度占领苏格兰，但经过两场独立战争（1296—1328 年，1332—1357 年），苏格兰保持了其独立地位。在英格兰与法国的争霸斗争中，苏格兰长期是法国的盟友，这也使英格兰和苏格兰之间战火不断。

斯图亚特王朝的祖先本来世袭苏格兰王室总管（High Stewart）一职，以职官为氏。1371 年，苏格兰王大卫二世（David Ⅱ，1324—1371 年）驾崩，无嗣，由其外甥、王室总管罗伯特·斯图亚特即位，称罗伯特二世（Robert Ⅱ，1316—1390 年），开始了斯图亚特王朝在苏格兰的统治。1503 年，苏格兰国王詹姆斯四世（James Ⅳ，1413—1573 年）娶英格兰国王亨利七世的长女玛格丽特·都铎为王后，詹姆斯六世是二人的外曾孙，自幼接受新教教育。1567 年，在其母玛丽女王逊位后，詹姆斯六世继承苏格兰王位，并于 1589 年迎娶丹麦公主安娜（Anne of Denmark，1574—1619 年）为王后。在苏格兰国王的御座上，他对外政策的核心就是确保英格兰女王伊丽莎白一世传位于他，因此一直同伊丽莎白一世的重臣保持秘密沟通，最终于 1603 年得偿所愿。赴伦敦途中，詹姆斯为英格兰的富庶所震惊，称自己入继英格兰大统是"将石凳换成

图 48　詹姆斯一世肖像

注：此画作为布面油画，196cm×120cm，创作于约 1605 年，被认为出自詹姆斯一世的宫廷画家、来自安特卫普的约翰·德·克里茨（John de Critz，1551—1642 年）。现收藏于马德里普拉多博物馆。

松软的羽毛床"。

詹姆斯一世即位之初大体延续了伊丽莎白一世时代的政策，核心决策层依然是以女王的首席大臣萨利斯伯里伯爵罗伯特·塞西尔为首的老班底。这让希望他能带来宗教政策变革的天主教徒大失所望，酿成"火药阴谋"。但总体而言，詹姆斯一世对天主教徒还是持宽容立场，英国国教会也保留了很多天主教的教义和仪轨，这又导致激进的加尔文派清教徒的不满。在对外政策方面，詹姆斯一世力图避免让英格兰卷入欧洲大陆的宗教冲突，尽力维护与西班牙的和平，但这一政策让鹰派情绪高涨的英格兰民众大为不满，到其晚年，和平政策已经无法推行，英格兰开始实质性地卷入欧洲大陆的战争。在国内政治方面，詹姆斯一世相信君权神授和绝对君权，这同英格兰已经较为成熟的议会政治产生矛盾，王室的财政困难使国会与君主的矛盾愈演愈烈。

15 世纪末新航路开辟以来，西班牙殖民者在美洲掠夺的大量金银涌入欧洲，加之人口增长和城市化进程，导致全欧范围内出现货币贬值，物价暴涨，这在欧洲历史上被称为"物价革命"（Price Revolution），自 15 世纪末起持续了约 150 年，对欧洲的政治、经济和社会结构产生了重大冲击[①]。这约 150 年间，全欧范围内的通货膨胀率在每年 1%~2%，以今天的标准而言，只能算通货紧缩。但考虑到工业革命前几千年的人类文明史中技术进步

---

① Peter Bernholz, Peter Kugler, "The Price Revolution in the 16th Century: Empirical Results from a Structural Vectorautoregression Model", WWZ Working Paper, No. 12/07, University of Basel, 2007, Center of Business and Economics(WWZ), Basel, https: //doi. org/10.5451/unibas-ep61240.

缓慢，经济增长平均下来不过每年半个百分点，平民特别是底层劳动人民的总体收入水平、生活水准和福利水平几乎没有可见的增长，且恩格尔系数显著高于现代社会，那么，相当于经济增长率 2~4 倍的通货膨胀率是相当可怕的。物价革命期间，各国王室普遍遭遇财政危机，以货币地租为主要收入来源的传统贵族地主经济实力相对下降，城市工商业资本家和拥有较多土地的富裕自耕农经济实力显著上升，政治诉求也愈加大胆、激进；贫农、佃农及城市底层劳动者的生计则更加艰难，导致民怨沸腾。各种力量交织作用，近代早期，欧洲各国普遍出现政治、社会和宗教动荡。

物价革命的余波也对中国等东方国家产生了冲击。相比欧洲更高的白银价格使明清时代的中国成为全球白银流动的最终目的地，白银是欧洲国家和日本对中国出口的最重要、最大宗的商品。明代中后期以来，大量白银自美洲和日本涌入中国，购买丝绸、茶叶、瓷器等商品，"外销瓷"等各类加工贸易开始兴起。大量增加的供给使白银成为中国的流通货币，促进了江南地区资本主义萌芽的出现和发展[1]。传统观点认为，欧洲 17 世纪的动荡和日本银矿资源的枯竭导致中国白银输入锐减，造成通货紧缩，成为晚明时期经济社会全面崩溃的原因之一。

当时英格兰王室也面临严重的财政危机，而国会，特别是主要由中产阶级控制的下议院，以拒绝批准新税项、拒绝增加财政

---

[1]　Andre Gunder Frank, "ReOrient : Global Economy in the Asian Age", University of California Press, 1998.

拨款为要挟，借机向王室要求更多政治让步。骨子里相信君权神授的詹姆斯一世对国会失去耐心，于 1604 年、1610 年和 1614 年三度解散国会，并在 1614—1621 年实行无国会统治。

除财政问题，另一项令詹姆斯一世对国会大为不满的事情是，国会不支持他提议的英格兰与苏格兰的正式合并（当然，苏格兰国会对与英格兰合并也持反对态度），拒绝承认其"大不列颠国王"的尊号。

但詹姆斯一世还是自封为大不列颠国王，并开启了英格兰和苏格兰两国币制的统一，而统一的大不列颠王国要近百年后方变成现实。

苏格兰有自己独特的币制。在苏格兰多处出土的各种罗马钱币表明，罗马不列颠尼亚和喀勒多尼亚之间贸易和资金往来相当频繁。中世纪早期，盎格鲁—撒克逊钱币在苏格兰通行，维京人也通过贸易和劫掠将多种钱币带到苏格兰，甚至包括东罗马和阿拉伯帝国的钱币。

苏格兰自造钱币始于大卫一世（David Ⅰ，1124—1153 年）国王在位时期。1136 年，大卫一世从英格兰国王斯蒂芬手中夺取了卡莱尔（Carlisle），接管了城中的造币厂和周围的银矿，开始在卡莱尔、爱丁堡等多地生产便士银币。苏格兰的便士银币形制、重量标准与同期英格兰便士银币相同，也有短十字、长十字等款式，只是正面使用国王的侧像，与同期英格兰钱币使用君主正脸胸像的习惯有所差异。这段时间，苏格兰和英格兰的便士银币可以互相通用。

大卫二世（David Ⅱ，1324—1371 年）开始对苏格兰钱币进行贬值，为此，1356 年，英格兰宣布禁止劣质的苏格兰银币进入英格兰。斯图亚特王朝的第一任君王罗伯特三世进一步对苏格兰便士进行贬值，使其实际价值只相当于英格兰便士的一半，而且将钱币正面改为英格兰风格的国王正脸头像，使其更易于与高价值的英格兰便士鱼目混珠，以此套利。因为当时普通百姓一般

图 49　苏格兰国王大卫二世的便士银币

注：该钱币制造于 1351—1357 年。

没有机会受教育，读不懂钱币上的拉丁文铭文，很容易将劣质的苏格兰便士错当成高质量的英格兰便士。这应该算是国家间"货币战争"的一种早期形式了。

　　罗伯特三世还成功地推出了苏格兰的第一款金币"金狮"（Gold Lion），正面为王冠和苏格兰王室的狮子盾形纹章，背面为苏格兰的主保圣人圣安德鲁在"×"形十字架上殉难。

图 50　詹姆斯三世和詹姆斯四世时期的苏格兰钱币

注：左上为詹姆斯三世的独角兽金币，右下为詹姆斯四世的独角兽金币。

　　詹姆斯三世（1452—1488年）时期，苏格兰的币值受勃艮第影响较大。他在位时期推出了"独角兽"（Unicorn）金币，价值 18 苏格兰先令，后因金价上涨，币值也先后上涨至 20 苏格兰先令和 22 苏格兰先令。

　　与英格兰相比，苏格兰人口较少，经济不发达，税

收潜力有限。于是，苏格兰君主的一项重要敛财手段就是不断降低钱币的重量标准和价值，钱币的质量每况愈下。每次发行新币，都要颁布谕旨强行收兑百姓手中的旧币。到詹姆斯一世入主英格兰时，苏格兰的币值只相当于英格兰币值的1/12，即1英格兰便士等于1苏格兰先令，1英镑等于12苏格兰镑。

苏格兰和英格兰成为共主邦联后，1604年，苏格兰摄政会议下令采用同英格兰相同的造币标准。新的"统一"（Unite）金币价值1英镑或12苏格兰镑，两国此后发行的金币和银币的重量和成色保持一致，但苏格兰可以保留自己的铜币。两国钱币上国王的尊号相同，即"大不列颠、法兰西和爱尔兰之王"，使用罗马数字标明面值时可以同时指代苏格兰先令或英格兰便士。两国的钱币仅有细微差异，比如1610年后，苏格兰钱币上苏格兰皇家的狮子纹章要比英格兰钱币上的更突出。

1636年，查理一世任命法国人尼古拉·布理奥（Nicolas Briot）为爱丁堡造币厂总监。尼古拉·布理奥出身于洛林的一个雨格诺派新教徒金属工匠世家，是当时欧洲最优秀的钱币和金属工艺大师，也是出色的机械工程师，曾任巴黎造币厂首席雕模师，为法王路易十三设计加冕勋章。他对金属冲压造币机械做出了重大技术革新，但并未被法国政府采纳。因欠下巨额债务，布理奥逃亡英格兰，得到查理一世的赏识，受委约为查理一世设计英格兰加冕勋章，以及国王头像金银币。后被派往苏格兰，设计国王的苏格兰加冕勋章。1630—1639年，布理奥在伦敦塔造币厂用金属冲压机械生产了一批钱币，并首次用机器生产便士银币。这批钱币品相堪称完美，足以证明机械造币的巨大优势，但皇家造币厂仍然拒绝全面采用机械造币，可能的原因是其他员工对布理奥的嫉妒。在爱丁堡造币厂总监任内，布理奥用金属冲压机械造币取代了苏格兰传统的手工打制造币工艺。到 1642 年，苏格兰的造币活动因英格兰内战停止。布理奥奉国王谕旨返回英格兰，将伦敦塔内的造币设备运走，随保皇军转战，生产战时钱币。布理奥设计制作的钱币和徽章雕模被认为是当时"金属工艺的瑰宝"。

共和国时期，爱丁堡造币厂被关闭，苏格兰使用共和国钱币。

1649 年 2 月 5 日，苏格兰国会宣布拥立查理二世为苏格兰国王，但直到 1664 年，查理二世并未在苏格兰生产钱币。1664年后，查理二世在苏格兰发行了几款以默克（Merk）为单位的银币。默克是 16 和 17 世纪的一种苏格兰银币，起初 1 默克的价值为苏格兰重量单位 13 先令 4 便士，即 2/3 苏格兰磅，大致相当于 1 英格兰先令。但默克的含银量只有 50%，另外 50% 为贱金属。1677 年，查理二世又在苏格兰推出包比（Bawbee）铜币，价值 6苏格兰便士，正面图案为象征苏格兰的蓟花。詹姆斯七世（英格兰的詹姆斯二世）即位后将银币改回先令面值，当时 1 英格兰先令可兑换 13 苏格兰先令。

1707 年两国正式合并后，按照《联合法案》的要求，新的大不列颠联合王国应使用统一的货币，为此，苏格兰发行了新款式的银币，但金币和铜币暂不涉及。苏格兰的新币制造和发行由科学巨人伊萨克·牛顿爵士负责。此前在英格兰皇家造币厂总监任内，牛顿刚刚领导完成了英格兰的货币再造。苏格兰对英格兰货币的汇率被确定为 12 : 1，新币采用金衡标准，即每磅 12 金衡盎司，而非苏格兰传统的每磅 16 金衡盎司。新款钱币同时在伦敦和爱丁堡生产，其中爱丁堡生产的正面国王胸像下方有字母 E 标记以示区别。来自伦敦塔造币厂的技师赴爱丁堡监督生产王冠、半王冠、先令、六便士等不同面值的银币，总价值 320372 英镑零 12 先令，约相当于 2017 年的 33616152.28 英镑[①]。苏格兰盖尔语称先令为斯基林（Sgillinn），货币重造后，这一词汇改指便士。1971 年英国货币改用十进制后，斯基林指新币的 1 便士，沿用至今。1707 年 10 月 6 日起，外国钱币不能再用作法偿货币；1708 年 2 月 10 日起，货币重造前生产的苏格兰旧币也不可再作为法偿货币。最后一批新币于 1709 年 10 月 5 日从爱丁堡造币厂出厂，这是苏格兰生产的最后一批钱币。

尽管《联盟条约》第十六条规定苏格兰有权保留自己的造币厂，但货币重造后，爱丁堡造币厂仅保留管理人员，员工被遣散，不再生产钱币，直到 1817 年最终关闭。苏格兰民族主义者要求自造钱币的抗议呼声则自那时起一直持续到 20 世纪 50 年代。今天，苏格兰银行（Bank of Scotland）、苏格兰皇家银行（Royal Bank of Scotaland）及克莱兹戴尔银行（Ckydesdale Bank）获准发行自己的英镑纸币，可在全英通用，但没有生产和发行硬币。苏格兰也是英国唯一还在使用 1 英镑纸币的地区。

---

① 英国国家档案馆网站币值换算器：1290-2017, https://www.nationalarchives.gov.uk/currency-converter/。

第二节
詹姆斯一世的货币体系

　　詹姆斯一世时期英格兰推出了法浔（Farthing，1/4便士）铜币，以解决流通中缺少小面值辅币找零的问题。小面值辅币使用铜制造在当时的欧洲大陆和苏格兰已成为常态，但在英格兰，民众信赖金银的心理使然，直到当时都没有发行官方的法偿贱金属辅币，只有一些贵族领主、教会和富商巨贾获准发行小面值贱金属代币（Token）以满足本地区商业流通需求。詹姆斯一世的法浔铜币为英格兰首例法偿铜币，民众也接受了。

　　在当时欧洲物价革命的大背景下，英格兰通货膨胀也较为严重，便士银币的购买力日渐下降，其在经济生活和币制中的地位也日渐下降。1603—1604年第一次造币期间，便士银币的正面为国王胸像，朝向右侧，拉丁文铭文"I D G ROSA SINE SPINA"（璀璨的无刺玫瑰），背面的王室盾形纹章上则加上了苏格兰王室的红狮纹章。1614年之后的两次造币期间，银币正面图案改为玫瑰，铭文不变；背面改为象征苏格兰的蓟花，环绕铭文"TUETUR UNITA DEUS"，意为"愿上帝守护联合（的王国）"。

　　詹姆斯一世时期没有发行新的三便士银币；六便士银币背面的铭文为两段《圣经》经文轮换，即"EXVRGAT DEVS DISSIPENTVR INIMICI"，出自《旧约·诗篇》68：1，意为

"愿神兴起，使他的仇敌四散"^①，及"QVAE DEVS CONIVNXIT NEMO SEPARET"，出自《马太福音》19：6，意为"神配合的，人不可分开"^②，以昭示其一统两国的决心。

先令银币形制基本沿袭伊丽莎白一世女王时期，但正面国王头像前方开始出现罗马数字面值标记Ⅻ，即 12 便士。

詹姆斯一世朝新发行的金币有雅各布斯（Jacobus）、玫瑰里亚尔（Rose Ryal）、马刺里亚尔（Spur Ryal）、统一（Unite）、桂冠（Laureal）、半桂冠（Half Laureal）等。

雅各布斯金币价值 20 先令，正面为国王头像，环绕拉丁文铭文"IACOBUS D G MAG BRIT FRA ET HI REX"，意为"雅各布斯，奉天承运大不列颠、法兰西和爱尔兰之王"，其中雅各布斯是詹姆斯的拉丁文拼法。牛顿在致洛克的一封信中提到这款金币：

"价值 20 先令的雅各布斯金币重 1/41 金衡磅，与价值 20 先令的卡洛斯金币（Carolus，查理一世时代发行的一款金币）同等重量。但通过称量发现，宽版雅各布斯重 1/38 金衡磅。"

通过这段描述，我们推算出雅各布斯金币和宽版雅各布斯金币的重量折合公制分别为 9.10 克和 9.82 克。

玫瑰里亚尔金币于 1604 年推出，价值 30 先令（1.5 英镑），是在伊丽莎白一世女王的"至尊"金币基础上的改进版，今天罕

---

① 中文译文出自：《圣经·旧约》，简化字现代标点和合本，中国基督教两会 2005 年印刷，第 904 页。

② 中文译文出自：《圣经·旧约》，简化字现代标点和合本，中国基督教两会 2005 年印刷，第 36 页。

有存世。其得名源于背面的玫瑰图案。1604—1619 年（第二次造币时期），玫瑰里亚尔金币的正面图案为国王端坐御座，脚下为吊门，环绕拉丁文铭文 "IACOBUS D G MAG BRIT FRA ET HI REX"，意为 "雅各布斯，奉天承运大不列颠、法兰西和爱尔兰之王"，其中雅各布斯是詹姆斯的拉丁文拼法。背面底板图案为都铎玫瑰，玫瑰之上叠加皇室盾形纹章，边缘为拉丁文铭文 "A DNO' FACTU' EST ISTUD ET EST MIRAB' IN OCULIS NRS"，系 "A DOMINO FACTUM EST ISTUD ET EST MIRABILE IN OCULIS NOSTRIS" 的缩写，出自《圣经·旧约·诗篇》118：23，意为 "这是耶和华所做的，在我们眼中看为稀奇"[①]。1619—1625 年（第二次造币时期），玫瑰里亚尔金币正面国王像有所修改，其余未变；背面的盾形纹章上加上了罗马数字 X X X 标明面值 30 先令，纹章周围环绕玫瑰、狮子和百合花，分别象征英格兰、苏格兰和法兰西，铭文不变。

图 51　詹姆斯一世第二次造币时期的玫瑰里亚尔金币

注：该钱币重 13.68 克，于 1605—1606 年制造。

马刺里亚尔金币是极为罕见的一款金币，其得名是因为背面的太阳和玫瑰形似马刺。詹姆斯一世第一次造币时期的马刺里亚尔金币价值 15 先令，到 1612 年上涨 10%，至 16 先令 6 便士（16/6）。第一次造币

---

① 　中文译文出自：《圣经·旧约》，简化字现代标点和合本，中国基督教两会 2005 年印刷，第 965 页。

时期的马刺里亚尔金币正面为国王在战舰上，手持剑和盾，环绕拉丁文铭文 "IACOBUS D G MAG BRIT FRA ET HI REX"，意为"雅各布斯，奉天承运大不列颠、法兰西和爱尔兰之王"。背面图案为芒星，芒星中央为玫瑰，四角为狮子和王冠，边缘为拉丁文铭文 "A DNO' FACTU' EST ISTUD ET EST MIRAB' IN OCULIS NRS"，意为"这是耶和华所做的，在我们眼中看为稀奇"[①]。詹姆斯一世第三次造币期间的玫瑰里亚尔金币重量有所减轻，币值降至 15 先令。正面图案改为狮子持权杖，狮子身前为皇家盾形纹章，盾形纹章两侧为罗马数字 X（10）和 V（5），表示面值 15 先令，铭文不变；背面图案与第一次造币时期的相同。

统一金币是继都铎王朝的"至尊"金币之后英格兰发行的第二款价值 20 先令（1 英镑）的金币，在詹姆斯一世第二次造币时期推出。但随着欧洲金价上涨，1612 年，统一金币币值上涨至 22 先令。这款金币得名于其铭文中体现的国王一统英格兰和苏格兰的愿望。金币正面为国王胸像，持十字圣球和权杖，不同批次的造币上国王的胡须略有不同，有拉丁文铭文 "IACOBUS D G MAG BRIT FRA ET HI REX"（"雅各布斯，奉天承运大不列颠、法兰西和爱尔兰之王"）。背面图案为盾牌，上有王冠，盾牌上为四个国家的纹章，盾牌两侧为拉丁文字母 "IR"，即"詹姆斯国王"，币缘环绕拉丁文《圣经》经文 "FACIAM EOS IN GENTEM UNAM"，出

---

① 中文译文出自：《圣经·旧约》，简化字现代标点和合本，中国基督教两会 2005 年印刷，第 965 页。

自《旧约·以西结书》37 ∶ 22，意为"我要使他们成为一国"[①]。

价值 20 先令的统一金币在詹姆斯一世后的各代君主及共和国时期均有生产，共和国时期的统一金币铭文弃用拉丁文，改用英文，因为主导共和国的清教徒将拉丁文视为天主教的旧俗，应予摒弃。统一金币一直沿用至 1663 年价值 21 先令的机器制作几尼金币（Guinea）推出。从 1663 年起直到 1813 年推出新款"至尊"金币，英国没有再发行过价值 20 先令（1 英镑）的金币。

桂冠金币是英国发行的第三种价值 20 先令（1 英镑）的金币，得名于正面头戴桂冠的国王胸像，质量和设计显著逊于此前的至尊金币和统一金币，重 140.5 格令，合 9.1 克或略少于 1/3 盎司，比统一金币略轻，但同后来查理一世时期的统一金币基本相同。正反面铭文同统一金币。

半桂冠金币是继半至尊金币和双王冠银币后英格兰的第三款价值 10 先令的钱币。推出半桂冠金币起初的目的是替代双王冠银币，但随着金价上涨，到 1612 年，半桂冠金币价值提升至 11 先令。

第三节
英国东印度公司的建立

现代英语中有不少从印地语中引进的词汇，其中最早出现在英语中的印地语词汇之一是"loot"，用作动词时指劫掠，用

---

① 　中文译文出自：《圣经·旧约》，简化字现代标点和合本，中国基督教两会 2005 年印刷，第 1384 页。

作名词时指劫掠来的赃物。东印度公司在印度活动的历史很大程度上就是"劫掠"的历史，以至于今天，全球收藏莫卧儿时代印度文物、艺术品和珍宝最多的机构不在印度，而是英国威尔士的波依斯城堡（Powis Castle），其中的收藏系由曾任东印度公司驻孟加拉总督的陆军少将罗伯特·克莱武男爵（Robert Clive, 1st Baron Clive, 1725—1774 年）劫掠来的"战利品"。仅在 1757 年普莱西战役（Battle of Plassey）后，克莱武就从孟加拉掠夺了价值 16 万英镑的财富，约合现在的 1600 万英镑以上，东印度公司则从孟加拉纳瓦布（Nawab of Bengal）[①] 的藩库中抢走了价值 250 万英镑的财富，相当于今天的 2.6 亿英镑，装在 100 艘船中顺恒河而下运往位于加尔各答威廉要塞的公司总部。克莱武离开印度衣锦还乡时，从印度汇回英国 23.40 万英镑的个人财富，是当时欧洲靠"白手起家"成为巨富的第一人。而这一切都起源于一群伦敦商人的一次聚会。

1599 年 9 月 24 日，在莎士比亚的环球剧院以北约一英里、距离泰晤士河岸步行不到 20 分钟的地点，一栋摇摇欲坠的半木质房子里，一群伦敦人正在召开会议，公证人带着羽毛笔和墨

---

① 南亚次大陆穆斯林王公的尊号。在莫卧儿时代本来是指行省总督，后演变为奉莫卧儿正朔的半自治世袭穆斯林诸侯，英国殖民统治时期指英属印度帝国治下土邦（Princely State）的穆斯林王公。信奉印度教和锡克教的王公最常见的尊号则是"大君"（Maharaja），如克什米尔大君。印度和巴基斯坦独立后废黜了土邦王公的统治权力，但很多王公依然保留过去的尊号，且直到今天依然拥有巨大的财富。

水瓶负责记录。参加会议的包括伊丽莎白时代伦敦中产阶级的精英，由时任伦敦市长斯蒂芬·索阿姆爵士（Sir Stephen Soame，1540—1619年）主持。与会者中最有影响力的是伦敦市府审计长托马斯·斯迈斯爵士（Sir Thomas Smyth，1558—1625年）。此前几年，斯迈斯协助成立了黎凡特公司（Levant Company），专营中近东贸易，他本人也凭借从希腊列岛进口葡萄干及从阿勒颇进口香料赚下万贯身家。除了上述工商界闻人，据公证人的记载，与会者有诸多中小工商业者，包括杂货商、绸缎商、皮货商、酒商等；还有当年追随德雷克和雷利麾下在加勒比海劫掠西班牙宝船的退休老海盗（按照伊丽莎白时代英格兰社会的委婉说法自称"私掠者"），以及未来的北极探险家、巴芬湾（Baffin Bay）的命名者威廉·巴芬（William Baffin，1584—1622年）；等等。聚会的目的是起草一份致伊丽莎白一世女王的祈请表文，要求设立一家公司，"远航到东印度及其他土地和国度，致力于贸易"。此前两天，斯迈斯召集了101位伦敦富商作为基石投资者，要求每人认缴100~3000英镑资本金，共计募集了30133英镑6先令8便士，相当于今天的400多万英镑[①]。这些投资者草拟了一份公司章程，并亲手写下自己的认缴资本金额。

史学家喜欢用"上帝视角"审视过去，人为臆造"历史的必然规律"，归纳出一二三四条英国东印度公司必然崛起的原因。但如果你是一个17世纪初的买方分析师，恐怕不会觉得这家初

---

① 英国国家档案馆网站币值换算器：1290–2017，https://www.nationalarchives.gov.uk/currency-converter/。

创公司有什么了不起的投资价值。当时的英格兰依然只是一个相对贫困落后的农业国，工商、金融、科技和城市化发达程度远不足与同时期的意大利和荷兰相提并论，人口、经济和常备军规模也远不如西班牙和法国，宗教改革又使其自绝于欧洲最有权势的传统势力天主教会及信奉天主教的哈布斯堡王室，只能将目光投向更加遥远的国度寻找贸易和殖民机会。此时西班牙和葡萄牙已经在美洲、亚洲和非洲建立了庞大的"日不落"殖民帝国和全球贸易网络，英格兰从这一网络中分一杯羹的最初做法是赞助德雷克、雷利等航海家组织私掠船劫掠西班牙和葡萄牙运送美洲金银的宝船舰队（Treasure Fleet）。这种做法在今天看来是一种国家支持的有组织犯罪行为，当时的西班牙驻英格兰大使曾痛斥被英格兰政府和民众奉为民族英雄的雷利为"海盗、海盗、海盗"。但除了劫掠，英格兰在探寻新航路、设立永久性贸易据点和殖民地的尝试等方面都显得异常业余、笨拙，鲜有拿得出手的成就。

荷兰作为新兴全球贸易和殖民强权的崛起给予了英格兰商人紧迫感和新的灵感。荷兰对盛产香料的摩鹿加群岛（Maluku，今属印度尼西亚）的征服和殖民不仅为荷兰创造了巨额暴利，荷兰人主导的新的香料贸易航道更威胁到英格兰黎凡特公司赖以生存的通过叙利亚阿勒颇转口的香料贸易。黎凡特公司的股东和管理层感觉有必要效仿荷兰人的做法，成立一家公司专营与东印度的贸易。促使伦敦商人最后下定决心成立东印度公司的是一个偶然事件：一个荷兰代表团来到伦敦，表示愿意收购英格兰未来几年的海运运力，为荷兰的东方贸易服务。这极大刺激了伊丽莎白时代伦敦商人的自尊，他们高傲地告知荷兰使节："我们伦敦商人需要我们所有的船只，没有剩余可以出售给荷兰人。我们自己要同东印度进行贸易。"①

　　当时的远洋航行和贸易是极其昂贵和高风险的活动，装备一艘远洋商船同装备一艘军舰几乎没有差别，也需要配备火炮、有经验的炮手和火枪手，先期投资以当时的标准而言堪称天价，远远超过任何一位个人投资者甚至国家财政的实力，因此，股份制成为必须。股份制企业是英格兰都铎时代的一项伟大创新，其起源是中世纪的行会制度下同属一个行会的工商业者共同投资，各自承担有限责任，以承接个人无力承担的大项目。到了都铎时代，一个巨大的飞跃是股份公司可以接受被动投资者认购股权，实现所有权和经营权分离，而且股权可以买卖转让；不论股东如何变化，公司本身都是具备法律人格、永续存在的实体。英格兰的第一家股份制企业是成立于1553年的莫斯科公司（Muscovy Company），经营经由波斯通往俄罗斯的陆上贸易，该公司于1555年获得皇家特许状（Royal Charter）。此后，伦敦的商人以此模式先后组织了从事中近东贸易的黎凡特公司和从事非洲奴隶贩卖的塞拉利昂公司（Sierra Leone Company）。因此，从组建、募资、获得皇家特许状等方面而言，东印度公司有了成熟的先例可循。

　　1600年9月23日，女王谕旨批复东印度公司成立。当年12月31日，由218位"冒险家"（Adventurers）组成的"总董及从事东印度贸易的伦敦商人公司"（Governor and Company of

---

①　William Dalrymple, "The Anarchy: The Relentless Rise of The East India Company", Bloomsbury Publishing, 2019, p.6.

Merchants of London trading to the East Indies）正式收到皇家特许状，在未来 15 年内拥有对东印度贸易的独占权，以及半主权地位，允许公司在其控制的海外领地进行统治并征集军队。在当时，独占权意味着没有公司颁发的执照，任何英格兰企业或个人不得在相关地区从事贸易活动，否则其船只和货物可被没收，相关责任人可被逮捕入狱。特许状提名斯迈斯为首任总董（Governor），24 名董事组成董事会（Court of Directors），董事会由股东大会（Court of Proprietors）任命并向后者汇报工作，董事会下设十个委员会。

显然女王陛下在授予公司皇家特许状时绝对未预见到公司未来的发展，其中的用语有些过分宽泛。比如"东印度"一词涵盖了好望角以东、麦哲伦海峡以西的全部海域和地域，汇集了全球贸易的 2/3，这也使东印度公司几乎从一开始即遭到英格兰国内主张自由贸易的人士的愤恨。未来的两个半世纪里，东印度公司将统治整个南亚次大陆，拥有自己的行政体系、军队、法庭、外交政策，发行自己的钱币，自行征税、宣战和媾和。巅峰时期，东印度公司的军队拥有三个方面军（孟加拉、马德拉斯和孟买方面军）、26 万人，士兵主要是在印度殖民地招募的当地兵员（Sepoy），由英国军官和士官指挥，规模相当于同时期英国陆军正规军的两倍。18 世纪下半叶至 19 世纪初，东印度公司的贸易额占据当时全球贸易的半壁江山，成为当时全球最大的企业。对于英国贫穷的乡村小贵族、不能指望继承爵位和财产的贵族家的小儿子以及野心勃勃但没有家世背景可资凭借的中产阶级子弟等各类"恶少年"而言，加入东印度公司出任职员或军官，是发家致富、光耀门楣的终南捷径。东印度公司的员工在海外赚得巨额财富，在英国投资于各项事业，公司也利用其影响力游说国会、操纵舆论，对英国的对外政策影响巨大。古典经济学的奠基人之一詹姆斯·密尔（James Mill，1773—1836年）及其子、自由主义哲学家、《政治经济学原理》（*Principles of Political Economy*）的作者约翰·密尔（John Stuart Mill，1806—1873年）都曾是东印度公司的高级职员。

1601年2月13日，东印度公司开始第一次远航，共计5艘船只，由著名的私掠船船长、公司董事詹姆斯·兰开斯特爵士（Sir James Lancaster，1554—1618年）指挥，旗舰为富于传奇色彩的"红龙"（Red Dragon）号。船队于当年6月抵达苏门答腊北部的亚齐（Aceh）苏丹国，该国对绕过荷兰人而与英格兰开展直接贸易反响相当正面，给予东印度公司优惠待遇。"红龙号"又在马六甲海峡袭击了满载货物的葡萄牙卡拉克大帆船"圣多美"（Sao Tome）号，胜利返航伦敦，恰逢伊丽莎白一世女王驾崩，詹姆斯一世即位，新君钦赐兰开斯特骑士头衔。

但几次尝试后英国东印度公司发现，以其当前的实力想要挑战荷兰东印度公司对香料贸易的垄断是不可能完成的任务，而随着1604年英西两国正式签订和平条约，英格兰船只也不能再肆无忌惮地劫掠西班牙和葡萄牙船只。因此，东印度公司决定将战略重心转向当时在欧洲竞争较少、但具备相当发展潜力的三宗商品的贸易，即精细棉布、靛蓝和印花棉布。当时这三宗商品的最主要来源地是印度。

1608年，公司船队首次抵达印度，并于1613年在印度古杰拉特的苏拉特（Surat，Gujarat）设立了第一个货栈（factory）。当时南亚次大陆大部分地区处在莫卧儿帝国（Mughal Empire）统治下。"莫卧儿"一词是波斯语"蒙古"之意。帝国的开国皇帝巴布尔（Babur，1483—1530年）是来自中亚费尔干纳山谷（Fergana Valley）的突厥化蒙古贵族，帖木儿和成吉思汗的后裔，信奉伊斯兰教，秉承波斯语言和文化。在东印度公司游说下，1615年，詹姆斯一世派遣外交官托马斯·罗爵士（Sir Thomas Roe，1581—1644年）抵达莫卧儿帝国首都阿格拉（Agra），拜会莫卧儿帝国第四任皇帝贾汗吉尔（Nur-ud-Din Muhammad Salim，1569—1627年），试图建立正式的双边经贸关系。

正处在鼎盛时期的莫卧儿与同期明朝的中国是当时世界人口最多、经济规模最大的两大帝国，人口在1.1亿~1.5亿，继阿格拉后成为帝国首都的德里，极盛时人口达到200万人，是当时全球第一大都会。作为太平天子，贾汗吉尔皇帝的文治武功无足称道，只爱"诗与远方"：文学、艺术、音乐、建筑、奢靡的生活，以及遥远的国度及其各种奇珍异宝。莫卧

图52　莫卧儿帝国贾汗吉尔皇帝

注：此为莫卧儿帝国宫廷画家比契特（Bichitr）作品，创作于17世纪早期，纸本描金，现为爱尔兰都柏林切斯特·比替图书馆（Chester Beatty Library）藏。

儿帝国宫廷的奢华、城市的繁荣和工匠的技艺令英格兰人叹为观

止，英格兰使团的寒酸、小气则没给皇帝留下什么深刻印象。与一个远在天边的蛮夷小邦的贸易和邦交显然不是值得令皇帝分心的问题，还不如同苏菲派托钵僧（Dervish）探讨宇宙奥义来得重要，以至于在日记中托马斯爵士不断抱怨着皇帝和莫卧儿帝国宫廷的繁文缛节、词不达意和眼高于顶，与100多年后马嘎尔尼勋爵（George Macartney，1st Earl of Macartney，1737—1806年）出使乾隆皇帝宫廷的经历几乎一模一样。

尽管最终莫卧儿帝国并未授予东印度公司多少实质性的贸易便利，但这次访问毕竟开启了正式的双边关系。在接下来的岁月里，东印度公司将学会如何在莫卧儿帝国的政治体系中游刃有余地运作，以至于公司表现得不像一个企业法人，而是一个拟人化的、印度—波斯文化的产物"公司大人"（Kampini Bahadur）[1]。

从18世纪起，莫卧儿帝国在内忧外患中分崩离析，首都德里先后遭马拉塔（Maratha）[2]、波斯、阿富汗等外敌攻占、洗劫，连帝国至尊的孔雀御座（Peacock Throne）都被波斯统治者纳迪尔沙阿（Nader Shah，1688—1747年）掳走，御座上镶嵌的无价珍宝直到今天还装饰着伊朗沙阿的皇冠、俄国沙皇的权杖和英国王

---

[1]　William Dalrymple, "The Anarchy: The Relentless Rise of The East India Company", Bloomsbury Publishing, 2019, p.6.

[2]　印度中部和西部讲马拉地语的武士民族，信奉印度教，以剽悍尚武著称，1674—1818年建立了一个强大的印度教帝国马拉塔邦联（Maratha Confederacy），终结了莫卧儿帝国在南亚次大陆的统治，并同东印度公司进行了三场战争，最终不敌。马拉塔邦联是印度历史上最后的印度教帝国，帝国的灭亡标志着东印度公司基本控制了整个南亚次大陆。英属印度帝国时期，很多土邦由马拉塔贵族统治，直到印度独立后才废除土邦王公的统治权。

太后的御冕。纳迪尔沙阿从德里抢掠了如此之多的财富，凯旋波斯后，他宣布全国免税三年。1757年后，德里实际上被马拉塔人所控制，莫卧儿皇帝颠沛流离。乘莫卧儿帝室衰微、南亚次大陆群雄逐鹿之际，东印度公司巧妙地利用印度的宗教、文化和民族矛盾，依托欧式组织、装备和训练的本地人军队，以及凭借从本地银行家获得优惠贷款支持战争的能力，开始了对印度的军事征服。从孟加拉开始，公司军队击败了莫卧儿帝国和地方军阀势力、法国等殖民活动的老对手，以及马拉塔邦联、迈索尔（Mysore）王国、锡克帝国等本土新兴势力，只用了不到半个世纪的时间就控制了南亚次大陆的绝大部分地区，建立了庞大、严密的殖民统治体系。英国现行的公务员制度即可溯源至东印度公司在印度的文官体系。东印度公司的横征暴敛造成诸多人道主义灾难，其中最臭名昭著的是1770年的孟加拉大饥荒（Great Bengal Famine of 1770），受灾人口多达3000万人，死亡人口可能多达1000万人。到1858年，在镇压了印度民族大起义后（Indian Rebellion of 1857），东印度公司废黜并放逐了莫卧儿帝国的末代皇帝巴哈杜尔沙二世（Bahadur Shah II，1775—1862年），莫卧儿帝国正式灭亡。这位末代皇帝最终客死英属缅甸殖民地，葬在仰光大金塔。

也是在同一年，英国国会通过了《1858年印度政府法案》（*Government of India Act of 1858*），要求东印度公司将对印度的统治权移交英国政府。此前，东印度公司早已变得"大而不能倒"，一方面，公司亏损惨重，不断需要英国政府动用公共资金注资救助，甚至超过了英国政府和英格兰银行的财务实力所能负担的程度；另一方面，公司的股东、管理层和高级职员则赚得盆满钵满，成了巨富，造成严重的"利润私有化、亏损社会化"的道德风险，引起英国朝野的极大不满。1874 年 6 月，东印度公司最终解散。今天的英国仍有一家企业名为东印度公司，并在网站上标榜自己是历史上的东印度公司的后继者，但这家公司实际上只售卖咖啡，同历史上的东印度公司并无关联。

图 53　东方向不列颠尼亚女神奉献财富

注：此为东印度公司总部营收委员会办公室天顶画，希腊画家 Spyridione Romas 于 1778 年创作。

第四节
印度流通的英国货币

英国殖民统治下的印度主要涵盖今天的印度、巴基斯坦和孟加拉三国。英属缅甸、阿拉伯半岛的亚丁等殖民地也算在英属印度帝国的封疆内。本部分除非另有说明，"印度"均指代英国殖民统治下的整个南亚次大陆，而不仅限于现代印度国家。

英国对印度进行殖民统治时期沿用了莫卧儿帝国的币制。按照莫卧儿帝国的币制，1 莫霍尔（Mohur）金币重 169 格令（10.95 克），可兑换 15 卢比（Rupee）银币，1 卢比银币重 178 格令。当时印度的货币换算为：

1 派（Pie）=1/3 派斯（Pice）=1/12 安那（Anna）

1 派斯 =1/4 安那 =1/64 卢比

1 安那 =1/16 卢比

1 卢比 =1/15 莫霍尔

其中，因印度与同期的中国一样实行银本位制度，黄金为商品而非货币，所以莫霍尔金币的价值随行就市，长期来看平均水平在 15 卢比上下。

南亚次大陆是世界上最早使用钱币的地区之一，关于印度钱币的最早记载见于孔雀王朝（Maurya Dynasty，公元前 322 年—前 184 年）月护王（Chandragupta Maurya，公元前 350 年—前 295 年）的谋臣考底利耶（Kautilya，公元前 350 年—前 275 年）的著作《政事论》（Arthashatra），其中提到孔雀王朝的钱币有银币、铜币、铅币等。其中，银币称为卢比亚（Rupya），词根为梵文词汇 Rupa，意为美丽的外形。

"卢比"（rupee）源自 rupya，意为"打制成美丽外形的白银"。"莫霍尔"源自波斯语词汇 muhr，与梵语词汇 mudra 同源，意为"印章"。莫霍尔和卢比均由苏尔帝国（Sur Empire）苏丹舍尔沙（Sher Shah Suri，1486—1545 年）最先推出。苏尔帝国是阿富汗普什图人（Pushto）在南亚次大陆北部建立的一个穆斯林王朝，在 16 世纪极盛时曾一度将巴布尔之子、莫卧儿帝国第二代皇帝胡马雍（Humayun，1508—1556 年）赶出印度，控制了南亚次大陆北部的大部分地区。舍尔沙死后，莫卧儿帝国卷土重来，最终灭亡苏尔帝国，但沿用了舍尔沙的币制。

　　东印度公司在印度属地的一级行政区划分为三个管辖区（Presidency），即南部的马德拉斯管辖区（Madras Presidency）、西部的孟买管辖区（Bombay Presidency）和东部的孟加拉管辖区（Bengal Presidency）。很长一段时间内，印度的大部分地区仍处在莫卧儿帝国以及后来的拉杰普特（Rajput）人[①]和马拉塔人土邦王公的控制下，起初三个管辖区各自发行自己的货币，直到1835 年东印度公司统一在印度的币制。

　　早期东印度公司管辖区的钱币一般模仿当地钱币或莫卧儿帝国钱币，以期能被更广泛接受。孟加拉管辖区的钱币采用莫卧儿风格，马德拉斯管辖区的钱币则采用南印度风格，而孟买管辖区的钱币有莫卧儿和欧式两种风格。当时法国东印度公司在印度的本地治里（Pondichery）殖民地，也就是小说和电影《少年派的奇幻漂流》（Life of Pi）中少年派的故乡，也发行莫卧儿式样的卢比银币。葡萄牙属果阿（Goa）殖民地则发行自己的卢比亚（rupia）银币，与印度卢比等值。

　　1672 年 12 月，东印度公司在孟买设立造币厂，生产欧洲式样的金、银、铜和锡币。这些钱币的款式和重量标准基本遵循在印度较为通用的葡萄牙果阿殖民地钱币的标准，金币被称为卡罗来纳（Carolina），银币被称为盎格丽娜（Anglina），铜币被称为铜龙（Copperoon），锡币被称为提尼（Tinny），48 铜币兑换 1 银

---

　　① 源自梵语 raja-putra，意为"国王之子"，印度北部和中部的武士种姓，自认为是古代刹帝利种姓的后裔，以印度教徒为主，但也有人改宗伊斯兰教。英国殖民时期，被英国殖民政府划分为"尚武种族"（Martial Race）。直到印度和巴基斯坦独立时，英属印度帝国的多数土邦的王公均为拉杰普特人。

币。金币从 1717 年才开始生产。银币和铜币正面为东印度公司的盾形纹章，外围环绕拉丁文铭文 "HON : SOC : ANG : IND : ORI"，即 "Honorabilis Societas Anglicana Indiarum Orientalium" 的简写，意为 "可敬的东印度公司"；背面中心为拉丁文铭文 "MON BOMBAY ANGLIC REGIMS A° 7°"，意为 "英格兰治下的孟买货币第七年（发行）"，外围环绕拉丁文铭文 "A DEO PAX & INCREMENTVM"，意为 "上帝赐予的和平与增长"。

但欧式钱币在欧洲人定居点以外并不受欢迎。尽管设有自己的造币厂，东印度公司主要还是将金银锭送往莫卧儿帝国的造币厂生产钱币或私造当时在位的莫卧儿皇帝的通用钱币。1717 年，莫卧儿皇帝法鲁克西亚（Farrukhsiyar，1685—1719 年）御准东印度公司设在孟买岛上的造币厂可以以皇帝的名义生产莫卧儿法偿钱币。

为东印度公司生产钱币的主要是苏拉特、孟买和艾哈迈达巴德（Ahemedabad）的造币厂。1621—1800 年，东印度公司将贵金属送往苏拉特纳瓦布控制下的造币厂制造莫卧儿帝国的莫霍尔金币和卢比银币。由于苏拉特造币厂的产能跟不上东印度公司的需求，1636 年起，公司开始将白银送到艾哈迈达巴德造币厂生产卢比银币。后来艾哈迈达巴德造币厂也为东印度公司孟买管辖区生产卢比银币，这些银币奉穆罕默德·阿克巴沙二世（Akbar Shah Ⅱ，1760—1837 年）皇帝（莫卧儿帝国的倒数第二任皇帝）的名义制造，钱币上显示的年代为伊斯兰教历 1233—1241 年，即公元 1817—1825 年。

苏拉特造币厂于 1800 年被东印度公司控制，并在公司控制下继续以莫卧儿皇帝沙·阿拉姆二世（Shah Alam Ⅱ，1728—1806年）的名义生产莫霍尔金币、卢比银币及各类面值的辅币，直到1815年造币厂关闭。不论具体生产年份，这段时间该造币厂生产钱币上一直标示的发行时间为皇帝登基后的第46年。这可能是因为当时印度的钱币兑换商（Shroff）在接受旧币时，不论钱币自身品相如何，都会借口磨损大打折扣，以此巧取豪夺。

1765年8月，莫卧儿皇帝沙·阿拉姆二世被迫与东印度公司签订《阿拉哈巴德条约》（Treaty of Allahabad），将孟加拉、比哈尔（Bihar）、奥里萨（Orissa）三地的征税权（Diwani）授予东印度公司，在这三地的莫卧儿行政管理体系也相应解散，由东印度公司接管；公司每年向皇帝缴纳260万卢比贡金以供宫廷用度，相当于26万英镑。这一条约标志着东印度公司对印度统治的开始。莫卧儿帝国沦为仰东印度公司鼻息的傀儡小邦，莫卧儿皇帝的境遇则类似我国历史上的周赧王、汉献帝，政令不出首都德里。但东印度公司统治的孟加拉管辖区的钱币继续以莫卧儿皇帝阿拉姆吉尔二世（Alamjir Ⅱ，1699—1759年）和沙·阿拉姆的名义发行。

控制几乎整个南亚次大陆后，1835年，东印度公司统一了币制，开始发行带有英王威廉四世（William Ⅳ，1765—1837年）头像的机制钱币，1840年后发行维多利亚女王头像的钱币，但仍沿用莫卧儿帝国的标准，面值用英语和波斯语双语标示。波斯语长期是莫卧儿帝国的宫廷和政府工作语言。在钱币收藏市场上，1835款东印度公司威廉四世头像双莫霍尔金币是珍稀的佳泉。2012年2月，在印度班加罗尔的一场拍卖会上，1枚威廉四世头像双莫霍尔金币以 115 万卢比成交，按当时汇率折合约 2.3 万美元[①]。

1858 年，东印度公司将印度的统治权移交英国政府，1862 年起，印度的造币权由英国政府控制，直到 1947 年印度和巴基斯坦独立。英印殖民政府发行的首款钱币为维多利亚女王胸像莫霍尔金币，基本沿袭东印度公司时代的标准，重 11.66 克，可能生产于 1866—1869 年，但钱币上的年代显示为 1862 年，制作异常精美。1876 年，维多利亚女王上尊号"印度女皇"（Empress of India）， 钱

图 54　东印度公司在印度发行的 1835 款威廉四世头像双莫霍尔金币

注：该钱币是东印度公司加尔各答造币厂 1835 年出品，重 23.32 克，直径 32 毫米。正面为英文威廉四世侧像，颈部有英文字母 R. S.，系时任加尔各答造币厂总监罗伯特·桑德斯（Robert Saunders）姓名首字母缩写，边缘英文铭文"威廉四世，国王"，阿拉伯数字"1835"；背面为狮子和棕榈树图案，英文"东印度公司"铭文及英文大写和波斯文"贰莫霍尔"字样标示面值。

币正面的铭文也相应改为"维多利亚女皇"（Victoria Empress）。其后的英国国王爱德华七世、乔治五世、爱德华八世以及乔治六世均使用"大不列颠及爱尔兰联合王国国王和印度皇帝"的尊号，在位时发行的印度钱币正面铭文显示的君主尊号均为"国王和皇帝"（King & Emperor）。

---

① 　Sharath S. Srivatsa, "Collector mints a fortune from coin auction", 2012-02-20, www.thehindu.com.

1870—1910 年，黄金对白银比价大幅上涨，因英国使用金

本位制度而印度使用银本位，英印殖民政府必须将更多卢比银币运回英国兑换黄金，以满足国内财政需求，为此提高税收，这导致印度民怨沸腾。

图 55　加尔各答造币厂生产的 1862 款
维多利亚女王莫霍尔金币

1911 年，乔治五世登基后发行的卢比银币，正面国王胸像佩戴了一枚丹麦最高荣誉大象骑士团（Order of Elephant）的大勋章，但不知设计师出于何种考虑，胸像上的大象鼻子太短，看起来更像猪，引发印度穆斯林民众的极大愤怒，因而不得不召回，销毁重铸。这款短命的钱币被称为"猪卢比"（Pig Rupee），如今鲜有存世，反倒成了钱币收藏市场上的俏货。

第一次世界大战期间，因白银紧缺，英国殖民政府在印度推出了 1 卢比和 2.5 卢比纸币，小面值辅币改用铜镍币。第二次世界大战期间，1940 年起，标准卢比银币改为四元银合金（Quaternary Silver Alloy）材质，到 1947 年再改为镍币。

1947 年，英国在印度的殖民统治结束，但殖民时代的钱币还沿用了一段时间，直到 1950 年印度共和国政府开始推出自己的造币。1955 年，印度共和国通过《造币修正法案》（Coinage Amendment Act），改用十进制，莫卧儿币制就此停用。

第六章

革命前夕的
货币制度

1649 年 1 月 30 日，查理一世国王在卫兵的"护送"下从其被软禁的圣詹姆斯宫来到白厅宫。白厅宫国宴厅外已经搭建好行刑台，国王因叛国罪名将被斩首示众。那天的伦敦异常寒冷，为此，出发前国王特意穿上两件衬衫，以防因寒冷而颤抖，被围观的群众误以为贪生怕死。大队的士兵在行刑台四周警戒，将围观群众拦在外围，国王的临终遗言也只有行刑台上的几个人听到。国王首先对自己在 8 年前迫于国会压力批准处死宠臣斯特拉福德伯爵（Thomas Wentworth, 1st Earl of Straford, 1593—1641 年）表示懊悔，而后表示自己渴望给臣民自由，但臣民的自由应在政府管制下，臣民不拥有政府；臣民与君主是截然不同的两码事。到下午 2 时，短暂的祷告后，国王将头放在砧板上，用手示意刽子手自己已做好准备。刽子手手起斧落，干净利落地斩下了国王的首级。

查理一世（1600—1649 年）是詹姆斯一世的次子，生于苏格兰，因长兄早夭，成为王位继承人。詹姆斯一世晚年因健康原因逐渐不能视事，朝政悉数委太子查理与宠臣白金汉公爵（George Villiers, 1st Duke of Buckingham, 1592—1628 年）。白金汉公爵就是大仲马的历史小说《三个火枪手》中法国王后奥地利的安娜（Anne de Austriche）的情人。据当时人记载，白金汉公爵除了生就一副风度翩翩、仪表堂堂的好皮囊外，一无所长，其主持的对西班牙的作战和对法政策均愚蠢无能，举措失当，为国会所深恶痛绝。其时正值三十年战争时期，英格兰国内新教徒鹰派情绪高涨，詹姆斯一世原本奉行的与西班牙保持和平的外交政策日渐无法持续，国会也日渐大胆，不再仰君主鼻息。

1625 年 3 月，詹姆斯一世驾崩，查理一世即位，并于同年迎娶法王路易十三的妹妹亨利埃塔·玛丽亚公主（Henrietta Maria，1609—1669 年）为王后。选择一位信奉天主教的王后，令英格兰的新教徒特别是激进的加尔文派清教徒（Puritans）和苏格兰长老派教徒（Convenanters）对国王的宗教立场产生了不信任，而作为婚约的一部分，查理一世承诺帮助内兄路易十三打击雨格诺派新教势力的决策在英格兰国内更是极不得人心。

查理一世统治初期主要关注的问题是外交政策，特别是英国对三十年战争的参与。查理一世意图更实质性地卷入战争，以帮助其姊丈腓特烈五世恢复帕拉丁选帝侯国。新教徒控制下的英国国会对打击西班牙等欧洲大陆天主教势力原则上颇为热心，但在实际操作中不愿卷入在欧洲大陆的地面战争，而是希望通过海军力量打击西班牙的美洲殖民地，劫掠西班牙自美洲运送金银的宝船舰队，从而以较少的军费开支获得更大效用，因此只

图 56 查理一世肖像

注：此画作为查理一世的宫廷画家、来自安特卫普的安东尼·凡·戴克爵士（Sir Anthony van Dyck，1599—1641 年）创作于 1633 年。布面油画，370cm×265cm。为温莎城堡（Windsor Castle）皇家收藏。

批准了 14 万英镑战争拨款，远远低于查理一世所期待的金额。此外，国会下议院还试图对国王征收吨税和磅税（Tonnage and Poundage）——前者指对主要来自西班牙和葡萄牙的进口葡萄酒的课税，后者指对所有进口商品的课税的授权进行限制。自亨利六世起，国会对君主征收这两种进口关税的授权是终生的，但对查理一世的授权仅限一年。这一提案在国会上议院读后即无疾而终，查理一世遂解散国会，继续挖空心思敛财。在白金汉公爵的指挥下，英格兰海军对西班牙的加的斯远征（Cadiz Expedition of 1625）以惨败告终，为此，国会于 1626 年对白金汉公爵提起弹劾案。为保护自己的宠臣，查理一世再度解散国会。

没有国会约束，查理一世更加聚敛无度，索性于 1627 年来了个"强制贷款"（Forced Loans），即越过国会立法变相征税，并将 70 多名拒绝"借钱"给他的人未经审判即投入监狱。同时，查理一世还于 1628 年实行军法管制，使王室有权征用公民财产供给军需。这两项政策引起社会各阶层的强烈不满，促使反对王室暴政的统一战线形成。涉及强制贷款案件的五位骑士向法庭申请人身保护令（Habeas Corpus），即英国宪政史上著名的"五骑士案"（Five Knights' Case，或 Darnell's Case）。越来越多的人拒绝缴纳"强制贷款"，财政危机迫使查理一世不敢近一步迫害涉案人士，并于 1628 年再度召开国会[①]。1628 年 7 月 7 日，国会通过《权利请愿书》（Petition of Right）。文件规定，英格兰人享

① Richard Cust, "Charles Ⅰ, the Privy Council, and the Forced Loan". *Journal of British Studies*, Vol.24, No.2, 1985, pp.208–235.http://www.jstor.org/stable/175703.

有各种权利和自由；未经国会立法，任何人不得被强迫捐赠、借款或纳税；未经正当程序，任何人不得被逮捕、关押；废除军法管制；未经业主自愿同意，皇家陆海军官兵不得在私人住宅驻扎等。查理一世被迫签署了这份文件。在英国宪政史上，《权利请愿书》有着与《大宪章》和《1689 年权利法案》同等的重大历史意义，至今仍在英国、部分英联邦国家和美国具备法律效力。

与此同时，白金汉公爵主导的对法政策出尔反尔，导致对法作战失利以及英格兰支持的雨格诺派新教徒割据势力战败，英格兰民众对公爵的厌憎无以复加，公爵的私人医生在街头被暴民打死。1628 年 8 月 23 日，白金汉公爵遇刺身亡，英格兰举国欢庆，进一步暴露了民众、国会和君主及其近臣间不可调和的矛盾。

1629 年 1 月，因吨税、磅税和宗教问题，查理一世与国会的矛盾再度激化。查理一世解散国会，实行个人统治，直到1640 年，这段时间在英国历史上被称为"十一年暴政"。无国会统治的一个副产品是，因为没有国会立法不能征税，王室没有足够资金进行战争，只得与法国和西班牙媾和。因此，与同一时期欧洲大陆战乱频仍相比，无国会统治初期，英格兰还算难得的平静。

第一节

王室的财政危机

综观英格兰历史，财力缺乏是长期困扰英国王室的痼疾。鉴于英格兰较早即确立了"税收法定"的传统，新增税种需要国会批准，王权为了敛财，就不得不同代表贵族和资产阶级利益诉求的国会不断博弈，不能像欧洲大陆的专制君王一样对子民予取予求，通过横征暴敛、货币贬值等手段肆意掠夺民间财富。财政问题是王权与国会间矛盾的重要诱因，这种矛盾到查理一世时代终于达到了"总爆发"的临界点。

自伊丽莎白一世晚年在爱尔兰用兵起，到詹姆斯一世和查理一世在位期间，英格兰的财政赤字愈演愈烈。除了白金汉公爵对西班牙和法国鲁莽又短暂的军事冒险，查理一世根本没有财力在海外发动战争，其在位期间内，国防方面只能依赖志愿者；对外，三十年战争期间内，也主要通过外交手段尽力支持其姐姐伊丽莎白和姐夫腓特烈五世恢复帕拉丁选帝侯国，无力实质性参与欧洲大陆的争霸战争。但在国内，因宗教冲突导致的苏格兰和爱尔兰内战，令王室的财务窘境雪上加霜。

在当时的欧洲，英格兰一直是税负最轻的国家，没有消费税，也没有常规性的直接税，且尽管有亨利八世朝的大贬值，但与欧洲大陆国家相比，总体上也还算是恪守货币政策纪律，较少故意大规模动用货币贬值手段敛财。为了不召开国会并通过立法设立新税项敛财，查理一世从故纸堆中翻出了十三世纪亨利三世时代的一项法律《骑士扣押法案》（*Distraint of Knighthood*）。根据这项法律，所有从自己的土地中每年获得收入超过 40 英镑的人，均需要出席国王的加冕典礼，由国王册封为骑士。在中世纪封建时代，西欧各国的王室普遍没有财力维持常备军，战争时君王召集其附庸自备装备和随从勤王。为其领主充当骑士征战是各级贵族地主最基本的封建义务。如果贵族和骑士本人不能披坚执锐亲往勤王，则需要缴纳金钱免役。对于中世纪的君王来说，这项法律的首要目的是确保有足够的骑士为其征战，收免役金敛财倒在其次。随着王权的加强和封建制度的终结，战争越来越依赖职业常备军，骑士制度已经没有现实上的军事意义了。因此，截至当时，这项法律在英格兰有 100 多年没有动用过了。查理一世复活此项法律纯粹是为了聚敛。根据这项法律，查理一世对英格兰所有达到财产要求但没有出席其加冕典礼的人课以罚款。

查理一世的另一项主要敛财手段是船税（Ship Money）。船税是当时英格兰少数几项无须国会批准、凭借君王谕令即可征收的税种之一。金雀花王朝时代，英格兰国王有权要求沿海地区的城镇在战时为王室提供船只，如果没有能力提供船只，则需要缴纳现金，这便是船税的由来。此前，船税只在战时征收，且只在沿海地区征收，但查理一世狡辩称，为国防目的，在和平时期和王国全境征收船税不存在法律障碍。1634—1638 年，英格兰征收的船税大致在每年 15 万 ~20 万英镑，直接缴付给海军司库。国民对船税怨声载道，但 12 名普通法法官以微弱优势判决称征收船税在国王特权范围内，不违反法律。

除了在故纸堆中找寻法律依据收税，查理一世还乞灵于专卖（Monopoly）制度敛财。传统上英格兰君主可向拥有高度技能或发明新技术的个人颁发专利函（Letter Patent），授予其垄断某一行业的特权。颁发专利函属于君主的特权，可不必经国会批准。这一制度的本来目的同现代专利法一样，是鼓励产业进步和自主创新，但君主却将其用作敛财手段，通过授予专利权或更换专利权人，绕过国会立法程序敛财。伊丽莎白一世在位时尤其喜欢使用这种方法获得财政收入，连盐、淀粉之类的普通商品都要进行专卖。民众的不满促使伊丽莎白一世女王放弃了这一权力，将专利问题的管辖权由王室移交给普通法法庭。但詹姆斯一世仍大量使用这一方法敛财。为阻止君主滥用此项权力，国会于1624年5月29日通过了《专利法》(*The Statute of Monopolies 1623*)，该法案推翻了过去、现在和未来的一系列垄断权，只保留了一项，即新发明，成为英国和英联邦国家专利和知识产权保护领域的一个里程碑式的重大进步。但查理一世无视国会的立法，通过王室控制的王室法庭违法发放专利权敛财。其中一项是肥皂专卖，因支持该项专卖权的人中有天主教徒，民众称根据该专利垄断售卖的肥皂为"教皇肥皂"(Popish Soap)。

查理一世还于1625年收回了1540年后赐予苏格兰贵族的王室和教会土地，贵族必须缴纳租金方能继续拥有这些土地。此外，他还恢复了古代王室森林的边界，目的在于最大化售卖森林开发权所获得的收入，并对边界内已从事开发活动的人课以罚款，由此与开发者产生冲突，引致大量群体性事件，甚至武装反抗。

尽管推出各类"花式"敛财手段，惹得全国上下天怒人怨，但到1640年中，查理一世还是濒临财政破产。中产阶级控制下的伦敦市因对国王此前政策的不满，拒绝了国王20万英镑的贷款请求。外国政府出于对英格兰局势的担忧，也拒绝向王室贷款，查理一世已到了山穷水尽的地步。查理一世曾考虑遵循亨利八世的先例，对货币进行贬值(Debasement)来敛财，但这一想法遭到枢密院重臣的反对，无疾而终。

当时，英格兰王室最大债权人是伦敦的商人和金匠。既往的惯例是，设在伦敦塔的皇家造币厂每一批次新币生产出来后，要先划到债权人名下，用以支付到期本金和利息，有剩余再做其他安排。伦敦的商人和金匠也将大量贵金属、货币和其他财物委托皇家造币厂保管。但 1640 年 7 月，查理一世一改旧例，强行征用造币厂的全部新币改由政府支配，价值 10 万 ~13 万英镑，承诺向债权人支付 8% 的利息。这一做法引来伦敦商人和金匠的极大愤怒，查理一世不得不做出让步，将 2/3 新币交给债权人，自己留下 1/3，承诺 6 个月后归还，并支付 8% 的利息。尽管查理一世最终还是按约定偿还了债务，但这种迹近无赖的做法让伦敦的商人和金匠对王室信誉和管理财政货币政策能力的信心彻底坍塌了[①]。

随后，1640 年 8 月，在东印度公司拒绝向其发放贷款后，查理一世强行"借"走东印度公司伦敦仓库中的 2000 多包胡椒和香料等贵重货物，价值超过 6 万英镑，以大大低于市场正常价格倾销，并快速回笼现金，将所得约 5 万英镑款项用于海军军费。查理一世承诺分四次偿还东印度公司货款附加利息，但直到他被处决时，东印度公司只收回 2 万多英镑，余款直到王政复辟后方部分被收回[②]。

查理一世之后，共和国和斯图亚特王室复辟期间，政府的财政状况依然捉襟见肘。沉重的、难以解决的财政负担是共和国政权最终垮台的原因之一。直到威廉和玛丽在位时期建立成熟的君

---

① Glynn Davies, "A History of Money", Third Edition, University of Wales Press, 2002, p.241.

② Dan Bogart, "There can be no partnership with the king: Regulatory commitment and tortured rise of England's East Indian merchant empire", 2015, Available at https://eml.berkeley.edu/~webfac/seminars/bogart_211seminar.pdf.

主立宪政体、成立英格兰银行、引进公债机制后，英国才开始逐步建立起有效的公共财政制度。实际上，英格兰银行的建立本身也算不上什么高瞻远瞩的"顶层设计"，只是九年战争（Nine Years' War，1688—1697 年）时期为重建被法国海军摧毁的皇家海军舰队而临时起意罢了，因为当时英国政府的债信状况如此之差，以至于从传统途径根本无法筹措到重建舰队所需要的 120 万英镑资金[①]。

第二节
伦敦的金匠和银行券

查理一世在财政方面的一系列鲁莽举动，特别是强行征用伦敦塔造币厂新币的一个副作用是促成 17 世纪下半叶金匠银行家的兴起，从而彻底改变了英格兰银行和金融服务业的面貌，金融服务开始向除主权国家、王公贵族、富商巨贾的更为广泛的社会客户普及，贷款派生存款的现象出现并被最早观察到，我们今天所熟知的存贷款、支票、票据贴现、财富管理等金融服务业务，以及中央银行，从那时起逐渐成形，伦敦也逐渐崛起为全球金融中心。

传统上，英格兰国内的支付结算以使用银币为主，所以英格兰实际上实行的是银本位制度，银币即便有磨损不足重，依然可按面值流通，用以清偿债务和缴纳税款；金币兑换银币的官价和

---

① Glenn O.Nichols, "English Government Borrowing, 1660–1688", *Journal of British Studies*, Vol.10, No.2, 1971, pp.83–104.

民间交易价格则随行就市。因其兑换银币时复杂的换算和频繁的价格变动，金币在国内交易中并不流行，主要用于国际贸易中的大额支付结算，稍晚后用作银行的准备金，多数时候并不处于流通环节，而是被窖藏起来。

17世纪早期，伦敦金匠的主要业务范围是金银器和金银珠宝的生产和销售，以及金银币和金银锭买卖，也提供保管箱、本外币兑换、商业票据贴现、信贷等我们今天习以为常的银行服务。当时伦敦的金匠行会（Worshipful Company of Goldsmiths）将会员分为两类，一类为"银行家"（Bankers），另一类为"手艺人和零售商"（Craftsmen and Retailers），前者以经营金融服务业为主，后者则更类似于我们今天对金银制品和珠宝、邮币等的设计师、生产商和经销商等的理解。当然，在当时的英格兰，实际业务操作中二者并无那么明确的分野。同欧洲中世纪到近代早期几乎所有的手艺人、商人和艺术家一样，金匠也需要先从学徒做起，直到成为行会的正式成员（Freeman），方有资格独立执业。成为行会的正式成员即"师傅"便可拥有一定的特权，包括伦敦市民资格、在伦敦从事相关生产和经营活动的权利、招收学徒、参与行会的机构治理、参与伦敦的公民社会活动等。很多成功的金匠获得骑士头衔、当选国会下议院议员或伦敦城市长，拥有一定的政治和社会影响力[1]。

---

[1] Raphaelle Schwarzberg, "Becoming a London goldsmith in the seventeenth century: Social capital and mobility of apprentices and masters of the guild", Working Papers No.141/10, June 2010.London School of Economics and Political Science, Available at https://www.lse.ac.uk/Economic-History/Assets/Documents/WorkingPapers/Economic-History/2010/WP141.pdf.

与我们传统印象中学徒作为饱受苦难和虐待的"穷人家孩子"不同，在中世纪和近代早期的伦敦，成为一名金匠学徒殊为不易，几乎是一种世袭特权。行会对每年招收的学徒人数有配额限制，要求学徒应该是"师傅的子女或满足特定财产资格"，能读会写；有能力向行会和师傅支付不菲的资金；正式成为师傅时，还要按照行会惯例自费举办盛大的迎新宴会，宴请行会成员，所费不赀；自己独立执业更是需要不菲的前期资本投入和同业的帮衬。女性和外国人理论上也可成为师傅，但面临着更为严苛、烦琐的限制。这些规定使一个年轻人要成为金匠学徒，进而成为师傅，其本人或家庭首先需要拥有一定资产和社会资本，如家庭财富、行业地位、与行会的渊源、家族纽带、关系网等。有一定经济社会根基的城市中产阶级家庭的子弟具备天然的优势，而低收入的劳工阶层，特别是底层外来务工人员的子弟很难有机会通过学习手艺或生意实现阶层跃升[1]。作为伦敦城最古老的十二大行会（Great Twelve Livery Companies of the City of London）之一，直到今日，金匠行会仍财雄势大。伦敦大学戈德史密斯学院（Goldsmiths' College, University of London）起初就是由金匠行会创办的一所技术和工艺学院。

---

[1] Raphaelle Schwarzberg, "Becoming a London goldsmith in the seventeenth century: Social capital and mobility of apprentices and masters of the guild", Working Papers No.141/10, June 2010.London School of Economics and Political Science, Available at https://www.lse.ac.uk/Economic-History/Assets/Documents/WorkingPapers/Economic-History/2010/WP141.pdf.

图57　伦敦金匠行会大楼

业务性质和行会设立的高准入门槛使然，伦敦的金匠通常拥有良好的信誉和较高的社会地位，以及安保和消防措施更为完备的保险箱或保险库。因此，一些富裕人士乐于将自己拥有的金银币、金银锭等贵重物品托付给金匠保管，类似于今天的银行保管箱服务。在收到客户委托保管的金银后，金匠会给客户出具一张收据（Receipt）。通常这类收据在其持有人提取票据标的的金银币后当场即被销毁，因此鲜有传世。目前存世最早的英国金匠收据是1633年一位名叫劳伦斯·霍尔（Lawrence Hoare）的伦敦金匠手写的一张收据，标的为价值三英镑五先令的"英格兰当前货币"。出具这张收据的金匠的后继机构今天尚在，名为C.霍尔公司（C. Hoare & Co.），自1672年起主营私人银行业务，服务于高净值和超高净值人群，作家简·奥斯汀、诗人拜伦勋爵等都曾是其客户。C.霍尔公司是全球现存的最古老的家族拥有的银行及排名第四或第五古老的银行[①]，一直由霍尔家族主理，已传承到第十二代[②]。这张收据系该霍尔家族于 1924 年从一位古董商处购得，保存至今。

尽管委托金匠保管货币金银等贵重物品的做法在英格兰由来已久，但起初，金匠并非伦敦富裕人士委托保管货币金银的首选。传统上，伦敦的高净值和超高净值人群更喜欢将自家的金银送去伦敦塔皇家造币厂保管，毕竟那里有国家信用的加持和固若金汤的要塞城防，加之皇家造币厂在一定程度上充当了中央结算中心的角色，贵金属存放在那里也方便交易。但当 1640 年查理一世从伦敦塔造币厂"征用"金银币、强行借债以及内战爆发后，伦敦的高净值人士不再信任政府，纷纷将财富转给金匠保管，金匠作为银行家的新角色也就此开启[③]。今天英国的老牌银行中颇有一些起源于 17 世纪末、18 世纪初的金匠工作室，除上文提到的霍尔银行，还有英国最大的金融服务集团之一巴克莱银行、苏格兰皇家银行旗下的私人银行以及财富管理子银行顾资银

---

① 目前全世界尚在运营的最古老的银行是意大利的锡耶纳牧山银行（Banca Monte dei Paschi di Siena S.p.A.），成立于 1472 年；其次是德国汉堡的贝伦贝格银行（Joh.Berenberg, Gossler & Co.），成立于 1590 年，也是世界现存最古老的投资银行。前者起源于当铺，后者的创始家族则是经营布匹生意起家的巨富。

② 霍尔公司的网站可以为伦敦银行业的兴起和发展提供一个有趣的案例，参见公司官网 https://www.hoaresbank.co.uk，以及 2022 年 2 月财富管理媒体 Spear's 关于该银行的特别报道：How C.Hoare & Co.became the oldest family-owned bank in the world（https://spearswms.com/c-hoare-and-co-anniversary/）。

③ Alexander Pierre Faure, "Money Creation: Genesis 2: Goldsmith-Bankers and Bank Notes", 2013-04-04, Available at SSRN: https://ssrn.com/abstract=244977 or http://dx.doi.org/10.2139/ssrn.2244977.

行（Coutts & Co.）和柴尔德银行（Child & Co.）等，其中成立于
1664 年的柴尔德银行是英国现存最古老和世界排名第三古老的
银行。

让我们先从财务会计的角度看这类保管交易。假设客户王某
将价值 100 英镑的金币交给金匠李某保管，李某在接收金币核对
无误后给王某开具了一张标的为 100 英镑金币的收据。交易完成
后，客户王某的资产和负债总数没有变化，只是资产部分减记
100 英镑现金，加记价值 100 英镑的应收票据；金匠李某的资产
加记 100 英镑现金，负债加记 100 英镑应付票据。

随着保管生意日益兴隆，金匠的保险库在任何时候都沉淀有
客户委托保管的金银币，一些头脑灵光的金匠发现可以将资金富
余的客户的金银币贷款给有资金需求的客户并收取利息。接着上
文的例子，假设客户张某向金匠李某贷款 20 英镑金币，那么贷
款客户张某资产增加 20 英镑现金，负债也相应增加 20 英镑金匠
贷款；金匠李某资产减记 20 英镑现金，加记 20 英镑应收贷款。
显然贷款的利息收入远比作为中间收入的保管费更为诱人，因此，
一些金匠开始不再向客户收取金银币的保管费，而是愿意支付给
客户利息，以期吸收更多存款，发放更多贷款，赚取更多净利差
收入。这是一个革命性的变革，金匠由原来提供贵金属保管服务
转为吸收存款、发放贷款、赚取利差，这就是现代商业银行最基
本的商业模式。

另一个革命性的创新发生在 17 世纪中期。从那时起，金匠
的收据由记名改为不记名，凭票即付，由此持票人可将金匠的收
据作为支付工具用于资金往来。因其可足值兑换金银币，收款人

也乐于接受金匠收据。为方便日常支付结算，一些客户开始要求金匠发行小面额的收据，比如王某将价值 100 英镑的金币交给金匠李某，要求李某出具 100 张 1 英镑面值的收据，而不是一张 100 英镑的收据。从全社会角度看，流通中的货币总额可以理解为流通中的金币和金锭总额加上流通中的金匠收据票面总金额。金匠收据也开始被称为金匠票据（Goldsmith's Note），其性质也由原来的类似现代的记名存单，变为更类似于纸币。

很快金匠发现，既然金匠票据可以作为支付工具为公众接受，那么向客户发放贷款时，也可以用金匠票据代替实体金银币。这是一个更富革命性的变革。我们假设客户赵某从金匠李某处贷款 100 英镑。同以往以实体金银币放款迥然有异，这回金匠李某手写了一张面值 100 英镑凭票即付的金匠票据交给赵某，赵某也欣然接受了，因为李某家财丰厚，在伦敦的工商业和金融圈子里信誉宿著，他签发的金匠票据可按面值流通，不存在被拒收或贴水的风险。毕竟，如果可按面值流通，一张纸远比带着一大堆叮当作响的金银币慢藏诲盗更方便、安全。金匠李某和客户赵某的资产和负债都各自增加了 100 英镑，分别为：李某资产加记 100 英镑信贷资产，负债加记 100 英镑应付票据；赵某资产增加 100 英镑现金等价物，负债增加 100 英镑金匠贷款。交易完成后，李某保险库中的实体金币并没有因为这笔交易增加或减少，但李某的资产负债表扩大了 100 英镑，社会货币流通总量也比全社会的黄金存量多出了 100 英镑。

假如李某只用实体金币发放贷款，那么李某发行给存款人的金匠票据是有 100% 实体金币保障的。但假设李某从此之后只使用金匠票据发放贷款，而不动用保险库中的实体金币，进一步假设截至本会计期期末，李某的保险库中有价值 1 百万英镑的客户存款，共计发放了贷款 50 万英镑。假设所有者权益未发生变化，李某也没有其他负债，那么李某的资产负债表如表 1 所示。

表 1　金匠李某的资产负债表

资产	负债
现金：100 万英镑	应付票据（已发行的金匠票据）：150 万英镑
信贷资产：50 万英镑	
共计：150 万英镑	共计：150 万英镑

这样，李某发行的金匠票据就不再是 100% 由黄金覆盖的，而是多出了 50 万英镑的票据，覆盖率约为 67%。从全社会角度来讲，流通中的货币总量也比实体黄金存量多出了 50 万英镑。这是银行业历史上截至当时最富革命性的变化，其影响也一直延续到今天。银行从此具备了货币创造（Money Creation）的职能，国民经济也彻底摆脱了贵金属供给稀缺的束缚，可以更快、更少干扰地增长、扩张。金匠成了银行家，金匠票据成了银行券（Banknote）。关于银行券的最早记载是本书第一章中曾提到的王政复辟时期海军衙门都承旨萨缪尔·皮普斯（Samuel Pepys，1633—1703 年）在 1668 年 2 月 29 日的日记中提到给自己的父亲送去 600 英镑面值的银行券，系由金匠考尔维尔（Colvill）发行[1]。

---

① Diary of Samuel Pepys, https://en.wikisource.org/wiki/Diary_of_Samuel_Pepys/1668/February#29th.

回到上文的例子，这种商业模式其实有一个内生的致命弱点，即资产和负债的长期不匹配造成的流动性风险。在负债端，债权人即银行券的持有人可能随时要求兑付黄金，而在资产端，债务人按约定时限还本付息，遑论债务人经营失败、破产跑路的风险。金匠李某能这么做的一个前提条件是他的保险库中任何时候都必须储备一定数量的实体黄金，或者有能力随时以可负担的利率从同业拆借实体黄金，以备任何时点有客户出示银行券要求兑付金币或金锭时，李某可以保证按银行券面值 100% 兑付黄金，因为李某的信誉和生计其实有赖于他发行的票据具备的"可兑换性"（Convertibility）。越是能保证可兑换性，客户就越是不会要求兑付黄金，李某就可以继续"闷声发大财"；而一旦兑付出现问题，就会导致客户恐慌"挤兑"（Run on the Bank），那么，不论资产质量如何，李某的银行顷刻间就会折戟沉沙。至于应该保留多少准备金，在早期主要是看特定金匠的风险偏好。长期来看，一定是稳健、保守、自律的金匠才能基业长青——当然，过分保守则很难做大做强，以上文提到的霍尔银行为例，直到现代，2021 财年的资本充足率高达 21.6%，杠杆却不足 5 倍，其作风之保守可见一斑。不过有一点是肯定的，随着业务规模的扩大和经验的积累，以及不同金匠银行家发行的银行券之间可以通存通兑后，金匠银行家发放信贷的胆量变得越来越大，准备金比率变得越来越低，杠杆、货币乘数也变得越来越大，同时也为经济扩张注入更多燃料，这便是当时的大趋势。到王政复辟时代，金匠群体已经从全英格兰最大的债权人变成了最大的债务人[①]。到 1776 年亚当·斯密出版《国富论》时，英国流通中的银行券面值早已远远超过了其全部的黄金存量。

后面的历史我们都已熟悉：中央银行的出现和中央银行作为最后贷款人的角色的确定、法定存款准备金要求、存款保险、审慎监管、宏观审慎和金融稳定……关于存款保险，美国最早的存款保险制度于 1829 年由纽约州设立，其灵感源于我国广州十三行于乾隆时代推出的债务互保机制[②]。关于 17 世纪英国的另一项伟大的金融创新，即英格兰银行的创办，将在后面的章节讨论。

第三节
查理一世时期的金属货币

从钱币学角度来看，查理一世时期的钱币是所有英国君主发行的钱币中最有趣但也是最复杂的。很多不同品类和面值的钱币在伦敦塔造币厂中被生产，但内战期间，查理一世失去对伦敦的控制权后，在牛津大学基督堂学院（Christ Church College）设立行在，并在保王党控制的外省设立了诸多新的造币厂，前

---

① Jongchul Kim, "How modern banking originated: The London goldsmith–bankers' institutionalisation of trust", Business History, Vol.53, No.6, 2011, pp.939–959.

② Federal Deposit Insurance Corporation, "A brief history of deposit insurance in the United States", Prepared for the International Conference on Deposit Insurance, Washington DC., Septermber 1998.

后达 16 家之多。这些造币厂以生产大面值钱币为主，用来支付士兵的军饷，背面铭文的拉丁文格言往往带有明显的政治宣传色彩。

查理一世的钱币仍然以传统的打制工艺为主。便士银币最初的版本正反面均为玫瑰图案，正面拉丁文铭文为"C D G ROSA SINE SPINA"，意为"璀璨的无刺玫瑰"，背面拉丁文铭文为"IUS THRONUM FIRMAT"，意为"正义加持御座"。后期的便士银币正面图案改为朝向左侧的国王胸像，胸像后面为罗马数字 I，标明面值为 1 便士，拉丁文铭文"CAROLUS D G MA B F ET HI REX"，意为"查理，奉天承运大不列颠、法兰西和爱尔兰国王"；背面图案为椭圆盾形纹章，以及拉丁文铭文 "IUS THRONUM FIRMAT"。

国会于 1642 年接管伦敦塔造币厂后继续生产类似款式的便士，直到 1648 年，只是国王的胸像换成了以前的旧款式，以此标明国会无意废黜君王，只是反对"君侧小人"。

查理一世的六便士银币基本延续了其父詹姆斯一世时的图案，只是 1630 年后不再标明年份，且背面的拉丁文铭文改为"CHRISTO AVSPICE REGNO"，意为"在耶稣基督的庇佑下统治"。

1638 年，一家新的造币厂在威尔士的阿伯里斯特威斯（Aberystwyth）城堡投入运营，使用当地出产的白银生产从便士到半王冠的小面值银币。这段时间该造币厂生产的银币背面均有羽毛图案。1648 年，城堡在内战中被摧毁，造币厂转移至银矿继续生产，但究竟生产了何种钱币如今找不到任何记录。

内战期间，国会夺取伦敦塔造币厂后，查理一世在其行在牛津设立造币厂，所使用的钱币雕模应该与阿伯里斯特威斯造币厂的相同，背面也带有羽毛图案，与阿伯里斯特威斯造币厂的出品如出一辙。1644年，牛津造币厂生产过一款极为少见的便士银币，即"公告便士"（Declaration Penny），得名于其背面的拉丁文铭文"RELIG PRO LEG ANG LIBER PAR"，意为"新教徒的宗教、英格兰的法律、国会的自由"。牛津造币厂于1646年关闭。1643年7月，保王党军队攻占布里斯托尔并在当地设立造币厂，生产的便士银币背面也有羽毛图案。1643—1646年，保王党在埃克塞特也设有一间造币厂，主要生产王冠银币和半王冠银币[①]。

查理一世的王冠和半王冠银币正面图案为国王披甲骑马全身像，面向左侧，右手持剑，腰间丝绦飞扬，拉丁文铭文"CAROLUS D G MA B F ET HI REX"，意为"查理，奉天承运大

图58　查理一世的王冠银币

注：此钱币为1640—1641年皇家造币厂出品，重29.2克，直径45毫米。

不列颠、法兰西和爱尔兰国王"；背面图案为椭圆形的王室盾形纹章，拉丁文铭文"CHRISTO AVSPICE REGNO"，意为"在基督的庇护下统治"。内战期间，半王冠银币被大量用于发放军饷[②]。

---

①　David Holt, John Hulett, Bob Lyall, "The Tower Mint shillings of Charles Ⅰ (1625–1649)", *British Numismatic Journal*, Vol.84, 2014, pp.165–176.

②　英国国家陆军博物馆（National Army Museum）官网英国内战相关内容。https://www.nam.ac.uk/explore/british–civil–wars。

查理一世在位时期推出的金币有统一、卡洛斯（Carolus）、三统一（Triple Unite）等。

图59 查理一世的三统一金币

卡洛斯是查理的拉丁文拼写，卡洛斯金币价值20先令，后来上调至23先令。

1625—1649年，无论是在国王还是在国会的控制下，伦敦造币厂都生产了大量的统一金币。查理一世的统一金币正面为国王胸像，面向左侧，头像后边有面值标识"ⅩⅩ"（20先令），外围拉丁文铭文"CAROLUS D G MA B F ET HI REX"，意为"查理，奉天承运大不列颠、法兰西和爱尔兰国王"；背面图案为王室盾形纹章，纹章上方为王冠，拉丁文铭文"FLORENT CONCORDIA REGNA"，意为"和谐兴邦"。内战期间，这种款式的统一金币在外省的造币厂也有少量生产以供给军需，这些造币厂包括切斯特、牛津、布里斯托、埃克塞特、沃斯特（Worcester）、舒斯伯里（Shrewsbury）等，但产量不大，有些只有孤品传世，在收藏市场上炙手可热。

三统一金币重421格令，合27.3克，略高于7/8金衡盎司，价值60先令或3英镑，是英国打制钱币时代生产的最大、面值最高的钱币。内战时期，1642—1644年三统一金币主要在保王党控制下的牛津造币厂生产，也有极少量于1642年在舒斯伯里造币厂生产。这款金币设计精美，正面为国王侧身胸像，一手持剑，一手持橄榄枝，企图以此表明国王渴望和平胜过战争。舒斯伯里造币厂出品的国王胸像上方和右方有羽毛图案，外围拉丁文铭文"CAROLUS D G MA B F ET HI REX"，意为"查理，奉天承运大不列颠、法兰西和爱尔兰国王"；背面底板为拉丁文铭文"RELIG PRO LEG ANG LIBER PAR"，意为"新教徒的宗教、英格兰的法律、国会的自由"，分为三行，铭文上方有罗马数字Ⅲ（三）标明面值及三个羽毛图案，铭文下方以阿拉伯数字标明生产年份，边缘环绕拉丁文铭文"EXVRGAT DEVS DISSIPENTVR INIMICI"，出自《旧约·诗篇》68∶1，意为"愿神兴起，使他的仇敌四散"[①]。图案和铭文设计带有明显的政治宣传色彩，旨在向国民表明国王无意复辟天主教，无意建立君主专制，无意发动内战。但从战争的后续发展看，国王的宣传应该没有起到什么作用。

第四节
内战和共和国的建立

财政问题还没有解决，查理一世就又因宗教政策陷入了新的麻烦。从1639年的苏格兰第一次主教战争（First Bishops' War）起，因族群、宗教等矛盾，苏格兰、爱尔兰和英格兰先后爆发内战，导致王政最终崩溃，查理一世殒命断头台。内战的诱因是宗教冲突。

尽管出生于苏格兰，但查理一世与故国的关系甚为疏远。与圣公会保留了诸多天主教仪轨不同，宗教改革后，苏格兰教会

---

① 中文译文出自：《圣经·旧约》，简化字现代标点和合本，中国基督教两会2005年印刷，第904页。

（Church of Scotland）摒弃了绝大部分旧的仪轨。1633年在苏格兰举行加冕大典时，查理一世坚持使用圣公会仪轨，引起苏格兰各界的反感和警觉。1637年，查理一世下旨在苏格兰推出新版祈祷书，被苏格兰人民视为企图将圣公会教义和仪轨强加给苏格兰人，引发了大规模的抗议和骚乱。1638年11月，苏格兰教会代表大会（General Assembly of the Church of Scotland）决议谴责新的祈祷书，废除由主教组成的教会领导层，按照长老会（Presbyterian）仪轨建立由长老和执事组成的新的管理层。这一举动被查理一世视为对王权的挑衅，他决定以武力镇压。1639年第一次主教战争爆发。因没有国会拨款，查理一世只能召集自己的私人武装投入战争，因此不敢与苏格兰军队交战，双方言和，苏格兰国会和教会代表大会得以保留，这对查理一世的威信是一次沉重的打击。与此同时，查理一世企图从西班牙获得资金支持的企图也因西班牙舰队在肯特郡海岸外、英格兰皇家海军眼皮底下被荷兰舰队摧毁而成为泡影，被英格兰民众视为奇耻大辱。

因财政困难，查理一世被迫于1640年在爱尔兰和英格兰召开国会。英格兰国会依然对国王的战争和财政政策持反对态度，双方陷入僵局。1640年5月，查理一世再度解散国会。这届国会因短命而被称为"短期国会"（Short Parliament）。受英格兰事态鼓舞，苏格兰国会宣布实行自治，并于8月派军进驻英格兰。查理一世率军迎战，在纽伯恩战役（Battle of Newburn）中被击败。为挽救危局，查理一世依照诺曼时代的古老习俗，于1640年9月在约克郡召集贵族大理事会（Magnum Councilium）共商国是。与会贵族几乎一致建议召开国会，同时建议与苏格兰媾和，结束战争。

1640 年 11 月 3 日，国会开幕，这届国会名义上一直存续至 1653 年 4 月被克伦威尔解散，史称"长期国会"（Long Parliament），国会下议院的 493 名议员中有多达 350 名对国王持反对态度，与国王的敌对愈演愈烈。为防止国王实行无国会统治，1641 年，国会通过《三年法案》（Triennial Act 1641），规定了每三年国会至少召开 50 天；如国王因故未能召开国会，掌玺大臣和十二位贵族应代为召开国会。该法案附加了一条关于王室津贴的附件，为获得津贴，查理一世签署了该法案。国会随即又对查理一世倚重的宠臣、手握重兵的爱尔兰总督斯特拉福德伯爵发难，以叛国罪名判处其死刑，并迫使国王同意将伯爵斩首。

到 1641 年 5 月初，查理一世又被迫接受了国会提出的一项史无前例的法案，规定未经国会同意不得解散国会。随后的几个月中，国会通过一系列法案，船税、《骑士扣押法案》的罚款、未经国会许可的税项均被宣布为非法，其余所有税项则依据新的《吨税和磅税法案》（Tonnage and Pundage Act）予以立法和监管。国王用以不遵守程序正义施行政治和宗教迫害的工具星室法庭（Courts of Star Chamber）和高级宗教法庭（Court of High Commission）亦被废除。

面对咄咄逼人的国会，查理一世虚与委蛇，妄图争取时间与苏格兰谈判，以正式承认长老会的主导地位为代价获得苏格兰的好感，并从苏格兰募集军队对抗英格兰国会，但苏格兰保王党人的笨拙让这一计划流产。

1641 年，爱尔兰叛乱爆发。爱尔兰长期处在英格兰的殖民统治之下，其人口主要分为三个族群，即爱尔兰原住民盖尔人，主要信奉天主教；老英格兰人，即中世纪诺曼贵族领主的后裔，也以天主教徒为主；新英格兰人，即来自英格兰和苏格兰的新教徒移民，对国王持反对态度，支持国会和苏格兰长老会。斯特拉福德伯爵任爱尔兰总督时施行铁腕统治，并组建了一支主要由天主教徒组成的勤王军队，架空爱尔兰国会的权威；剥夺天主教徒的土地授予新教徒移民，同时又推行圣公会教义，打压清教徒，结果导致本来彼此间就矛盾重重的三大族群全部反对其统治。而斯特拉福德伯爵的倒台则削弱了英格兰王室对爱尔兰的控制，斯特拉福德组建的爱尔兰军队也因财务困难解散，爱尔兰旋即陷入失控状态。1641 年 10 月，爱尔兰的盖尔人与新英格兰人爆发武装冲突，老英格兰人则站到盖尔人一边。

1641 年 11 月，国会下议院激进派推出一份《大抗议书》（Grand Remonstrance），历数国王自登基以来的种种不当行径。因言辞过于激烈，这份文件在下议院仅以微弱优势通过，在上议院则遭到否决。与此同时，爱尔兰动乱的消息传到伦敦，充斥着各种谣言的揭帖铺天盖地，描绘盖尔人天主教徒如何残忍"屠杀"新教徒移民以及查理一世对新教徒移民命运的不闻不问，甚至于闻"天主教阴谋"，导致伦敦民怨鼎沸。查理一世要求国会拨款，以组建军队派往爱尔兰平叛，但国会担心其意在以自己掌控的军队对抗国会，于是推出《民兵法案》（Militia Ordinance），意在从国王手中夺过军权。此时，有谣言称国会计划弹劾亨利埃塔·玛丽亚王后，国王决定先发制人。

1642 年 1 月 3 日，查理一世指控 5 位下议院议员和 1 位上议院议员与入侵的苏格兰军勾结，犯有叛国罪，要求国会交出上述人等，遭到国会拒绝。1月4日，查理一世率武装卫队闯入国会，意图逮捕5位被指控的反对派议员。但这些议员事先得到消息，已经藏匿避难，查理一世扑了个空。此一事件是对国会权力的践踏，影响极为恶劣，因为在英格兰历史上还从未有过君主武装闯入国会的先例，其结果对查理一世而言是灾难性的。国会迅速接管了伦敦，查理一世逃离。

到1642年中，国王和国会各自开始厉兵秣马，准备内战。查理一世依然沿用英格兰"阵前委任"（Commission of Array）的传统做法，即委任贵族士绅为军官，再由这些军官在特定地区募兵；国会则动员民众志愿入伍，组建了高度职业化的新模范军（New Model Army）。与此同时，双方也在三心二意地进行着和谈，自然没有什么成果。1642年8月22日，查理一世在诺丁汉竖起王旗，随后又在牛津设立行在，内战爆发。

内战期间，国会的支持者以清教徒为主。与当时欧洲贵族普遍喜欢华丽的服饰并戴假发的习俗迥然有异，因新教加尔文宗主张简朴克己的生活方式，这些清教徒习惯将头发剪短，不戴假发，服装以黑色和灰色色调为主，被称为"圆颅党"（Roundhead）。实际上多数圆颅党更倾向于建立君主立宪政体，主要的军事指挥官如费尔法克斯勋爵（Thomas Fairfax, 3rd Lord of Fairfax of Cameron, 1612—1671年）、曼彻斯特伯爵（Edward Montagu, 2nd Earl of Machester, 1602—1671年）等也是贵族。保王党人则被称为"骑士党"（Cavalier），以传统贵族为主，典型人物是保王党的骑兵指挥官、查理一世的外甥、帕拉丁选帝侯腓特烈五世之子鲁珀特亲王（Prince Rupert of the Rhine，Duke of Cumberland，1619—1682 年）。

1646 年 4 月，国会军攻克牛津，查理一世逃亡，向苏格兰军投诚。经过谈判，英格兰国会以 10 万英镑的代价换取苏格兰军将查理一世交给国会处置，国会将查理一世软禁起来。此时新模范军逐渐尾大不掉，与国会产生矛盾，查理一世乘机与苏格兰方面谈判签订秘密条约，换取苏格兰军队入侵英格兰。1648 年 5 月，第二次内战爆发，保皇派和苏格兰军队败绩，查理一世只得与国会重新谈判。但军方反对与国王谈判，发动军事政变清洗国会中赞同保留王政的议员。留任的议员组成的国会被称为"残缺国会"（Rump Parliament）。1649 年 1 月，残缺国会下议院决定以叛国罪对查理一世提起公诉，并为此组建了专门的法庭。查理一世坚持君权神授的立场，指称法庭无权对其进行审判。1 月 26 日，法庭宣判查理一世罪名成立，判处其死刑，并于 1 月 30 日执行。

1649 年 5 月 19 日，"残缺国会"通过法案，宣布取消君主制和国会上议院，英格兰成立共和国（Commonwealth）。"残缺国会"作为最高权力机构行使立法权和行政权，另设一个规模较小的国务理事会（Council of State）行使部分行政职能。英国历史进入共和国时代，或曰"王政空缺"时代，直至 1660 年斯图亚特王朝复辟。

尽管处死了查理一世、宣布建立共和国，但共和派与保皇派的内战以及英格兰与苏格兰和爱尔兰的战争并未结束。

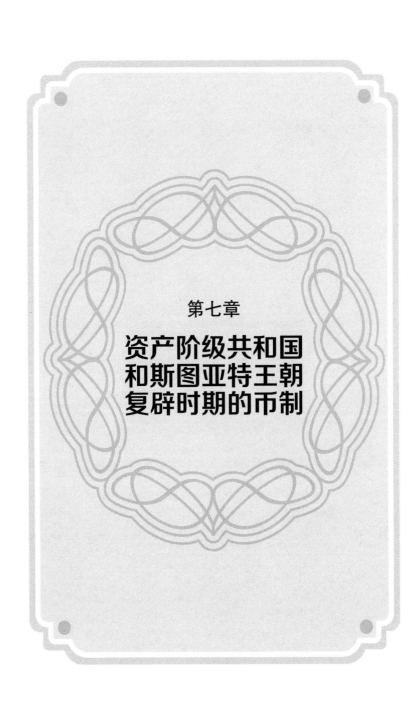

第七章

资产阶级共和国和斯图亚特王朝复辟时期的币制

1657 年，国会向英格兰、苏格兰和爱尔兰共和国护国主（Lord Protector）奥利弗·克伦威尔劝进，请他登基为王，这让克伦威尔有些为难。毕竟正是他当初不惜以军事政变清洗国会才强行废除君主制、建立共和政体，如今如果自立为王，不免有些"打脸"。犹豫了 6 个星期后，1657 年 4 月 13 日，克伦威尔在国会发表演讲正式谢绝了劝进，因为"天意"（God's Providence）唾弃王政，"既已由天意摧毁为尘埃的，不穀当绝不寻求建立"云云。不过，国会还是决定举行就职大典，再度拥立克伦威尔为护国主。与 1653 年克伦威尔第一次就任护国主时完全不讲究"仪式感"的简朴、粗疏不同，这次大典几乎与君主加冕典礼并无二致，如貂皮镶边的紫袍、正义之剑、权杖以及内衬貂皮的护国主冠冕等各类象征至高权力的重器都有出现，只是没有王冠和圣球，但护国主的印玺上有王冠和圣球图案。而且，尽管法理上护国主一职并非世袭，但克伦威尔有权提名自己的继承人。在共和国的钱币上，克伦威尔的头像也效仿罗马皇帝的装束。

查理一世被处决后，克伦威尔下令将王室的珠宝变卖或销毁。作为王权象征的圣球和权杖被破坏，上面镶嵌的宝石被取下，金银则被用来制造钱币。克伦威尔统治时期发行的最有趣的一款钱币是机制五十先令金币（English fifty shilling coin），只制造过一次，目前已知仅有 11 枚存世，是极为珍稀的佳泉。2021 年 1 月 21 日，在伦敦的一场拍卖会上，一枚克伦威尔机制 50 先令金币以 471200 英镑成交，创下克伦威尔时代钱币的最高拍卖价格记录[①]。

这款金币由雕模师托马斯·西蒙（Thomas Simon，1623—1665 年）设计。西蒙早年随布理奥学习金属雕刻工艺，1635 年加入皇家造币厂，在共和国时代成为皇家

图 60　克伦威尔及其机制 50 先令金币

造币厂首席雕模师，设计了共和国的国玺和多款钱币、徽章等。王政复辟后，西蒙继续留任皇家造币厂首席雕模师，为查理二世设计了新的国玺和钱币。他与当时供职于皇家造币厂的金属工艺大师、来自安特卫普的莱特尔三兄弟（John, Joseph and Philip Roettier）之间的竞争，促使他设计了其最著名的作品"陈情"王冠银币（Petition Crown），后文将专门探讨。

克伦威尔五十先令金币重 22.7 克，直径 30 毫米，正面图案为罗马皇帝装束的克伦威尔，头戴桂冠，面朝左侧，拉丁文铭文 "OLIVAR D G R P ANG SCO ET HIB &c PRO"，意为"奥利弗，奉天承运英格兰共和国、苏格兰及爱尔兰等处护国主"；背面图案为王冠和共和国的盾形纹章，拉丁文铭文 "PAX QVÆRITUR BELLO"，意为"通过战争寻求和平"，外缘有拉丁文铭文 "PROTECTOR LITERIS LITERÆ NVMMIS CORONA ET

[①]　Jeff Starck, "Gold 50-shilling coin of Cromwell soars in London auction", Coin World, 2021-01-30, https://www.coinworld.com/news/world-coins/gold-50-shilling-coin-of-cromwell-soars-in-london-auction.

SALVS"，意为"文字的守护者，文字是造币的花环与守卫者"。这款金币与共和国时代的机制二十先令（1英镑）阔金币（Broad）图案、直径相同，但重量和价值为阔金币的2.5倍，应为阔金币的厚坯设计样币（Piedford），这也解释了为何这款金币如此稀少。

共和国时代继续发行价值22先令的统一金币，只是币文由拉丁文改为全英文，正面图案为英格兰（圣乔治十字）和爱尔兰（爱尔兰竖琴）的盾形纹章，英文铭文"THE COMMONWEALTH OF ENGLAND"，即"英格兰共和国"；背面图案为橄榄枝环绕的英格兰圣乔治十字纹章，英文铭文"GOD WITH US"，即"上帝与我们同在"。

克伦威尔王冠银币的设计与上文提到的五十先令金币和二十先令阔金币相同，克伦威尔的头像仿罗马皇帝装扮，铭文采用拉丁文。

克伦威尔出身于亨廷顿（Huntingdon）郡一个富有的、在当地颇有政治影响力的士绅地主家庭，是亨利八世朝的重臣托马斯·克伦威尔的姐姐的后裔。关于他40岁以前的经历史料记载不多。我们只知道他因父丧从剑桥大学西德尼·苏塞克斯学院（Sidney Sussex College，Cambridge）辍学，且因是幼子，并未继承多少家产。克伦威尔于1628年成为国会下议院议员。当时的国会下议院议员并非如现代由竞选产生，而是通常由本地区的士绅大族所把持，或在若干本地豪门间轮换，而且可以买卖，从而为新出门户从没落的旧世家手中接管政治影响力开了方便之门，比如古典经济学的奠基人大卫·李嘉图就是花了4000英镑从一位旧贵族手中买下国会议员的席位，从而得以在国会平台上宣扬其自由贸易理念。大概在 17 世纪 30 年代，克伦威尔成为一名激进的清教徒。内战爆发后，克伦威尔组织了一个骑兵连加入国会一方同保王党作战，逐渐崛起为国会军的主要将领。1645 年，国会组建新模范军（New Model Army），克伦威尔成为新模范军的副统帅和骑兵中将。保王军最著名的将领之一莱茵的鲁珀特王子称克伦威尔的骑兵为"铁骑"（Ironside），指其突破和切割敌阵的能力，克伦威尔本人也得到了"老铁骑"（Old Ironside）的绰号。在审判和处决查理一世的过程中，克伦威尔是在死刑令签名赞同的 59 人之一。共和国成立后，克伦威尔成为国务理事会的成员之一[①]。

查理一世被处决后，内战再次爆发。爱尔兰天主教联盟与保王党结盟，对抗共和国。1649—1650 年，克伦威尔率军进攻爱尔兰。爱尔兰的战事直到 1652 年方才平息，其后公开信奉天主教被禁止，天主教神父一旦被捕即遭处决，天主教徒的土地被没收，分给英格兰和苏格兰移民、军人和共和国政府的债主。英格兰军队犯下众多战争罪行，包括屠戮妇孺和天主教神职人员。直到今天，爱尔兰人对这段惨痛的历史依然不能释怀。1997 年，时任爱尔兰总理伯蒂·埃亨（Bertie Ahern）在与时任英国外交大臣罗宾·库克（Robin Cook）会谈前，专门要求后者将办公室悬挂的克伦威尔画像撤掉。

1650 年，苏格兰拥立查理一世之子查理二世（Charles Ⅱ，1630—1685 年）为苏格兰国王，克伦威尔率军进攻苏格兰，将苏

---

① Ronald Hutton, "*The Making of Oliver Cromwell*", New Haven, CT, 2021; online edn, Yale Scholarship Online, 2022-01-20, https://doi.org/10.12987/yale/9780300257458.001.0001.

格兰置于共和国统治之下。因为同属清教徒，克伦威尔对苏格兰人倒是不为已甚，没有像在爱尔兰那样进行残忍的屠杀和镇压。

克伦威尔率军征战时，"残缺国会"陷于派系斗争，不能有效治理国家。1653 月 20 日，克伦威尔强行解散"残缺国会"。同年 12 月，克伦威尔就任护国主，实际上成为英国的独裁者，年薪 10 万英镑。

第一节

克伦威尔的财政难题与斯图亚特王朝复辟

克伦威尔赢得内战胜利并建立军事独裁统治最重要的资本是新模范军，新模范军是一支全部由志愿兵员组成的职业常备军。英格兰以往的历史上几乎没有中央政府掌握并由中央政府财政供养的全脱产职业常备军，军制很大程度上保留了中世纪的封建传统，除临时招募雇佣军，主要由各郡贵族和士绅衔王命在本地招募民兵。民兵一般只在本地服役，不跨区域调动、驻防，也不愿长期服役。因各地经济发展水平和人口数量参差不齐，民兵规模也大小不一。英格兰内战爆发后，1645 年 2 月，国会授权组建新军，共计 11 个骑兵团（每团 600 人）、12 个步兵团（每团 1200 人）以及 1000 名龙骑兵 [①]，兵员总计 22000 人，称为新模范军。步兵的

---

① Dragoon，欧洲骑兵兵种，以马匹提供机动，到达目的地后下马步战。

军饷为每天 8 便士,骑兵则是每天 2 先令,当然,骑兵要自备战马。新模范军装备精良,训练有素,纪律严明,更重要的是可以长期服役,并可部署到任何地区。新模范军的高级军官仍以贵族和士绅为主,但士兵大多为激进的清教徒,有强烈的共和主义倾向,代表其政治诉求的政治派别被称为"平等派"(Levellers),带有民粹主义倾向,主张将选举权扩大至全体(男性)公民。比"平等派"更激进的政治派别称为"掘地派"(Diggers),主张建立财产公有的集体农庄,带有空想社会主义色彩。

为在苏格兰和爱尔兰用兵,共和国的海军力量也有显著扩充,舰只数量一度超过当时欧洲第一海军强国荷兰。共和国的海军统帅罗伯特·布雷克(Robert Blake,1598—1657 年)是英国海上霸权的主要奠基者,对帆船时代的海军战术、训练、组织管理贡献良多。共和国在第一次英荷战争(1652—1654 年)中获胜。这场战争的胜利对双方的国运而言远非决定性。与荷兰海军相比,英国海军的优势依然仅限于在英吉利海峡进行近海防御作战,尚不具备在全球范围内与荷兰争夺海上霸权的能力,复辟时代又在第二次和第三次英荷战争中败于荷兰。第二次英荷战争(1665—1667 年)中,荷兰舰队奇袭了皇家海军在英国本土最重要的基地,在基地内俘获并拖走了皇家海军旗舰皇家查理号(Raid on the Medway,1667),堪称 17 世纪的偷袭珍珠港。第三次英荷战争(1672—1674 年)中,尽管荷兰本土遭法军蹂躏命悬一线,但荷兰舰队依然有能力对英法海军四战四捷,最终赢得战争胜利。而到第四次英荷战争(1780—1784 年)时,胜利的天平已经不可逆转地向英国倾斜,英国的全球海上霸权地位至此确立,并一直保持到 20 世纪早期。

17 世纪的英格兰和威尔士依然是工商业相对较为落后、城市化程度相对较低的农业国家。在超过 400 万的总人口中，约85% 从事农业生产，全国鲜有人口上万的城镇，绝大多数城镇人口不过数百。唯一的例外是伦敦。17 世纪初，伦敦人口已经超过 25 万人，是英国政治、工商和金融中心，在当时的欧洲也可算作一线大都会。伦敦的繁荣主要得益于此前一个世纪中国际贸易的扩张。伦敦人口中多数是底层劳动者，有相当多的是来自农村的务工人员，他们因圈地运动等丧失了土地，只能靠出卖劳动力为生。而主导这座城市的是富有的工商业寡头。可以说，英国的经济和金融资源主要聚集于伦敦，牢牢控制了伦敦是国会能够赢得内战的一个重要原因[1]。

共和国的军费开支极为庞大，1650 年每月达到 12 万英镑之巨，即便在 1657 年的最低点也达到 35000 英镑，远远超过内战前的水平[2]。在公共财政方面，克伦威尔是保守的，对伦敦的金融势力集团和当时的各类金融创新持怀疑态度，其公共财政收入主要依赖包税人群体。这些包税人乐于向克伦威尔政权预支款项，以此换取对未来税收收入现金流的支配权。但由于克伦威尔与共和派保持的国会间的矛盾，这些报税人采用强制手段征收税款及惩处拒绝

---

[1]　John J.Schroeder, "War Finance in London, 1642–1646." *The Historian*, Vol.21, No.4, 1959, pp.356–371.*JSTOR*, http://www.jstor.org/stable/24436644.

[2]　Saumitra Jha, "Financial Innovations and Political Dvelopment: Evidence from Revolutionary England", https://www.gsb.stanford.edu/faculty–research/working–papers/financial–innovations–political–development–evidence–revolutionary, 2010.

纳税者的权利受到严格制约。到克伦威尔统治末期，这些包税人大量破产，克伦威尔政权的公共财政也受到沉重打击[①]。到 1659 年元旦，克伦威尔政权的公共债务已经高达 250 万英镑，此外还拖欠陆军军费 89 万英镑。沉重的财务负担严重削弱了共和国的统治基础，导致人心思变，因为毕竟供养王室好像没有这么昂贵[②]。

1658 年，奥利弗·克伦威尔罹患严重的疟疾。尽管当时已有能有效治疗疟疾的新药奎宁，但因奎宁是由天主教耶稣会修士所发现，克伦威尔拒绝服用，导致本来的基础疾病尿毒症和肾结石等进一步加重。9 月 3 日，克伦威尔薨逝，直接死因是尿毒症引发的败血症。据记载，克伦威尔薨逝当夜，英格兰和欧洲各地普遍发生了大风暴。

克伦威尔死后，其子理查德·克伦威尔（Richard Cromwell，1626—1712 年）继任护国主。理查德·克伦威尔无力控制军方和国会，于 1659 年 5 月 25 日宣布下野，流亡欧洲大陆。1660 年 2 月，驻苏格兰英军指挥官乔治·蒙克（George Monck，1st Duke of Albemarle，1608—1670 年）将军挥师进入伦敦，4 月举行国会选举。英格兰政局动荡，人心思变，主张复辟斯图亚特王室的呼声日渐强烈。蒙克与当时流亡荷兰的查理一世之子查理二世密使往还。在蒙克的建议下，查理二世于 1660 年 4 月 4 日发表《布雷达宣言》（*Declaration of Breda*），承诺除弑君不赦外，只要相

[①] D' Maris Coffman, "The Protectorate Excise, 1654–1659", In: Excise Taxation and the Origins of Public Debt, Palgrave Studies in the History of Finance, Palgrave Macmillan, London, 2013, https://doi.org/10.1057/9781137371553_6.

[②] Ian Gentles, "A Greedy Puritan?" Oliver Cromwell and Money, 2011.

关人士对国王宣誓效忠，在内战及王位空缺时期针对王室的敌对行为既往不咎；王位空缺时期购置的财产合法有效；宗教宽容；补发拖欠军队的饷银；等等。国会通过决议，赞同迎查理二世回国复位。1660 年 5 月 29 日，查理二世在他 30 岁生日当天抵达伦敦，于 1661 年 4 月 23 日在威斯敏斯特大教堂举行加冕典礼，斯图亚特王室复辟。

查理二世有"快活王"（Merry Monarch）之称。与他的表弟、法国的"太阳王"路易十四一样，查理二世热衷于醇酒妇人和盛大的宫廷派对，与多位情人育有 12 位非婚生子女，这还只是得到他承认、有名有姓并获得封爵的。今天英国有几家公爵家族是他非婚子女的后裔，已故的黛安娜王妃是他的直系后代。但他与王后、葡萄牙公主布拉干萨的凯瑟琳（Catherine of Braganza，1638—1705 年）却没有生育，导致王位继承危机和国内政治分裂。凯瑟琳带来的丰厚嫁妆中，除大笔现金和赋予英国商人在葡属巴西和东印度殖民地的贸易特权，还包括在印度西海岸临阿拉伯海的 7 个小岛。这 7 个小岛后来发展为孟买，成为英属印度殖民地最重要的港口和商业中心，在今天是印度第一大城市。查理二世大力赞助文学、艺术和科学的进步。共和国时期被清教徒关闭的剧院重获新生，英国戏剧迎来了自莎士比亚以来的第二个黄金时代。在科学领域，他本人受过良好的科学教育，具备一定科学素养，在王宫里设有自己的实验室，在物理、机械、炼金术等方面颇有造诣。在当时，炼金术被当作一门正经的科学，也是现代化学的前驱，牛顿就极为热衷此道，致力于找寻"哲人之石"（Philosopher's Stone），他也很可能死于炼金术实验导致的汞中毒。英国皇家学会（Royal Society）和格林尼治皇家天文台都是查理二世在位时创建的，英国国君亲任皇家学会保护人（Patron）也是查理二世开创的传统。王朝复辟时期，英国科学界群星闪耀，牛顿、虎克、波义耳等我们从中学物理课本上就耳熟能详的科学巨人都活跃在这一时期。

在对外政策上，查理二世一朝乏善可陈。因为财政上仰仗表弟路易十四的接济，这一时期的英国在国际事务方面俨然成了法国的附庸，将具备重要战略意义的敦刻尔克港卖给法国，还被绑在法国的战车上从事两场以失败收尾的英荷战争。不过从历史发展的长期视角看，英国也算是塞翁失马：荷兰陷于与法国的长期争斗给了英国海外贸易以重要的发展窗口期，英国还用中美洲的苏里南殖民地交换了北美哈德逊河口的荷兰殖民据点新阿姆斯特丹，即今天的纽约。生活在今天的我们很难想象到底是出于什么样的逻辑才使荷兰人在战胜的情况下居然用纽约交换苏里南，但在工业革命前，对欧洲殖民列强来说，有条件发展奴隶制种植园经济，规模化生产蔗糖、香料、蓝靛、咖啡、烟草等高价值热带和亚热带经济作物的殖民地才是最有利可图、能给宗主国带来最多财政收益的，特别是蔗糖产业。英国宁愿放弃北美十三州殖民地也要确保牙买加不被法国或西班牙攻占，拿破仑可以将路易斯安那半卖半送给美国，却不惜动用重兵镇压海地独立运动，在当时都是合乎经济逻辑的做法，因为加勒比海岛殖民地的蔗糖产业在当时是欧洲殖民宗主国最大、最重要的财源。

总之，在长期战乱和共和国沉闷、压抑的清教徒铁腕统治之后，查理二世和复辟的斯图亚特王朝给了英国民众一个相对宽松、安定、自由的社会氛围，因此，尽管查理二世算不上出色的政治领袖，其统治期间还打输了两场英荷战争，而且暴发了 1665 年的伦敦大瘟疫（Great Plague of London）、1666 年的伦敦大火灾（Great Fire of London）以及 1672 年的"债务大停兑"（Great Stop of the Exchequer）——大瘟疫在 18 个月内造成超过 10 万人死亡，占当时伦敦人口的 1/4，大火灾造成的财产损失高达 1000 万英镑，"债务大停兑"导致银行家大量破产——王室信誉毁于一旦，但查理二世乐天知命的个性和与民同乐的气度还是让他在当时的英国民众中享有超高人气。

图 61 查理二世与王后布拉干萨的凯瑟琳

注：此画作为 17 世纪荷兰版画。

第二节
《航海法案》中的货币信息

发生在共和国时期的第一次英荷战争（The First Anglo-Dutch War）是英国开始确立海上霸权的标志性事件，战争的起因是贸易和殖民争端，英国的《航海法案》（*The Navigation Acts*）是引发战争的导火索。

在荷兰为争取独立同西班牙进行的八十年战争中，英荷两国是共同对抗西班牙的盟友。但到 1604 年，詹姆斯一世与西班牙单独媾和，使英荷两国关系产生裂痕。英荷两国依然保持着表面上的友善关系，然而两国间在全球贸易、航海和殖民领域的竞争愈演愈烈。

17 世纪早期，荷兰是全球头号航海和贸易大国，其商船吨位比世界所有其他国家加起来还要多。荷兰奉行自由贸易原则，其商品价格、海运运费和保险费等远比英国更富竞争力，即便是英国本土沿海贸易及英国与其北美殖民地间的贸易，英国人也无力同荷兰人竞争。

英格兰共和国成立后秉承重商主义政策导向。重商主义政策一言以蔽之就是以邻为壑。1651 年 10 月 9 日，克伦威尔控制下的"残缺国会"通过了一项名为《促进航运和鼓励本国航海事业的法案》(*An Act to for Increase of Shipping，and Encouragement of the Navigation of this Nation*)。这项法案的简称更为人们所熟悉——《1651 年航海法案》(*Navigation Act 1651*)。该法案的核心原则是英国的贸易和渔业应由英国船只承运。法案禁止外国船只从亚洲、非洲和美洲向英国及其殖民地运送货物，只有船主、船长和多数船员为英国人的船只方可承运；欧洲国家的船只可运送本国的出口商品到英国，但不得运送第三国出口货物至英格兰；禁止以外国船只进口和出口咸鱼，并惩治在英国港口间运送鱼类和渔业用品的人；违反《航海法案》的船只和货物将被罚没。这项法案其实是专门针对荷兰的，因为荷兰控制着当时欧洲大部分国际贸易，甚至英国沿海贸易的海运，法案实际上将荷兰排除出与英国的直接贸易，因为两国经济互补性较差，竞争性较强，荷兰对英贸易大多是转口贸易。但与英国的贸易在荷兰的进出口贸易总额中占比并不大。

1654 年，英荷双方签订《威斯敏斯特条约》(*Treaty of Westminster*)结束战争。荷兰人未能令英国废除或修订《航海法案》，但从实际执行效果来看，法案对双边贸易影响甚微，对英国的影响甚至是负面的，很多英国在海外的贸易口岸因此衰落，而英属美洲殖民地的种植园主更愿意同荷兰进行走私贸易，比如英属弗吉尼亚殖民地的烟草种植园主就罔顾朝廷禁令，同荷属新尼德兰殖民地(Nieuw Nederland，今美国东海岸纽约、新泽西、康涅狄格、特拉华、宾夕法尼亚及罗德岛等州部分地区，首府新阿姆斯特丹，即今纽约市)大量进行走私贸易，因为荷兰人的服务更好，价格更富竞争力。

斯图亚特王朝复辟后，共和国时期通过的法案原则上全部作废，但国会认为《航海法案》对英国贸易发展至为重要，因此于 1660 年通过新的《航海法案》，即《1660 年航海法案》(*Navigation Act 1660*)，扩大了原法案的范围。原法案主要涉及海上货物的承运，而新法案堪称英国历史上最重要的贸易法案，涉及造船、航运、贸易和商人集团的利益。我们今天在学术研究中统称的作为重商主义贸易政策标杆的一系列《航海法案》的基础就是《1660 年航海法案》，当然后续还有诸多的修正、补充、删除等，一直适用至 1849 年自由贸易理念终于战胜重商主义成为主流，重商主义标志性的《航海法案》和《谷物法》(*Corn Laws*)等方被大部分废除；到 1854 年，所有对航海贸易的限制全部废除。大卫·李嘉图作为公共知识分子和意见领袖的主要活动就是宣传废除《谷物法》。

《1660 年航海法案》全称《鼓励和促进运输和航海法案》（*An Act for the Encouraging and Increasing Shipping and Navigation*）规定只有英国及其属土人士拥有、制造的船只才能承运英属殖民地的进出口货物；不少于 3/4 的船员须为英国人；船长需要缴纳保证金保证运输的合规，抵港后归还保证金；不合规行为可能导致船只和货物被罚没；殖民地的七种"列举类"（Emunerated）商品只能销往英国和其他英属殖民地。这些商品主要是宗主国不能生产的热带和亚热带产品，具备较高的经济价值，且是英国较有竞争力的制造业部门所需的原材料，包括蔗糖、烟草、原棉、蓝靛、生姜、桑橙或其他用来生产染料的植物。此前的法案中，只有烟草一项商品有此类限制。后续的法案中"列举类"商品又不断有添加，涵盖了英国本土大量消费的高价值进口商品，如当饮用热巧克力成为英伦的新时尚后，1672 年，可可豆也被加进了目录。特别照顾英国商人集团的利益并令英属殖民地外籍移民不满的是，法案规定外国人或并非出生在英王治下地域、没有归化入籍的人士不得在英国属地从事贸易，否则将被没收货物和财产。紧随《1660 年航海法案》后，国会又通过了《1660 年海关法案》（*Custom Act 1660*），对关税征管做出规定。

《1663 年航海法案》全称《贸易鼓励法案》（*An Act for the Encouragement of Trade*），其对海外出口限制的范围进一步扩大，规定所有从欧洲出口到美洲和其他英属殖民地的货物必须经英国转口。货物达到英国本土口岸后要卸载、检验、批复、完税后方可重新装船运往目的地，且要由英国或英属殖民地船只承运；从英属殖民地向其他国家出口烟草、原棉等"列举类"商品时，需要先在英国本土港口停靠并完税方可继续前往目的地。这些规定的目的在于使英国本土成为英属殖民地所有贸易的集散中心，并阻止英属殖民地同其他国家和地区建立直接贸易往来。其结果是英属殖民地进出口贸易运输时间更长、成本更高，对殖民地经济发展和民生造成负面影响。宗主国对殖民地自身经济贸易发展的防范和遏制后来成为北美十三州殖民地独立运动的重要诱因之一。

这项法案背后最重要的事项其实同货币金融相关。在东印度公司的暗箱操作下，法案推翻了此前相关法律中关于禁止向海外出口钱币和金银锭的规定。《1663年航海法案》第九条规定，英格兰进口的外国钱币和金银锭可以合法地出口其他国家和地区。除购买棉纺产品和蓝靛等商品，白银是当时东印度公司对印度出口的最大宗商品，一个重要的原因是当时英印两国金银比价存在差异，带来了套利空间：相较而言，英国金贵

图62　梅德维港突袭战中荷兰海军焚毁英国皇家海军战舰

注：此画作由荷兰画家小威廉·凡·德·维尔德（Willem van de Velde the Younger，1633—1707年）创作，木板油画，73cm × 108 cm，收藏于阿姆斯特丹国家博物馆（Rijksmuseum）。描绘第二次英荷战争中1667年6月20日荷兰海军奇袭英国皇家海军梅德维军港的场景。第二次和第三次英荷战争的失利迫使英国放松《航海法案》对荷兰船只的限制。

银贱，印度则银贵金贱，用英格兰的白银购买印度的黄金可获暴利；而英格兰出口的白银主要来自劫夺西班牙和葡萄牙从美洲殖民地向欧洲运送白银的船队。利用金银价差套利可以给相关市场参与者带来无风险的巨大收益（当然不是绝对的无风险，因为金银运输总归有损失的风险），但使英国政府的白银供给和税收收入减少了。实际上东印度公司是靠大量贿买国会议员才使法案得以通过。从长期看，白银的外流和黄金的输入使后来英国改行金本位成为必然的选择。

之后的相关法律，如《1673 年航海法案》主要涉及北大西洋海域的捕鲸业，以及北海和波罗的海东岸贸易；《1696 年航海法案》主要涉及英属殖民地的种植园经济，并对殖民地贸易施加更多限制，加强此前各类限制规定的执行。但因第二次和第三次英荷战争的失败，英国政府实际上默许荷兰船只可以绕过相关禁令，进行半公开的"走私"贸易，只要不是太明目张胆，不要在英国领海被抓现行就好。

我国学界传统上认为《航海法案》和类似的重商主义措施对英国经济和贸易发展、崛起为全球霸权起了促进作用，并将此作为贸易保护政策合理性或必要性的依据。但常识告诉我们，时间上的先后顺序并不意味着逻辑上的因果关系，而社会科学研究中最有挑战性的也是厘清变量间是否存在因果关系，以及究竟谁是因谁是果。因为不同于实验室科学，社会经济现象是无法在实验室复制的，无法证实或证伪。一个问题是，如果英国一开始也是如荷兰一样秉承自由贸易原则，不搞重商主义那一套，结果又会怎样？这当然也是无解的。我们知道的是，《航海法案》对殖民地贸易的限制是导致美国革命的原因之一；从一开始，在英国即存在自由贸易和重商主义的争论；从 18 世纪 20 年代至 18 世纪 60 年代，对《航海法》的执行，英国国会实际上采取了一种"暂时忽略"（Salutary Neglect）的态度，即只要殖民地依然忠于英国且对英国经济作出贡献，对于种种违反《航海法》的小动作英国政府可以睁一眼闭一眼。美国的独立打破了《航海法案》的种种限制，此后英国政府不断放宽限制。"列举类"货物的限制于 1822 年解除，最后所有重商主义政策于 1854 年全部被废除。

第三节

斯图亚特王朝复辟时期的 "债务大停兑" 和币制

查理二世时代，王室的财政状况依然捉襟见肘。为弥补财政赤字，王室不得不向伦敦的金匠银行家大量出售债权，承诺政府未来两年的财政收入将优先用于债务还本付息。只有少数特别受王室青睐的银行家方有资格参与竞标购买王室债务，债务的年收益率一般为 8%~10%，而当时法律规定的商业贷款的最高年利率仅为 6%。尽管当时英国并无现代意义上的有组织的金融资产二级市场，但银行家彼此之间可以进行王室债务交易，或通过柜台交易方式将王室债务出售给其他投资者，因此王室债务的流动性以当时的标准而言也是相当不错的。但随着王室债务总额越来越高，需要配置越来越大比例的未来财政收入用来偿还债务，王室财务状况的安全边界也日渐缩窄。

1672 年 1 月 2 日（星期二），在毫无征兆的情况下，王室突然宣布停止一切到期债务的兑付，停兑为期一年，至 1672 年 12 月 31 日；停兑期间利息按年利率 6% 照付，但本金偿还暂停。这一事件史称"债务大停兑"。

这次违约的导火索是当时爆发的第三次英荷战争。查理二世动员了 82 艘战舰准备进攻荷兰，并向伦巴第街的银行家申请新的贷款以用作军费。但考虑到王室的财务状况已经岌岌可危，银行家拒绝了王室的贷款申请。查理二世及其重臣决定其他预算内开销全部暂缓，包括债务还本，财政收入优先用于军费开支。照后来估算，当时流通中王室债务本息合计略高于 120 万英镑，相当于 1671—1672 年度王室的全部收入，包括关税、消费税、炉灶税等，但不包括国会额外授权的 37.8 万英镑的特别津贴。

这一举动给伦敦的金融市场带来了灾难性的冲击。起初的计划只是暂缓偿还本金一年，但查理二世向国会提出的增加拨款的要求遭到拒绝，停兑先是被展期至 1673 年 5 月，之后又再次被延期至 1674 年 1 月。但届时王室所有的收入基本上刚收上来就马上花出去，停兑变成了无限期。

丹比伯爵（Thomas Osborne，1st Duke of Leeds，1632—1712 年）出任财政大臣后致力于整顿王室财政，终于在 1675 年 3 月开始按 6% 的年利率偿还利息。经过详尽审计后，1677 年开始按当时的债务总额（本金加上拖欠的利息）重新兑付债务。丹比伯爵在任期间始终坚持定期还款。但到了 1680 年后，还款又变得时断时续。1680—1685 年，王室的还款共计只有应付本息的 56%。詹姆斯二世在位期间，1685—1688 年，还款进一步下降到只有应付本息的 21%。光荣革命后，威廉和玛丽在位时期，因同法国的九年战争，王室财政再度枯竭，还款又停止了。债权人提起诉讼，即"金匠银行家案件"（The Goldsmith Bankers Case），该案件旷日持久，到 1692 年，财政法庭（Court of Exchequer）终于做出了有利于债权人的判决，但政府当即向财政上诉法庭（Court of Exchequer Chamber）提起上诉。1696 年，上诉法庭以技术细节问题推翻了原判，债权人上诉至国会上议院（贵族院）。1700 年 1 月，上议院做出有利于债权人的判决，但王室的财政收入依然不够偿还债务。1701 年，国会通过决议最终解决债务问题，规定利息按当时市场通行年利率 3% 计算，但要到 1705 年 12 月才开始还款，且只按 1676 年底时的债务本金余额近 133 万英镑计算，后续所有未付利息一概不计。1716 年，英国通过《1716 年国债法案》（National Debt Act 1716），将截至当时未清偿的债务统一并入新的国债体系，年利率定为 2.5%。

在近代和现代早期，王室和政府的债务违约在欧洲大陆国家如西班牙和法国等已经屡见不鲜，但在英国，自伊丽莎白一世女王以来，王室基本上保持了有债必还的良好信用记录。到斯图亚特王室复辟时期，王室的短期财政需求几乎全部靠少数实力雄厚、与王室关系密切的伦敦金匠银行家提供信贷解决。"债务大停兑"导致大批大银行家破产，并彻底结束了王室与金匠银行家集团的密切关系。王室的信贷需求也只能另寻他途解决。这也是 1694 年创建英格兰银行的初衷之一。当时为筹措 120 万英镑军费，英国政府向债权人颁发成立"英格兰银行总董及公司"（The Governor and the Company of the Bank of England）的皇家特许状，授予其长期特权，包括发行纸币。皇家特许状在当年通过的《1694年吨税法》（Tonnage Act 1694）被予以正式立法化。当时王室的财政状况如此糟糕，这笔贷款的条件相当苛刻，年利率达到8%，还要另收每年4000英镑的贷款管理费。英格兰银行成立后接管了政府的融资活动，此后英国政府没有再发生债务违约。

从共和国时代开始，机器造币开始取代手工打制造币。为防范剪边，从克伦威尔时期开始，钱币的外缘也要镌刻文字（Edge Lettering）。查理二世时，外缘镌刻的文字为拉丁文"DECVS ET TVTAMEN"，意为"装饰和护卫"，意指镌刻文字防范剪边的目的。嗣后英国钱币的外缘上都会镌刻这句短语，直到2015年1英镑硬币改版。

1662年，查理二世为新的王冠银币征求设计稿。当时供职于皇家造币厂的主要钱币设计师有共和国时代的首席雕模师、共和国国玺和钱币的设计者托马斯·西蒙，以及查理二世在流亡期间结识、复辟后专门延揽过来的弗拉芒金属工艺大师莱特尔兄弟，竞争主要在他们之间展开。因种种原因，西蒙未能在最后期限前提交设计样稿，结果莱特尔兄弟的样稿自动胜出，被接受为新的王冠银币的标准设计。但西蒙心中不服，于是自己设计制作了一枚王冠银币样币进呈国王御览。这枚设计样币的独到之处在于，西蒙以高超的金属工艺在钱币并不厚实的外缘上镌刻了两行多达200个字母的"陈情表"：

托马斯·西蒙卑微地祈请陛下比较这枚样币与荷兰人（的设

计），（判断这枚样币上的国王头像）是否刻画得更真实，更多呈现了（陛下的）盛德，（整体设计）齐整，以及更精确地镌刻陛下（龙颜）。

不过，不管西蒙的技艺多么高超，错过了比稿就只能眼巴巴地看着竞争对手胜出了。其后英国的钱币，包括著名的几尼金币，最终都是采用莱特尔兄弟的设计。

图 63 托马斯·西蒙的"陈情"王冠银币设计

注：此为 18 世纪版画。

斯图亚特王朝复辟时代发行的钱币影响最大的是几尼（Guinea）金币。2013 年，为庆祝几尼金币发行 350 周年，英国皇家造币厂专门推出一款 2 英镑纪念币，上面引用英国作家史蒂芬·肯布尔（Stephen Kemble，1758—1822 年）的一句话："几尼是什么？那是一个光辉灿烂的东西。"（What is a guinea? Tis a splendid thing）。这是英国历史上第一次用一款钱币来纪念另一款钱币。1663—1813 年，几尼金币的生产和流通见证了英国君主立宪制的建立、工业革命的兴起和日不落帝国的初具雏形，具有重大历史意义；几尼金币在法律上的非货币化也刚好同英国进入事实上的金本位制的时间重合。

几尼金币于 1663 年 2 月 6 日推出，是英国首款机器制造的法偿金币。几尼并非官方名称，其名字源自西非的几内亚湾沿岸地区，因制造这款金币的黄金主要来自该地区，特别是今天的加纳共和国境内，故名。几内亚湾沿岸地区是撒哈拉以南非洲最早同欧洲建立直接贸易往来的地区，是当时泛大西洋三角贸易的一角。欧洲人从那里进口大量的黄金和象牙，并从事罪恶的跨大西洋奴隶贸易。按照官方标准，1 金衡磅 22K 王冠金（成色 91.33%）生产 44 1/2 枚几尼金币，折合每枚几尼金币重 129.438 格令（8.385 克），含纯金 7.688 克（0.247191011 金衡盎司），此外还有五几尼、二几尼、半几尼、四分之一几尼等多种面值。

图 64 詹姆斯二世的
五几尼金币正面

几尼金币的价格起初定为 20 先令（1 英镑），但查理二世时代，因黄金价格飙升，在市场上几尼金币的价格从一开始就有明显溢价。此后黄金价格一直保持上升趋势，特别是在政局不稳时更是急剧飙升。海军衙门都承旨萨缪尔·皮普斯在其 1667 年 6 月 13 日的日记中提到，当日几尼金币的市场价高达 24~25 先令[①]。到 1680 年，几尼金币的市场价格稳定在 22 先令银币。

查理二世时期几尼金币的直径为 1 英寸（25.44 毫米），平均含金量约 91%。该款钱币由当时供职于皇家造币厂的来自安特卫普的金属工艺大师约翰·莱特尔（John Roettier, 1631—1700 年）设计，正面为面向右侧的戴桂冠的国王头像，拉丁文铭文 "CAROLVS II DEI GRATIA"，意为"奉天承运查理二世"，背面图案为十字形分布的英格兰、苏格兰、爱尔兰和法国盾形纹章，4 个盾形纹章

---

① Diary of Samuel Pepys, https://en.wikisource.org/wiki/Diary_of_Samuel_Pepys/1667/June#13th.

由 4 支权杖分隔，中心为 4 个中心相连的字母"C"，外围环绕拉丁文铭文"MAG BR FRA ET HIB REX"，意为"大不列颠、法兰西和爱尔兰之王"。

詹姆斯二世时期的几尼金币也由约翰·莱特尔设计，直径 25~26 毫米，平均含金量实测为 90.94%。金币正面为国王头像，朝向左侧。有些年份的几尼金币，国王的头像下有背负象舆的大象形象。大象是英国皇家非洲公司（Royal African Company，RAC）的徽标，该公司在 1672—1698 年享有英国对非洲的奴隶、黄金和其他商品贸易的垄断权。金币上的大象表示造币所用黄金系由该公司从非洲运回英国的。金币背面图案大体保持不变，只是去掉了中心的字母 C 图案。

威廉和玛丽在位时期的几尼金币正面为两位君主重叠侧像，面向右方，拉丁文铭文"GVLIELMVS ET MARIA DEI GRATIA"，即"奉天承运威廉和玛丽"；背面图案改为一面大的盾形纹章，纹章顶部为王冠，纹章分为四等分，从左上按顺时针顺序依次为英格兰、苏格兰、法国和爱尔兰的纹章，中心为一较小的盾形纹章，图案为奥伦治亲王家族纹章拿骚的立狮，拉丁文铭文"MAG BR FR ET HIB REX ET REGINA"，即"大不列颠、法兰西和爱尔兰国王和女王"，并标有造币的年份。在威廉和玛丽朝早期、货币大重造前夜，几尼金币的市场价格一度飙升至 30 先令。1694 年玛丽女王驾崩后，几尼金币正面改为威廉一世头像，正面和背面铭文也相应更改，背面图案不变。

安妮女王时期的几尼金币有些正面女王头像下有"VIGO"字样，表明所用的黄金是西班牙王位继承战争期间英军在 1702 年

10 月的维戈湾（Vigo Bay）海战中从西班牙舰队缴获的战利品。安妮女王在位时期的一个重大事件是 1707 年英格兰和苏格兰正式合并为大不列颠王国，其后发行了第一款大不列颠几尼金币，上面英格兰和苏格兰的纹章合并在一起，即英格兰纹章的左半部分和苏格兰纹章的右半部分拼接为新的联合纹章。

安妮女王之后，乔治一世开启汉诺威王朝。汉诺威王朝的几尼金币背面图案为不同形式排列的大不列颠（苏格兰和英格兰）、法国、爱尔兰和汉诺威的纹章，君王的头衔也加上了"神圣罗马帝国大司库和选帝侯""不伦瑞克—吕讷堡公爵""信仰的保卫者"等尊号。汉诺威王朝时期，自 1717 年起至 1816 年货币大重造，几尼金币的官方价格固定为 21 先令（1 英镑零 1 先令）。

到 18 世纪末、19 世纪初，法国大革命和拿破仑战争期间，英国的黄金储备消耗殆尽，大量金币被民众囤积起来。1797 年，英国国会通过《银行限制法案》（*Bank Restriction Act 1797*），解除英格兰银行必须将银行券兑换为黄金的义务，将纸币定为法偿货币。直到 1821 年禁令方被解除，银行券重新恢复可兑换性。1799 年，几尼金币停止生产。但 1813 年半岛战争期间，威灵顿公爵率英军转战伊比利亚半岛时，因当地民众只肯接受黄金作为付款方式，为战争需要，英国政府特批制造了 8 万枚几尼金币，这批金币被称为"军事几尼"（Military Guinea）。当时英国黄金紧缺，黑市上 1 几尼金币兑换纸币和银币的价格在 27 先令左右，因此，发行这批几尼金币，英国政府遭受了不小的财务损失。军事几尼的背面图案设计独特，为英国最高勋位嘉德骑士团（Most Noble Order of the Garter）的吊袜带环绕盾形纹章，纹章上为王冠；吊袜带上为骑士团的拉丁文格言"HONI SOIT QUI MAL Y PENSE"，意为"心怀邪念者蒙羞"；边缘为拉丁文铭文"BRITANNIARUM REX FIDEI DEFENSOR"，意为"不列颠列岛之王，信仰的保卫者"；纹章下为制造年份"1813"。军事几尼是英国制造的最后一个批次的几尼金币。如今，在英国皇家造币厂的网站上，一枚军事几尼的售价为 6995 英镑[①]。

在赢得拿破仑战争的最终胜利后，英国于 1816 年进行了又一轮货币重造（Great Recoinage of 1816），确定英镑为货币单位，在事实上进入了金本位制时代，开始发行新的 1 英镑"至尊"（Sovereign）金币。几尼金币非货币化（Demonetization），不再作为法偿货币。

在英国，几尼金币一直被认为是一种有"贵族范儿"的钱币，因此，直到今天，在某些特定的领域，如医疗、法律等专业服务收费，土地交易，高端定制服装，马匹、艺术品、奢侈品、家私和高端消费品买卖，乃至赛马和赛狗的彩金等，还习惯性地使用几尼作为计价单位。在此种语境下，1 个几尼通常指当今十进位换算下的 1.05 英镑。

光荣革命后，詹姆斯二世全家流亡法国。在法国国王路易十四的支持下，1688—1691 年，詹姆斯的支持者（Jacobite）在爱尔兰举兵反抗威廉和玛丽的新政权，史称爱尔兰威廉党人战争（Williamite War in Ireland）。为给士兵发饷，詹姆斯党人用铜、锡

---

① 英国皇家造币厂官网，https://www.royalmint.com/our–coins/ranges/historic–coins/historic–guineas/george–Ⅲ–1813–military–guinea/。

等贱金属制造钱币，承诺詹姆斯二世复位后，这些钱币可以兑换为银币并附加利息。

詹姆斯党人在爱尔兰发行的钱币被称为"大炮钱"（Gun Money），因为造币的铜材主要来自熔化的火炮。除了火炮，教堂的钟等铜制品也被融化用来制造大炮钱。战争期间，大炮钱共发行了两个批次，第一批称为大发行，面值包括六便士、先令和半王冠（2 1/2 先令）；第二次称为小发行，面值包括先令、半王冠和王冠（5 先令）。应该是因为缺乏造币用铜材，第二批次很多是在第一批次的钱币上再次打制的，比如六便士重新打制为先令，先令重新打制为半王冠，半王冠重新打制

图65　1817款至尊金币设计样币

注：此钱币由当时供职于皇家造币厂的意大利宝石雕刻大师本尼迪托·皮斯特鲁奇（Benedetto Pistrucci，1855）设计，正面为希腊风格的乔治三世国王头像，背面为新古典风格的圣乔治斩龙图案，象征正义战胜邪恶，反映了滑铁卢战役胜利后英国朝野的欢庆情绪。皮斯特鲁奇本来不会金属雕模，但因皇家造币厂的雕模师总是无法完整实现他的设计理念，于是自学金属工艺，亲手制作了这款设计样币的雕模。经过修改，1818 年正式发行的至尊金币背面圣乔治手持的断矛改为宝剑，其余未变。这款金币被称为英国史上"最漂亮的钱币"，同款圣乔治斩龙图案直到21 世纪仍出现在一些英国钱币上，如 2013年的 20 英镑银币。

资料来源：英国皇家造币厂，https://www.royalmint.com/stories/collect/benedetto-pistrucci/。

为王冠。大炮钱最鲜明的特征是钱币上不仅标明了制造的年份还标明了月份，以便詹姆斯二世复位后，士兵可以按月计算时间申领被拖欠军饷的利息。

图66 詹姆斯二世的爱尔兰半王冠
"大炮钱"，1689年9月发行

除了铜币，詹姆斯党人还发行白锡钱（Pewter Money）。白锡是一种合金，以锡为主，还含有铜、锑、铅、铋等成分，当时用不起银器的人家常用白锡作为替代品，看上去也算形似，与我国俗语"银样镴枪头"意思类似。詹姆斯党人的白锡钱有半王冠、王冠等不同面值，使用大炮钱同样的雕模。

詹姆斯党人的武装反抗以失败告终，这些钱币自然也就无从兑换，但被准许作为辅币继续流通，直到18世纪早期最终销声匿迹。

第四节
造币厂牌价、名义主义与金属主义

中世纪早期，欧洲各国造币厂林立，除了君主，封建领主、天主教主教和修道院长、自治城市等往往设有自己的造币厂，出产的钱币规格、标准参差不齐。1279年，爱德华一世在伦敦塔城墙内设立皇家造币厂，又称伦敦塔造币厂（Tower's Mint），逐步将造币统一起来。除少数地方和教区，外省的造币厂数量大大减少。到亨利八世推行宗教改革时，天主教修道院被解散，伦敦以外的造币活动基本停止。伦敦的高净值人群和金匠等金融从业人士也会将自己的金银等贵重物品交皇家造币厂保管，一是为了安全，二是为了方便大宗金融交易的结算和清算。在某种程度上皇家造币厂扮演着金融市场中央结算中心的角色。皇家造币厂的管理架构也日渐清晰，到 1472 年形成了由总办（master）、监督（warden）和主计（comptroller）三名主官各司其职的管理体系，其中总办负责造币厂的运营，包括招募雕模师（engraver）等各级员工、遴选和管理外包私营造币商（moneyer）等，监督负责钱币的交付流通，主计负责财务管理。皇家造币厂成为英国管理全国货币金银事务的最高政府机构，对财政部负责。科学巨人牛顿从 1696 年开始担任皇家造币厂总办和监督，直至 1727 年逝世，其人生最后的 30 年主要投入于皇家造币厂的运营管理中，其间主持了 1696 年英格兰货币大重造（Great Recoinage of 1696）以及英格兰和苏格兰正式合并后的 1707 年苏格兰货币大重造。

　　造币厂运营着一个牌价（posted price）系统，人们可将合乎重量和成色标准的贵金属（bullion）送来造币厂按牌价换取固定数额的钱币（specie）。12 世纪起造币厂开始提供白银牌价，14 世纪起推出黄金牌价。原则上，造币厂提供了一个"可兑换"（convertibility）机制，在该机制下，金银锭可以按固定价格兑换金银币。牌价为毛（gross）价格，通常金银锭持有人在兑换钱币时实际收到的金额为造币厂牌价减去造币成本（mintage）和造币税（seiniorage）的数额。这两项扣减加起来一般不超过造币厂牌价的 5%，即交付按造币厂现行牌价价值 100 英镑的金银锭实际到手的钱币总面值为 95 英镑或略多。1666 年后英国政府实行货币自由制造政策，这两项收费取消，即国家不再征收造币税，造币厂的运营成本和费用也由国家财政覆盖，价值 100 英镑的金银锭等值兑换面值 100 英镑的金银币。注意，此处所说的金银锭指一切非本国法偿货币形式的商品金银，可以包括现代意义上的金银锭（ingot），也可以是银餐具等金银制品、外国金银币以及非货币化的（demonetized）本国旧金银币。

同今天国际市场贵金属、外汇及其他金融资产牌价频繁波动不同，14—17 世纪，造币厂的金银牌价一般是固定在 40~70 年才会有所变动，变动几乎无一例外是金银锭价格上行，即同等数额的金银锭可以兑换总面值更高的金银币，钱币实际上处于不断贬值之中，即同等面值的钱币重量降低（devalue）或同等重量的钱币面值提升（raise the coin），贬值的幅度在 10%~35%，导致造币厂牌价通常会在长期稳定后出现阶梯上升，然后又是长时间的稳定，直至下一轮阶梯上升。除亨利八世时期的"大贬值"，英格兰的钱币一般不会通过降低贵金属含量（debase）实现贬值，而是通过降低固定面值的钱币的重量或提升固定重量的钱币的面值来实现（主要是前者），银币的成色长期保持在 92.5% 标准银，金币则为 22K"王冠金"（22/24 或 91.67%）。14—17 世纪，白银的造币厂牌价上涨了 3 倍，钱币的重量也同比例下降了这么多。

当然，金银锭的持有人或经销商总有可能在市场上找到比造币厂牌价更有竞争力的价格，比如卖给金银器生产者、外国造币厂或用以支付从亚洲国家如中国、印度等进口的商品。如果相比上述选择造币厂牌价不够有竞争力，造币厂就无法购入足够多的金银锭生产钱币，并由此导致"钱荒"（scarcity of coin），给社会经济运行带来负面冲击。反之，如果造币厂牌价有足够竞争力，也会吸引金银锭被用来兑换钱币。金银锭和金银币价格出现脱节时就会产生套利空间。金银币价格高时，套利者可能进口更多金银锭来造币；金银币价格低于金银锭价格时，套利者则会选择将钱币熔铸为金银锭。市场上金银锭比价和金银币法定兑换率的脱节也会产生套利空间。套利行为会自动调节价格重新实现均衡。各国法偿货币间的汇率则是各国法偿货币纯金或纯银含量之间的比值，即金银平价（mint parity）。欧洲各国的造币厂都会有自己的挂牌价格，除非某国有意搅乱国际市场、打击其他国家，长期来看，跨境套利的存在也总会使各国的金银锭价格及金银比价趋同。就某种意义上而言，造币厂金银牌价实际上为商品金银的价格设定了一个价格地板（Price Floor）[1]。

造币厂的牌价制度不一定会影响金银和商品的比价。例如，购买每蒲式耳（Bushel，容积单位，英制蒲式耳约合 36.4 升）小麦所需的白银，以便士量（dwt）计量。13—15 世纪，每蒲式耳小麦价格极少会低于 3 便士量，但遇到粮食大规模歉收的灾荒之年，小麦价格可能飙升到每蒲式耳 20 便士量，即 1 盎司白银。直到 16 世纪欧洲物价革命，正常年份小麦的价格在每蒲式耳 10 便士量左右波动，但物价革命开始后，从金银供给端看，大量金银从美洲输入欧洲；从商品需求端看，中世纪黑死病之后欧洲人口报复式反弹和城市化进程导致对粮食等商品的需求大幅

---

① Anthony Hoston, "Stablizing Monetary System: Sterling's Currency and Credit Markets from the 12th to 20th C", Cambridge Working Paper in Economic and Social History, CWPESH No.11, Cambridge University, 2012, Available at https://www.econsoc. hist.cam.ac.uk/docs/CWPESH%20number%2011%20Sept%202012.pdf.

增长。综合作用使然，小麦价格一路飙升，到 17 世纪中叶又翻了一番，达到每蒲式耳 20 便士量。同期，黄金和白银价格基本同步变动。考虑到当时一般家庭极高的恩格尔系数（以现代水平看），小麦价格变动可以被认为近似今天的 CPI（消费者物价指数），用来衡量一般商品物价通货膨胀情况。由此观之，16 世纪和 17 世纪，整体价格水平变化趋势是有利于商品而不利于贵金属的，即商品价格比贵金属价格上涨更快，这也导致了财富在社会各阶层间的重新分配，即拥有较多土地的自耕农和城市工商业资本家经济实力上升，收入主要来自货币地租的贵族地主的经济实力相对下降。

自 14 世纪英格兰开始常规性发行金币以来，起初金币的造币厂牌价一般是每金衡盎司王冠金（22K）可以兑换面值为 1 磅标准银（pound sterling）的金币，当然那时的金币面值不一定以英镑为单位。此后金银币的价格基本上保持着同步下降，到 17 世纪早期，金币和金锭的兑换率保持在每金衡盎司 22K 王冠金兑换 3 英镑的水平上。同期银币对银锭的比价为每便士量 925 白银兑换 3 便士银币，折合金银币价为 1：12（20 便士量 =1 盎司，240 便士 =1 英镑），折合纯金和纯银（24K）的比价略高于此数。需要注意的是，长期以来尽管金银币并行，但英国事实上实行的是银本位制，即货币价值的基础（footing）是白银，英镑、先令、便士等基础货币单位都是指白银。金币则随行就市，不仅市场价格经常波动，造币厂牌价也经常调整。

商品货币特别是贵金属本位货币制度下经常有"名义主义"（nominalism）和"金属主义"（metalism）的争议。在英格兰，钱币上通常会标明名义上的（nominal）白银价值，即面值（face value）。此外，钱币还有抵押价值（collateralized value），主要基于其真实贵金属含量。全新品相（mint condition）的钱币的抵押价值等于交易时的造币厂金银锭牌价。钱币在流通过程中总会有正常磨损和人为损毁，有些钱币比法定重量减重25%甚至更高，因此，流通中的钱币抵押价值会有一定折扣。在格雷欣法则的作用下，抵押价值越高的钱币越会被窖藏起来，抵押价值低的钱币则会大量流通。在今天的英语国家，二手货的卖家吹嘘自己售卖的标的商品为"全新品相"是常见的噱头，尽管各类二手货市场其实是劣币驱逐良币的"柠檬市场"（lemon market）。

中世纪，解决流通钱币破损问题的常用方法是货币重造（recoinage），即制造新币，用新币置换旧币。这样的货币重造几乎每代人会遇到一次。重造是有成本的，不仅包括造币厂的工本、君主征收的造币税，还有组织管理新旧币兑换的行政费用等，此外还要计提一定的损失，因为回收来的旧币肯定都有不同程度的磨损，重量肯定低于出厂时的标准。在这种情况下，新币必须有一定的贬值，从而当旧币兑换新币时，流通货币的总名义价值（面值）不会减少。总体而言，相比于降低流通货币的总面值，政府更倾向于将钱币贬值，因为前者会直观地导致民众的不满，并给国民经济带来通缩压力。因此，这样的造币体系下，一定会产生对周期性货币贬值的偏好，而且货币贬值不必然引发商品价格通胀。

但货币贬值会引发债权人和债务人之间的公平问题，即债务的清偿是应该按照钱币的面值，还是按照与债务发生时旧币的重量相当的新币。英国普通法规定，任何债务均能够以当前流通货币按面值清偿，无论债务存续期内是否发生货币贬值。当然在有些情况下，贷款合同可以规定其他清偿方式，如债务人需交付约定数量的贵金属锭或商品清偿贷款，但多数情况下还是以货币按面值结算。今天英语中说的"take something at face value"，即对某种言论不经批判性思索地照单全收，实际上就反映了"名义主义"的原则。

　　这里需要注意，英国普通法语境下的"法偿货币"仅指清偿债务（包括缴税）时债权人不得拒收的货币，而在日常的商业交易中，收款方还是有权拒绝接受特定的钱币的，即便今天也依然如此。比如我们在受普通法影响的香港特别行政区旅行时，可能会遇到商家对汇丰银行、渣打银行和中国银行发行的纸币有不同的偏好——当然，从严格法律意义来讲，港币纸币属于银行券，而不是官方发行的法偿货币。这同我国内地的法律规定还是有一定的差异的。

　　除了磨损或损毁，另一个影响钱币抵押价值的因素是金银锭价格的波动。金银锭价格的下降会降低钱币的抵押价值，但如同上文探讨过的，造币厂的牌价制度基本上保证了金银锭价格只增不减。但金银锭价格的上涨可能导致钱币的抵押价值超过其面值，在这种情况下，钱币的持有人有充分的动机将钱币窖藏起来或熔铸为金银锭。因此，如果钱币抵押价值对钱币面值的溢价过高，流通中的钱币数量会大量减少，足值的"良币"更少，甚至会造成严重的货币危机，1696 年钱币大重造（Great Recoinage of 1696）前后的货币危机就是一个极端的个例。17 世纪 60 年代开始的机器造币和自由造币事实上加剧了发生这类危机的风险。

如上文讨论的，在英国国内市场，钱币都是按面值流通（by tale），债务清偿和税务征缴也都是按面值计算，基本符合名义主义的观点，即钱币应当按照官方赋予的面值流通。但在国际结算中，一国钱币输往另一国清偿债务时，通常会被熔铸重新制造成债权国本国的法偿钱币，可能也要扣减造币成本和造币税。在这种情况下，输入的外国金银币实际上被视同为金银锭，价值取决于其重量和成色，钱币重量越低则价值越低。不同国家的品相完美（Mint Condition）的钱币间的法定汇率应基于金属主义的观点，取决于各国造币厂牌价的比值，并经各国法定成色标准调整。在实际交易中，还要根据具体交付的钱币的重量和品相再做调整。很多情况下，外债的清算可以使用汇票（Bill of Exchange），从而省去实际运送金银币或金银锭的成本。票据的汇率同钱币的汇率会有一定程度的背离，但这种背离通常不会超过实际运送金银币或金银锭的成本。关于汇票的问题将在下一章详尽探讨。

某种程度上而言，在现代中央银行出现之前，造币厂通过其牌价体系承担了一定的货币政策职责，即调节货币的供给。

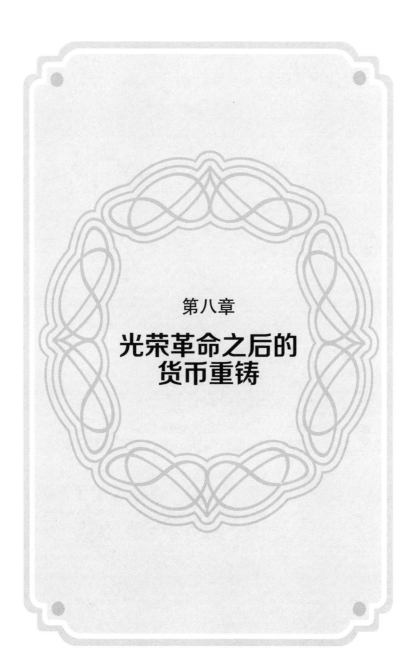

第八章

光荣革命之后的
货币重铸

因没有嫡系子女，按法律规定非婚子女没有王位继承权，查理二世的第一顺位继承人是他的弟弟约克公爵詹姆斯。詹姆斯信奉天主教，关于是否支持詹姆斯继承王位，英国统治精英内部分为两派，即支持詹姆斯继位的托利党（Tories）和反对其继位的辉格党（Whigs）。这两个名称本来都是政敌的蔑称——"托利党"一词来自中古爱尔兰语"Toraidhe"，意为"被官方追捕的土匪"，"辉格党"一词则来自英格兰北部方言词汇"Whiggamore"，意为"赶牲口的苏格兰乡巴佬"，后来两党索性用以自称。辉格党人将詹姆斯排除出继承顺序的提案没有被国会通过。1685年，查理二世去世后，詹姆斯继承王位，称詹姆斯二世（英格兰）和七世（苏格兰）（James Ⅱ and Ⅶ，1633—1701年）。

1688年6月10日，伦敦圣詹姆斯宫，英国王后摩德纳的玛丽（Mary of Modena，1658—1718年）平安诞下一位王子，取名詹姆斯·弗朗西斯·爱德华·斯图亚特（James Francis Edward Stuart，1688—1766年），作为王长子，按惯例封其为威尔士亲王。玛丽王后是詹姆斯二世的第二任妻子，出自中世纪起就在意大利颇有影响力的埃斯特氏族（House of Este），是意大利北部摩德纳公国的郡主，为天主教徒。本来詹姆斯二世的天主教信仰和亲法倾向已经令占英国人口大多数的新教徒感到不快和担忧，但考虑到国王一直没有儿子，百年后王位自会由其信奉新教的女儿们继承，倒也不妨忍一时风平浪静。但一位信奉天主教的王子的出世则令局面突变，因为王子及其后裔的王位继承顺序排在两个异母姐姐前面。于是，一个英伦版的"狸猫换太子"阴谋论立刻在信奉新教的英国人中不胫而走。阴谋论者称王后的婴儿生下后即夭折，王子其实是从宫外抱来的孩子。小王子的两位信奉新教的异母姐姐奥伦治亲王妃玛丽和丹麦王子妃安妮也相信这一阴谋论——当然，至于是真的相信还是以此作为争夺王位的借口，我们就不得而知了。

奥伦治亲王妃玛丽是詹姆斯二世的长女，她的夫婿荷兰执政威廉三世是荷兰国父奥伦治亲王"沉默的"威廉的曾孙，父亲是荷兰执政威廉二世，母亲是查理一世的女儿、查理二世的妹妹玛丽公主（Mary, Princess Royal, 1631—1660 年）。威廉三世和玛丽伉俪也是表兄妹，法国国王路易十四则是威廉三世的表舅。此前几年，作为欧洲大陆反法的奥格斯堡同

图 67　威廉三世肖像

注：此画作为布面油画，113cm × 89cm，可能由荷兰画家威廉·韦辛（William Wissing, 1656—1687 年）创作，收藏于阿姆斯特丹国家博物馆（Rijksmuseum）。

盟（League of Augsburg）的盟主，威廉三世意识到，要打败路易十四，必须让英国结束中立立场，加入反法同盟，因此，尽管詹姆斯二世一再向外甥兼女婿保证不会与法国结盟不利于荷兰，但亲法的老岳父和未来可能持亲法立场的内弟在英格兰王位上，令

威廉三世感觉如芒刺背，毕竟 1672 年英法两国入侵荷兰的"灾难之年"的惨痛教训威廉三世仍记忆犹新。为此，荷兰政府内部密谋，不惜武力入侵英格兰，扶威廉三世和玛丽入继英格兰大统；荷兰的特工人员也频繁地往来两国之间，与英格兰国内的反对派"勾兑"。

第一节
威廉三世与光荣革命

荷兰全称尼德兰七省联合共和国，其政体是颇为独特的三头体制。作为联邦共和国，组成联邦的七个省各自保持了相当大的独立性，实行内部自治，连海军都由沿海各省各自组成的五个海军衙门（Admiralty）负责。各省共同组成大议会（荷兰文：Staten-Generaal，英文：States General），设在海牙，负责联邦的共同事务以及监管荷兰东印度公司和西印度公司，议会的召集人为荷兰省大议长（Raadpensionaris）。在执政空缺时期，大议长实际上是联邦共和国的国家元首和政府首脑。各省名义上的最高领导称为执政（Stadtholder），这个词的原意是封建时代遥领领主派驻其领地代管事务的官员，各省宣布独立后自行任命执政作为最高行政和军事首长。理论上各省均可任命自己的执政，实际上多数省份任命奥伦治亲王家族的成员为执政，使这一职位基本上由该家族世袭。从"沉默的"威廉一世领导荷兰独立运动开始，到威廉三世的父亲威廉二世，奥伦治亲王家族三代四人出任执政，即荷兰的国家元首和军事统帅，领导荷兰最终获得八十年战争的胜利并步入"黄金时代"。但这一安排也导致了倾向于共和和联邦制度的议会党和支持奥伦治亲王家族担任执政和军事统帅的奥伦治党之间频繁的政争，甚至几度将国家推向内战的边缘。

威廉三世是其父因天花去世 10 天后方才诞生的遗腹子，10 岁时又丧母。以大议长约翰·德·维特（Johan de Witt，1625—1672 年）为首的共和派乘机通过法案，希望一劳永逸地废除执政制度，限制甚至排除奥伦治亲王家族参政和统军的权力，巩固共和政体。荷兰进入第一次"无执政时代"。1672 年 3 月，英国和法国结盟对荷兰开战。6 月，当时欧洲大陆最强大的法国陆军势如破竹，兵临阿姆斯特丹城下，荷兰大半国土沦陷。荷兰民众陷于恐慌，阿姆斯特丹股市崩盘，公众对大议长约翰·德·维特领导的政府极度不满，要求任命当时年方弱冠的威廉三世为大都督（Captain General），以奋父祖之余烈，挽狂澜于既倒。这段时间的动荡被称为荷兰历史上的"灾难之年"（Ramjaar）。8 月，倾向奥伦治党的暴民在海牙街头以残忍的私刑杀害了大议长约翰·德·维特及其兄弟。没有确凿的证据表明威廉三世事先与闻这一暴行，甚至就是幕后黑手［比如法国文豪大仲马在其以荷兰"灾难之年"为背景的小说《黑郁金香》（*La Tulipe Noire*）中就直指威廉是这一事件的主谋，但这毕竟只是小说家之言］，但他毫无疑问是最大的受益人。奥伦治党人趁机接管政权，威廉三世成为执政和武装力量统帅。面对咄咄逼人的法军，威廉三世下令掘开荷兰大水防线（Holland Water Line）迟滞法军攻势，同时积极展开外交活动，与西班牙、神圣罗马帝国、勃兰登堡—普鲁士等建立对抗法王路易十四的同盟，到 1673 年，将法军逐出荷兰国土。同时，荷兰海军对英国和法国海军四战四捷，加之英国国内对与信奉天主教的法国结盟日益不满，国会拒绝增加战争拨款，1674 年，英国与荷兰媾和，退出战争。1677 年，威廉三世与查理二世的侄女、约克公爵詹姆斯的女儿、英国王位第二顺位继承人玛丽公主结婚，这使得他有权利对英国王位提出主张。1678 年 9 月，交战各方在荷兰奈梅亨（Nijmegen）缔结和约，结束战争。这场战争的结果是"太阳王"路易十四在欧洲大陆的霸业臻于顶点，而荷兰保住了自己的独立、主权和领土的完整，以及作为欧洲一大强权的地位。不满而立之年的威廉三世成为荷兰的救国英雄、法王路易十四的死敌、全欧最有影响力的政治领袖之一和反法大同盟（Grand Alliance）的盟主。他对法国霸权的警觉和厌憎，以及对英法再度结盟的担忧成为他后来从舅父兼岳父的詹姆斯二世手中夺取英格兰王位的动机之一。

1688 年 6 月 30 日，威廉三世收到 7 位显赫的英国贵族（史称"不朽的七人"，the Immortal Seven）秘密送来的劝进表文（Invitation to William）。表文声称刚刚诞生不久的小王子是西贝货，敦请威廉三世起兵，迫使詹姆斯二世另立奥伦治亲王妃玛丽为王太女；威廉只需要率领少量人马登陆英格兰，臣等愿为内应，英伦黔首必当箪食壶浆以迎殿下，如此兵不血刃即可成大功。机不可失，务必提早行动云云。本来威廉三世已有此意，收到表文后，立即召集 260 艘舰只和 14000 名士兵，准备入侵英格兰。

当时荷兰陆军正规军现役总兵力只有区区 3 万人，为防止国内防卫空虚，荷兰国会已先期招募了超过 13000 名德意志雇佣军接管荷法边境防务，腾出苏格兰旅（Anglo-Scots Brigade）、蓝衣近卫军（Blue Guards）等精锐部队供威廉调遣。此时路易十四再度对荷兰进行战争威胁，并扣押了 100 余艘属于阿姆斯特丹商人的商船，警告威廉不得觊觎詹姆斯二世的王位，这让威廉三世更加怀疑自己的岳父已经同路易十四达成某种秘密交易，自己务必先发制人。9 月 26 日，原本希望同法国保持和平和贸易往来的阿姆斯特丹市议会终于决定支持威廉三世入侵英格兰。荷兰政府的官方立场是，争夺英国王位是詹姆斯二世和威廉三世翁婿间的家事，与荷英关系无关，荷兰只是把军队和舰队"借"给威廉三世。

威廉所需的战争经费则通过市场化手段解决。作为当时欧洲的头号金融中心，阿姆斯特丹的金融市场只用了 3 天就为威廉三世筹措了 400 万荷兰盾（Guilder，当时 1 荷兰盾合 9.67 克纯银）的战争经费。如此通畅、高效的融资渠道，与其外公查理一世当年告贷无门的窘境相比不啻天渊。阿姆斯特丹的犹太裔银行家、奥伦治亲王家族长期以来的大金主苏阿索（Francisco Lopes Suasso，1657—1710 年）又独力为威廉三世提供了 200 万荷兰盾的贷款。据说当威廉三世问苏阿索需要何种抵押品时，苏阿索对曰："殿下若大功告成，自会归还此笔款项；若大功不成，草民就把它当坏账注销好了。"后来威廉三世偿还此笔贷款所用的钱柜今天还在阿姆斯特丹的威利—霍图森博物馆（Willet-Holthuysen Museum）展出。

此时，海军将官出身的詹姆斯二世认为荷兰不会在这个时间点发动入侵，因为秋季的北海和英吉利海峡气候和水文状况不利于作战；面对法军可能的入侵，荷兰政府不会抽掉大批兵力支持威廉三世攻击英格兰；即便威廉三世孤注一掷，英格兰的海陆军军力也足以应付。但令他没有料到的是，以新教徒为主的英格兰海陆军对他离心离德，一些将领早已向威廉暗通款曲。

荷兰军队于 9 月 22 日开始登船，于 10 月 8 日登船完毕，整装待发。以当时的标准而言，这种速度相当惊人。同日，荷兰大议会正式批准远征。在英格兰，詹姆斯二世也发出警告，训谕臣民枕戈待旦，准备迎击荷兰入侵。10 月 10 日，威廉三世发表《海牙宣言》（*Decalaration of The Hague*），声称自己的目的在于维护英格兰的新教信仰、恢复自由的国会、清除君侧小人并调查威尔士亲王的合法性问题，并非觊觎詹姆斯二世的王位。这份宣言被翻译成英文，印刷了 6 万份，准备在荷军登陆后向英格兰军民散发。

通常，北海和英吉利海峡的秋季风暴会在 10 月的第三个星期开始，荷军此时集结就是想利用最后一两个星期的好天气完成渡海。但 1688 年的秋季风暴提早开始。因风向不利，登船后的三个星期里，荷兰舰队困在海勒富茨勒伊斯（Hellevoetsluis）军港中无法起航。英格兰和荷兰两国的天主教徒在不断祈祷，希望当下的"教皇神风"（Popish Wind）永不止歇，让荷兰的入侵成为泡影。到 10 月 24 日，风向突然转变为利于航行的东风，这便是英国史上有名的、继伊丽莎白一世女王时期击败西班牙无敌舰队后的第二次"新教神风"（Prostestant Wind）。威廉三世于 10 月 26 日登上自己的旗舰，10 月 29 日舰队扬帆起航，各类舰只共计 463 艘，人员超过 40000 人，马匹超过 5000 匹，规模远大于 100 年前的西班牙无敌舰队。10 月 31 日，突如其来的风暴将荷兰舰队队形吹散，威廉三世的旗舰被迫返航，荷兰舰队损失一艘船和近千马匹。返回军港后，威廉三世拒绝离舰登岸，下令荷兰舰队重新编队，并放出假情报称荷兰舰队遭遇重大损失，决定暂时搁置入侵计划，待来春再行定夺。11 月 11 日，风向再次改变，荷兰舰队第二次起航。此时，本可驰援詹姆斯二世的法国舰队主力则因风向不利被困在地中海动弹不得。11 月 13 日，威廉三世的舰队进入英吉利海峡，11 月 15 日在托贝（Torbay）登陆[①]，登陆部队马步军共计约 15000 人。詹姆斯二世众叛亲离，其麾下部队成建制投向威廉三世。王后和威尔士亲王先期流亡法国，詹姆斯二世本人在逃亡途中被截获软禁，但在威廉和玛丽伉俪的安排下，得以于 12 月 23 日"越狱"，流亡法国，托庇于其表弟路易十四。在法国的支持下，詹姆斯党人（Jacobite）试图复辟詹姆斯二世及其嫡派子孙王位的武装斗争一直持续到 18 世纪中期。

1688 年 1 月，经选举产生的新一届国会召开；威廉和玛丽伉俪与国会经谈判达成共识，于 2 月 6 日，国会宣布詹姆斯二世自绝于人民，业已逊位，拥立威廉三世和玛丽二世为英格兰的共治君主。作为条件，两位至尊于 1689 年 12 月 16 日正式签署了国会通过的《权利法案》（*The Bill of Rights*）。这次政权更迭因为没有造成人员伤亡被称为"光荣革命"（Glorious Revolution）。

---

① 本书中涉及日期的如无特别说明，均使用格里高利历（Gregorian Calendar），即当前世界各国普遍采用的公历，但实际上欧洲历史上长期使用儒略历（Julian Calendar），荷兰于 1700 年、英格兰于 1752 年方改用格里高利历。儒略历比格里高利历晚 10 天。史料记载威廉三世在托贝的登陆日期为 11 月 5 日，系儒略历，按格里高利历应为 11 月 15 日。

《权利法案》全称《宣示国民权利和自由及确立王位继承的法

图68　国会代表向威廉和玛丽提交
《权利法案》

注：此为18世纪版画作品。

案》(*An Act Declaring the Rights and Liberties of the Subject and Settling the Succession of the Crown*)，是英国宪政的基础性文件之一，至今在英国仍具备法律效力，并对后来的《美国权利法案》、法国《人权宣言》、联合国《世界人权宣言》、《欧洲人权公约》等产生了一定影响。其反映了当时在英国深受推崇的政治哲学家、"自由主义之父"约翰·洛克（John Locke，1632—1704年）的理念，内容涉及公民的基本人身和政治权利，确立或重申了国会至上、自由选举、言论自由、税收法定等宪政政治的基本原则。该法案及作为其后续补充的《1701年王位继承法》(*Act of Settlement 1701*)标志着英国建立了成熟、稳定的君主立宪政体，这对后续英国崛起为世界强权具有重要作用。

作为英国和荷兰的共主，威廉三世对外政策的核心就是遏制法国的霸权，为此说服英国加入反法同盟，卷入九年战争（Nine Years' War，1688—1697年）和西班牙王位继承战争（War of the Spanish Succession，1701—1714年）。这一政策导向在英国一直延续到拿破仑战争之后。从九年战争起到1815年拿破仑战争结束，两国间几乎不间断的一系列战争被一些史学家称为第二次英法百年战争，战火波及欧洲、美洲、非洲、中近东和印度。

以当时两国力量对比来看，法国人口和经济规模远超英国；17—19世纪，从大孔代亲王到拿破仑，法国名将辈出，其陆军规模、战斗力、战略及战术理念和创新在当时的欧洲傲视群雄，有实力在多个战线与多个强国同时作战并以少胜多。但法国的公共财政和金融制度的效率和有效性远逊于英国。战争在当时已经变得极其昂贵。以九年战争为例，每年战争支出占到当时法国财政收入的74%，在英国这一比例则是75%。尽管法军始终占据着战场上的主动权，但路易十四比英国先耗尽了财政金融资源，无力再战，只得求和。一个重要的原因是，法国当时依然采用陈旧的包税人（Tax Farmer）制度，将税收征管外包给私人。这些包税人只需要将事先约定的数额交给政府，其余的就可以自揣腰包，是非常赚钱的生意。从《圣经》时代开始，包税人就深受各国民众憎恶，被列为"罪人"。"化学之父"拉瓦锡就是一位富有的包税人，并因这一身份所累，在大革命时期殒命断头台，尽管他唯一的"恶行"不过是革命前曾作为法兰西科学院院士给一位名叫马拉的年轻医生的水货论文打了差评，而这位年轻医生后来又凑巧成了革命领袖。

在包税人制度下，法国政府加征税收的能力以及对国家经济生活的了解和掌握大打折扣，特别是始终无法向国内最富有的贵族和教会征收合理水平的税赋；对公共债务的管理也原始、无能，动辄违约，限制了通过公共债务筹措资金的能力。无法建立现代化的税收和财政制度是最终导致法国大革命的一个重要因素。与之相反，英国已建立了税收法定的原则和高效的、政府直接控制的税收征管体系。在必要时国会可以随时通过立法加征新税项，具备充分的合法性。在有效的代议政治体制下，无论民众如何厌恶缴税，但只要是经过充分探讨、合乎程序正义，且公共财政收支具备充分的透明度和有效的问责，绝大多数民众无论如何不情不愿还是会依法纳税的。到 18 世纪末、美国独立战争期间，英国人的年平均税负已经是当时法国人的三倍。为完成征税任务，税收征管机构事无巨细地做了大量的田野工作，对全国的企业及家庭部门的运营和财务状况了如指掌。经济信息的充分和透明及税收征管的高效又使举借和管理公共债务变得更容易[①]。

　　效仿阿姆斯特丹银行，威廉三世于 1694 年设立了英格兰银行，取得发行纸币的垄断权。也是在这一时期，英国政府开始效仿荷兰模式发行各种久期和结构的公债，包括以特定税项的未来收入作为公债还本付息保障的做法，且始终保持良好的信用记录。19 世纪 10 年代早期，即拿破仑战争时代，英国公共债务占 GPD 的比重一度高达 200%，相当于同期法国政府债务水平的 10 倍。但英国政府并未发生违约，而是在其后通过不断积累财政盈余逐步化解。一直到第一次世界大战爆发，英国国债长期保持着 4%~5% 的年化收益率水平，即便以今天的标准而言也极富吸引力。到 19 世纪早期、简·奥斯汀创作《傲慢与偏见》的时代，英国国民的财富大量配置于国债，对于贵族地主等传统高净

---

① Margaret MacMillan, "War : How Conflict Shaped Us", Random House, New York, 2020, pp.21–23.

值人群而言，国债利息收益成为地租收入的重要补充[1]。关于经济学家大卫·李嘉图和银行家内森·梅耶·罗斯柴尔德（Nathan Mayer Rothschild，1777—1836年）——巧合的是，这两位都是犹太裔——靠提前得到滑铁卢战役结果的内幕消息后做多英国国债一夜暴富的传说纯系子虚乌有，但英国国债作为当时最主流的大类资产，很多精明的投资者和投机者都从中赚了不少钱，这两位金融市场的大玩家当然也不会例外[2]。这些公共财政和金融领域的创新保证了英国比法国更有能力充分利用国民财富，包括预借未来的增量财富，因此英国更有财力支持长期战争。

不过吊诡的是，威廉三世作为英国国王实施的对内对外政策的一个副作用是，荷兰的资本大量涌入英国，投资于英国的企业和国债；荷兰的工商和金融业者、各类专业技术人才移居英格兰的亦不在少数；荷兰的金融模式，如中央银行、公债等，也成功复制到了英国。到18世纪，荷兰实际上将航海、贸易、殖民和金融霸权全部拱手让给了英国，伦敦取代阿姆斯特丹成为世界金融中心。荷兰则自废武功，从世界强权变成了苟活在周边大国阴影下专心做生意的富裕小邦，法国大革命时期一度亡国，拿破仑甚至将自己的一个弟弟（Louis Napoleon Bonaparte，即后来法国

---

[1] Thomas Piketty, "Capital in the Twenty-First Century", English translation by Arthur Goldhammer, The Belknap Press of Havard University Press, Cambridge, MA & London, England, 2014, pp.129–131.

[2] Wilfried PARYS, "David Ricardo, the Stock Exchange, and the Battle of Waterloo: Samuelsonian legends lack historical evidence", Working Papers, University of Antwerp, Faculty of Business and Economics, 2009.

皇帝拿破仑三世的父亲）封为荷兰国王。直到拿破仑战争后荷兰方才复国，奥伦治家族的一个支系君临荷兰，直至今日。

第二节
朗兹发表"银币改造论"：币制改革的先期造势

1696 年货币大重造是威廉和玛丽在位时期将旧的手工打制钱币退出流通的一次尝试，到 1699 年完成。

17 世纪晚期时，英国的货币处在混乱状态中。1662 年前生产的手工打制钱币普遍被剪边，已经不足值，在交易中难以作为法偿货币被接受，涉及国际结算时尤为如此。1662 年皇家造币厂改用机械造币，这之后生产的钱币因为形状规则并有机器镌刻的规则缘饰，所以无法被剪边，但使用伪造模具生产伪币的犯罪活动甚为猖獗。到九年战争爆发时，财政部征收的税款一袋银币的平均重量比法定重量标准低 16%，到 1695 年年中进一步下降到只有 50%。据估计，到 1696 年，英国全国流通的钱币中大约 10% 为伪币。

当时英国王室需要大量金钱用以镇压詹姆斯党人在爱尔兰和苏格兰的武装反抗以及与法国进行战争，改革币制成为当务之急。自 1694 年 11 月起，关于国会考虑通过立法将被剪边的银币非货币化的传言导致所有替换钱币价格暴涨，钱币价格波动又影响到了金银锭的价格以及商品价格。特别是几尼金币的价格，因为几尼金币是银币的主要替换货币，而且作为机器制造的有缘饰的钱币，基本未受到剪边的影响，保持了足重。到 1695 年 6 月，几尼金币价格涨到 30 先令，金锭价格涨至 5.42 英镑 / 盎司，白银价格涨至 6 先令 5 便士 / 盎司，而此前一般市场价格分别大约在 4.05 英镑 / 盎司和 5 先令 3 便士 / 盎司[①]。

更为严重的问题是，此时巴黎和安特卫普市场银锭的价格超过了英国钱币的面值，由此催生了跨境套利行为，大量英国银币和银器被熔铸为银锭出口到欧洲大陆，金锭和已在欧洲大陆流通的几尼金币则被进口回来用于套利。1690 年 4 月伦敦金匠致英国国会的请愿书中提到，伦敦市场白银短缺，而海关记录显示，自上年 10 月起的半年中，286112 盎司银锭、89949 枚西班牙银币被出口；东印度公司、犹太人、贸易商大量购买白银供出口，价格每盎司高于造币厂牌价 31/2 便士。白银外流导致金匠行业和造币厂没有足够的白银开工[②]。

当时英国和欧洲大陆的进出口贸易高度发达，贸易结算大量使用汇票（Bill of Exchange），汇票成为跨境货币和贵金属套利的一种重要工具。汇票是一种债权凭证，自中世纪早期起成为欧洲跨境结算的主要工具。汇票通常涉及三个交易主体，即出票人（Drawer）、受票人（Drawee）和收款人（Payee），收款人

---

① Richard Kleer, "Reappraising Locke's Case against 'Raising the Coin'", Discussion Papers, Department of Economics, University of Regina, 2001.Available at https://www.uregina.ca/arts/economics/assets/docs/pdf/papers/090.pdf.

② "Note of a petition from London goldsmiths to the House of Commons", *Journal of the House of Commons*, Vol.10, p.372.See also Li, 1963, p.55.

和出票人可以为同一人，或在背书转让的情况下受让汇票的第三方；持票人将汇票出示（Present）给受票人后，受票人应凭票即付或在票面约定期限内付给出票人或其他收款人票面上的金额（Pay to Order）；汇票可以转让（Negotiable），转让的方式是背书（Endorse），即出票人在汇票背面签名；转让价格通常低于票面金额，称为贴现（Discount）。就其性质，汇票是一种商业信用，从中世纪起即被广泛应用于贸易融资。光荣革命前后，伦敦和阿姆斯特丹两地间利用汇票进行的金银套利交易极为活跃。在具体操作上，如果阿姆斯特丹的银价高于伦敦，套利者可以卖出在阿姆斯特丹的期票收入黄金，买入伦敦的期票卖出白银。期票的贴现率因供求关系而有波动，但波动的区间不会超过套利差价减去实体金银的运输成本，否则交付实体金银更为划算[1]。

　　货币的混乱局面严重影响了英国政府的财政收入和举债能力。流通中的银币不断减少、金币日见增多，不仅居民日常的小额零售支付受到重大干扰，九年战争期间，政府手上甚至没有足够的银币为在欧洲大陆作战的部队支付军饷。为此，1695 年英国政府下决心采取行动，呈请国会通过多项法律，授权皇家造币厂回收并熔毁流通中的不足值银币，重造为足重的机制银币，从而遏制剪边行为。1695 年 1 月，国会下议院设立了一个委员会以"征询相关建议，防范未来对本王国货币的剪边行为以及白银出口"。

　　针对当时的货币混乱局面，1695 年 11 月，时任英国财政部

<hr>

[1]　Stephen Quinn, "Gold, Silver, and the Glorious Revolution: Arbitrage between Bills of Exchange and Bullion", The Economic History Review, Vol.49, No.3, 1996, pp.473–490.JSTOR, https://doi.org/10.2307/2597760.Accessed 1 Sep.2022.

秘书长（Secretary to the Treasury）的国会议员威廉·朗兹（William Lowndes，1652—1724 年）向财政部部务委员会诸重臣（Lords Commissioners of the Treasury）提交了一份《内含一篇关于改造银币的文章的报告》（*Report Containing an Essay for the Amendment of the Silver Coins*），为方便起见，我们称《银币改造论》[①]。报告的核心内容是重造货币，并将银币的官方面值提高 25%。他还建议，将重量和成色与旧 1 王冠（5 先令）相同的新硬币命名为"权杖"（Scepter）或"统一"（Unite）银币，其价值可规定为 6 先令 3 便士。对于先令，名字不妨保留，但新先令的重量应该等于旧先令的 80%。报告回顾了英格兰货币的历史沿革，研究亨利二世、爱德华一世和伊丽莎白女王的做法，指出历史上已有成例。他提出了 9 条理由支持提升币值：

（一）鉴于银锭的市场价值已经上涨到每盎司 6 先令 5 便士，而银币的面值停留在每盎司 5 先令 2 便士，银币面值应同步提升，才能确保其不被熔铸成银锭。

（二）除非银币的价值增加 25%，否则人们不会将银锭制成银币。

（三）银币的面值越高，流通中货币总量就会越大，从而能够满足贸易发展的需要。

（四）未缺损银币的市场价值至少已经比缺损银币的价值高出 25%，同等白银含量的银币名义价值也应相同。

（五）建议将 6 先令 3 便士（75 便士）的王冠银币细分为更多

---

① 朗兹报告全文可参见美国密歇根大学图书馆网上资源，https://quod.lib.umich.edu/e/eebo/A49333.0001.001?view=toc 。如无特别说明，内容由笔者汉译。

的小额硬币。

（六）新的钱币应赋以新的名字，但镑、先令和便士的面额应当保留，从而在会计记账时不出现混乱。

（七）提高银币面额将足以吸引人们将窖藏的银币投入流通，因而无须重铸银币。

（八）如果新银币的名义价值增加25%，那么银币重铸的成本就要低得多。

（九）除非贬值达到足够程度，否则，如果银价继续上涨，就必须再次进行贬值。

这9条理由中最重要的是第一条。朗兹共用了11页的篇幅阐述这9条理由，第一条就独占了8页。但也正是这一条有一个核心的逻辑漏洞。显然朗兹将6先令5便士的银价当作给定，但实际上这一高价位很大程度上是由短期因素导致的，如当时正在进行中的九年战争导致公共开支暴增，需要更多金银锭造币以供军需；战争期间贵金属和大宗商品价格暴涨及剧烈波动实属正常的短期市场反应，直到今天仍然如此；对货币大重造究竟以何种方式进行、被剪边的残损旧币以何种方式和价格兑换、成本在不同市场主体间如何公平地分配等具体政策措施的不确定性导致市场恐慌；再加上跨境金银套利行为的干扰；等等。这些短期因素显然不能得出这一价位反映了长期趋势的结论。不能排除两种可能，其一，如果这些短期因素依然存在甚至加剧，银锭价格还会继续上涨，超过6先令5便士/盎司，则提升币值的做法并不能杜绝银锭外流；其二，当短期因素消退，银锭价格也可能大幅回落，导致反向的套利机遇。

有证据表明，朗兹的报告可能实际上反映了英国财政部的内部观点和政策倾向，是由财政部部务委员会重臣授意的，同下议院货币重造委员会1695年3月的一份报告中提出的建议如出一辙[1]。从财政部的角度来看，提升面值有望获得明显的短期政策效果，如遏制或暂缓银锭外流，提升财政收入和公共财政的举债能力，从而缓解眼下的财政金融困局。

朗兹的报告发表后引发了激烈争论。牛顿也赞同货币贬值，洛克则强烈反对。

第三节
洛克的"金属价值论"与《王国钱币混乱状况整治法案》的出台

朗兹的报告发表后，著名哲学家约翰·洛克发表了一篇文章强烈反对朗兹关于提升币值的建议。按当时的行文习惯，这篇致掌玺大臣、枢密院行走约翰·索默思爵士（John Sommers，1st Baron Sommers，1651—1716年）的文章标题相当冗长，直译过来就是《关于提升货币价值的深层思考，就近期〈内含一篇关于改造银币的文章的报告〉中的相关观点与作者朗兹先生商榷》

---

[1] Patrick Hyde Kelly, "Introduction, Locke on Money (edited) ", by John Locke, Clarendon Press, 1991, pp.1–121.

（*Further Considerations Concerning Raising the Value of the Money Wherein Mr.Lowndes' Arguments for it in His Late Report Concerning An Essay for the Amendment of Silver Coins，are Particularly Examined*）[①]。

洛克的文章指出，白银是"全世界所有文明的、从事贸易的地区通用的商业手段和价值尺度"，之所以有这样的作用是因为白银"普遍共识"（by Common Consent）的"内在价值"（Intrinsic Value）。因此，同等数量的白银其价值在任何情况下都是相同的。正常情况下，一盎司白银的售价不可能超过 5 先令 2 便士，即按现行标准英格兰的造币厂用 1 盎司白银生产的银币的面值。英格兰当前银锭价格超过 5 先令 2 便士，只是因为剪边降低了英格兰银币的金属含量，导致市场参与者要求以更多的钱币来兑换每盎司银锭。"如果只用足重的银币来兑换"，银锭的价格"明天就会降回原先的水平"。只有两种情况下将银币熔铸为银锭方才有利可图：一是有途径获取大量现金的人凑巧发现了少数钱币重量超过了造币厂的法定造币标准；二是因国际收支逆差，汇率上涨到足够高，使出口银锭偿还外债比购买汇票更便宜。一旦造币厂改行机器制造银币（当时已是必然选择），第一条熔铸的理由将不复存在；至于第二条理由，只要战争和战争导致的国际收支逆差存在，将会持续下去，但这一问题是根本不可能通过提升银币面值解决的。降低英国银币的银平价只会推升外币汇率，在这

① 洛克文章的全文可参见耶鲁大学法学院丽莲·戈德曼法学图书馆（Lillian Goldman Law Library in Memory of Sol Goldman）网上资源，https://avalon.law.yale.edu/17th_century/locke01.asp。如无特别说明，内容由笔者汉译。

种情况下，用银锭偿还外债依然比使用汇票便宜。如果在接近造币厂牌价的价位上没有足够的银锭供应，就没有办法阻止商人将手中的银币熔铸为银锭以弥补国际收支差额。

朗兹对洛克的观点做出回应，其中有两个要点特别值得注意：一是即便在提升币值后银锭价格继续上涨，超过了朗兹建议的 6 先令 5 1/2 便士，那么，提升币值至少可以在很大程度上消除熔铸银锭的诱惑，即每枚王冠银币当前造币厂价格与市场银锭价格间的 14 1/2 便士差额；二是用于弥补国际收支逆差的银锭出口与以套利为目的

图69　约翰·洛克肖像

注：此画作由约翰·格林希尔（John Greenhill，1644—1676 年）创作，布面油画，收藏于英国国立肖像馆（National Portrait Gallery）。

的银锭出口之间存在重大差异，"金匠、金银精炼厂商及其他贸易商……手上积累了大量的熔铸银锭，非常了解（尽管是通过非法或非直接的方式）将白银运往海外的途径，这些白银或者被用来购买黄金，运回国兑换为几尼金币，以每枚 30 便士的价格使用，或被用来购买禁运商品，放大并加剧我国与邻国间的贸易逆差，很大程度上损害我国利益"。

对此洛克又做了针锋相对的回应：朗兹声称的每枚皇冠银币 14 1/2 便士的利润纯系子虚乌有，这只是以被剪边的残缺银币计价的银锭价格，不适用于足重的王冠银币；当前出口白银、进口

黄金确实有利可图，但这是因为被剪边的残缺银币按面值流通造成的，与造币厂币值标准具体设定在什么水平上无关；无论银锭是花在合法的进口产品上还是禁运物资上，熔铸银币所获的利润是相同的；有其他方法可以打击走私禁运物资，且这一话题同是否应提升币值风马牛不相及。[①]

洛克的观点也很有问题。如同上一章中我们探讨的，"基于普遍共识"的恒久不变的贵金属"内在价值"根本不存在，供求关系才是决定其价值的唯一因素；从历史的长期视角看，在贵金属本位的制度下，货币贬值是一个长期必然的趋势。但最终英国国会实际上更多地倾向于洛克的观点，决定重造银币，但不提升银币的面值。

1696 年 1 月 17 日，英国国会通过了《王国钱币混乱状况整治法案》（*An Act for Remedying the Ill State of the Coin of the Kingdom*），4 月 10 日又通过了《鼓励将银器送往造币厂以供造币并进一步整治王国货币混乱状态法案》（*An Act to Encourage the Bringing Plate to the Mint to be Coined*，*and Further Remedying the Ill State of the Coin of the Kingdom*），开启了 1696 年货币大重造。

法案规定，截至当年 5 月 4 日，被剪边的钱币不得再作为法偿货币；到 6 月 24 日，使用剪边钱币缴纳税款将不再被接受，旧币按重量而非面值回收。1696 年 6 月 10 日的一份政府公告宣布，所有税务征管机构在接受手工打制的旧银币时每盎司价值为

---

① Walter Eltis, "John Locke and the Establishment of a Sound Currency", Eltis, W. (2000). John Locke and the Establishment of a Sound Currency. In: Britain, Europe and EMU. Palgrave Macmillan, London. https://doi.org/10.1057/9780333977552_10.2000.

5 先令 8 便士。

但皇家造币厂显然并未做好充分准备，所造的新币只够满足 15% 的兑换量（相比之下，欧元推出时，欧元区各国央行事先准备好的新欧元硬币数量就高达人均 350 枚）。新型机制银币固然能有效防范剪边行为，但无力应对套利行为以及由套利行为导致的持续性的白银外流。5 月 4 日，恐慌的储户涌向两年前才成立的英格兰银行挤兑金银币；5 月 6 日，英格兰银行被迫停止对外支付业务，直到 10 月收到荷兰政府的一笔贷款后才恢复这一业务。

1696 年下半年，英国经济几乎陷于停滞。通货紧缩导致大规模失业、贫困和群体性事件的，只有几尼金币和各类信贷工具提供了市场上仅剩的一点流动性。不过危机也催生了金融创新工具的产生和应用，为未来信用货币的出现奠定了基础。

为满足全社会对银币的需求，皇家造币厂在布里斯托（Bristol）、切斯特（Chester）、埃克塞特（Exeter）、诺维奇（Norwich）和约克（York）等地设立分厂协助完成货币重造工作。1696—1700 年生产的钱币总价值为 5106019 英镑，而 1696 年之前的 35 年生产的钱币总价值不过 3302193 英镑。

为遏制民间私毁银币的行为，货币大重造期间，英国国会于 1697 年通过一项法令，规定打制银器最低含银量标准为 23/24（95.833%），这一成色标准的白银被称为不列颠尼亚银（Britannia Silver），用 925 标准银制作的银器不能获得检验办公室（Assay Office）的戳记。

刨除短期内对国民经济造成的混乱和通缩压力，从长期货币金融角度来看，1696 年的货币大重造也算不上成功。因为金银价格不断变化，金银复本位实际上已经不可持续。以当时的实际情况而言，白银的商品价格几乎总是高于银币的面值，造成套利空间，使私毁和出口银币的行为无法从根源上杜绝。唯一的办法是改行金本位，并降低银币的含银量，让银币的面值高于商品白银价格。而这要到 1816 年拿破仑战争后的货币大重造（Great Recoinage of 1816）方最终得以实现。

第四节

牛顿出任造币监督

2017 年，英国皇家造币厂推出面值 50 便士的牛顿纪念币，以纪念这位皇家造币厂历史上最著名的领导诞辰 375 周年，其背面图案来自牛顿《自然哲学的数学原理》的第 11 命题（Proposition 11, *Philosophiæ Naturalis Principia Mathematica*）的图示。这款纪念币荣获当年"年度钱币设计"大奖，限量版精制 925 银币当前在皇家造币厂官网的售价为 50 英镑，即其面值的 100 倍[1]。

1696 年春，财政大臣（Chancellor of the Exchequer）哈利法克斯伯爵查尔斯·蒙塔古（Charles Montagu, 1st Earl of Halifax, 1661—1715 年）举荐自己在剑桥三一学院求学时的教授和好友牛顿出任皇家造币厂监督（Warden of the Royal Mint），并于 1699

---

① "Sir Isaac Newton 2017 UK 50p Silver Proof Coin Limited Edition 4000", https://www.royalmint.com/our-coins/events/375th-anniversary-of-sir-isaac-newton/ sir-isaac-newton-2017-uk-50p-silver-proof-coin/.

年升任皇家造币厂总办（Master of the Mint）[①]。此前，牛顿尽管已是蜚声欧洲的科学巨人，但除了担任剑桥大学选区的国会下议院议员，并没有获得任何与其名望相匹配的官方荣誉，收入也不高。哈利法克斯伯爵很早即承诺帮助牛顿谋取一份收入优厚的公职，但一直无果，甚至让两人的友谊为此蒙上阴影。伯爵出任财政大臣后终于有了机会向老友践约。

在英格兰，皇家造币厂监督和总办的职务本来只是安置着老领干薪、不必承担任何实际职责的祠禄之官，类似我国宋代的提举宫观使。实际上在通知牛顿任命即将正式公布的尺牍中，伯爵保证这份差事不会占用牛顿的时间和精力，牛顿可以继续全身心投入科学研究。但牛顿则报以极大的热忱，其人生的最后 30 年几乎全部

图 70　1702 年的牛顿

注：此画作由戈弗雷·内勒准男爵（Sir Godfrey Kneller, 1st Baronet, 1646—1723 年）创作于 1702 年，布面油画，75.6cm × 62.2cm，收藏于英国国立肖像馆（National Portrait Gallery）。

投入皇家造币厂的管理工作，直到 1727 年逝世。领导皇家造币厂期间，牛顿主持了 1696 年货币大重造和 1707 年苏格兰货币重

　　[①]　理论上"监督"（Warden）比"总办"（Master）级别更高，但后者实际职责更重要，薪俸也更高。在牛顿之前从来没有监督出任总办的先例（英国皇家造币厂博物馆官网，https://www.royalmintmuseum.org.uk/journal/people/isaac-newton/）。

造，重拳打击伪币犯罪，改进钱币检测技术，提升造币厂管理质量和运营效率，并为英国过渡到金本位制度做出历史性贡献[①]。

牛顿于 1696 年 3 月正式赴位于伦敦塔的皇家造币厂走马上任。其时货币大重造已经开始，但原造币监督办差不力，尽管工人每周六日加班加点，但还是无法满足大重造的产量需求，导致全社会出现严重的通货紧缩。牛顿可谓临危受命，他在化学和数学领域的造诣、实证精神、事必躬亲和精益求精的工作作风对主持货币重造和运营造币厂深有裨益。他深入研究皇家造币厂的历史和工作流程，鼓励工匠提升技艺，倡导最佳实践；实际测量了英国和欧洲其他国家的大量钱币，并留下了详尽的记录；西班牙王位继承战争期间英军在维戈湾海战中缴获的法国和西班牙财宝的汇总和检测也有他的参与。此外，牛顿格外珍惜羽毛，在任内两袖清风，曾拒绝多达 6000 英镑的巨额贿赂，这在当时贪腐公行的英国官场堪称难得的清流。当然，皇家造币厂总办一职俸禄优厚，可达每年 1500 英镑之多，牛顿本人的财务状况确实因此得到根本性的好转，尽管后来在"南海泡沫"（South Sea Bubble）中损失惨重，但到去世时牛顿的遗产总额达到 32000 英镑，在当时堪称豪富。

30 年的漫长任期中，牛顿历仕威廉三世、安妮女王和乔治一世三朝，参与了当时英国金融货币领域最高决策，成为当时最有影响力的朝廷命官之一。牛顿留下数以百计的文件和公私信函，成为我们复盘和研究 17 世纪末、18 世纪初英国货币、金融、

---

① Sir Issac Newton, Pioneer of Science, Master of Minting, https://www.royalmint.com/discover/uk-coins/sir-isaac-newton/.

经济、社会和政治历史的弥足珍贵的史料。

当时的英国，伪币犯罪极为猖獗，牛顿估计，当时全社会流通的钱币中约 20% 为伪币。尽管制造伪币在英国被视为谋逆（High Treason），适用最残忍的刑罚，即男性罪犯处以堪称英国版凌迟的绞刑和肢解，女性罪犯则处以火刑。但在刑侦和司法实践中，将伪币团伙主犯抓捕、起诉、定罪在技术上难度很大，而且黑恶势力也不乏高层保护伞，因而往往得以逍遥法外。牛顿证明了自己作为刑事侦探和公诉人的才能同样堪称一流。他乔装打扮在酒吧、客栈出没，搜集情报，发展线人网络，并参与了超过 100 次对证人、线人和嫌犯的交叉质询，亲手搜集证据，成功地对 28 名伪币犯罪嫌疑人提起公诉。当时英国头号伪币犯罪团伙的主犯威廉·查隆纳（William Chaloner，1650—1699 年）最终被牛顿送上了绞刑架[①]。

作为科学家，牛顿对"精准"极度执迷，并对自己的才能和荣誉极度珍惜。他曾自豪地宣称，在他任内，钱币的精准性提升到了前所未有的新高度。凭借他在化学领域的学术优势，当时皇家造币厂制造的金银币保持着高纯度水准。从 12 世纪起形成的惯例是，皇家造币厂生产的钱币要随机抽样，交伦敦金匠行会进行第三方独立检测，以确保其直径、重量、金银含量等指标符合标准，称为"皮克斯检测"（the Trial of the Pyx）。皮克斯源自古希腊语词汇 pyxis，意为"小木箱"，指专门从造币厂运送供检测用钱币的小箱子，平时存放在威斯敏斯特大教堂的皮克斯厅，检

---

① Thomas Levenson, "*Newton and the counterfeiter: the unknown detective career of the world's greatest scientist*", Houghton Mifflin Harcourt, 2009.

测的地点在威斯敏斯特宫。这一传统一直延续到今天，自 1870 年起改为每年在伦敦金匠大厅（Goldsmiths' Hall）进行。[①] 1710 年的皮克斯检测称皇家造币厂生产的金币纯度不达标，为此牛顿大为光火。最后牛顿成功地表明，造币厂生产的金币完全符合标准，是测试用的金盘纯度高于标准 22K 王冠金所造成的误差[②]。

在皇家造币厂总办任内，1703 年，牛顿当选英国皇家学会会长及法兰西科学院院士。为酬庸牛顿对王室的贡献，安妮女王在 1705 年 4 月访问剑桥大学三一学院时，晋封牛顿为骑士，使牛顿成为英国历史上继弗朗西斯·培根（Francis Bacon, 1st Viscount St.Alban, 1561—1626 年）之后第二位获得该荣衔的科学家。

1717 年 9 月 21 日，在致财政部部务委员会诸重臣的一份报告中，牛顿对金银复本位制度下的金银比价问题提出建议，得到财政部的采纳。当年 12 月，乔治一世国王颁布谕令，将几尼金币的价格固定为 21 先令，不再变动。当时 1 几尼金币合纯金 7.6885 克，1 先令合纯银 5.57 克，这样折算金银比价为 15.2，远高于同期欧洲大陆的水平，使得使用金币更便宜，价格也更稳定，从而吸引外国黄金流入英国，白银流出英国[③]。18 世纪，葡属巴西殖

---

① The Trial of Pyx, 伦敦金匠行会官网, https://www.thegoldsmiths.co.uk/company/today/trial-pyx/ ; 关于检测的简明介绍可参见英国皇家造币厂相关油管视频，https://www.youtube.com/watch?v=UZQfA2cRHJs。

② Stephen M.Stigler, "Eight Centuries of Sampling Inspection: The Trial of the Pyx", Journal of the American Statistical Association72, No.359, 1977, pp.493–500.https://doi.org/10.2307/2286206.

③ C.R.Fay, "Newton and the Gold Standard", *Cambridge Historical* Journal, Vol.5, No.1, 1935, pp.109–117.http://www.jstor.org/stable/3020836.

民地发现了丰富的黄金矿藏（Brazilian Gold Rush），因英国和葡萄牙的同盟关系，葡萄牙的金币在英国也可作为法偿货币使用，英国流通中的金币大大增加。同时，英格兰银行发行的纸币也越来越为公众所接受。英国的银币和白银则继续外流或被窖藏。实际上，随着欧洲经济的发展和居民生活水平的提高，从中国的进口贸易也在持续增长，全欧洲都存在白银持续流入中国的现象，金币和纸币的应用越来越广，小额交易中使用各类贱金属或银合金辅币或代币的也越来越常见。

到 1816 年，拿破仑战争结束后的货币大重造（Great Recoinage of 1816）正式以 1 英镑的至尊金币取代 21 先令的几尼金币。至尊金币标准的计算方式为 1 金衡磅王冠金（22K）价值 46 英镑 14 先令 6 便士，折合一枚至尊金币或

图 71　葡萄牙 1729 年八埃斯库多金币

注：该钱币重 28.6 克，直径 37 毫米，含金量 91.7%（22K），正面为葡萄牙国王若昂五世（Joao V，1689—1750 年）头像，背面为葡萄牙王室盾形纹章。

1 英镑为 123.2745 格令，或 7.98805 克。银币的标准则定为 1 金衡磅标准银生产 66 先令银币，面值远高于金属价值，银币成为辅币。英国正式进入金本位时代。自英国之后，19 世纪中期至 20 世纪初，更多国家采用金本位制度，各国货币间的汇率就是金平价的比值，英镑纸币成为全球通行的硬通货。

附　录

附录一　英国历史大事年表
——史前至汉诺威王朝建立

附表1　史前时代（史前至公元43年罗马征服不列颠）

年代		历史事件
旧石器时代	距今97万年前至93.4万年前	最早人类活动遗迹，可能是前人（Homo Antesessor）。此后不列颠岛上的人类活动随气候变化时断时续
	距今11万7千年前	第一批中石器时代智人（Homo Sapiens）定居不列颠岛，开启不列颠持续性人类居住的历史
中石器时代	公元前6000年	不列颠到出现最早的农业活动：在怀特岛（Isle of Wight）史前遗迹中发现源自中东的小麦品种
新石器时代	公元前4000年	不列颠岛进入新石器时代，农业生产开始普及
	公元前2600年	巨石阵（Stonehenge）建设开始
青铜器时代	公元前1800年	不列颠岛出现青铜冶炼
	公元前1600年	最后的巨石阵建设
铁器时代	公元前800年	凯尔特人将冶铁技术带到不列颠岛
	公元前330年	古希腊航海家马萨利亚的皮西亚斯（Pytheas of Massalia）环绕不列颠岛和爱尔兰岛航行
	公元前100年	不列颠岛上出现最早的钱币
	公元前55年	恺撒第一次入侵不列颠岛
	公元前54年	恺撒第二次入侵不列颠岛

附表 2　罗马不列颠尼亚时代（公元 43—410 年）

年代		历史事件	货币金融事件
公元 1 世纪	公元 43 年	罗马皇帝克劳秋（Tiberius Claudius Caesar Augustus Germanicus，公元前 10—公元 54 年）遣大将奥鲁斯·普劳提乌斯（Aulus Plautius）率军征服不列颠	
	公元 50 年	伦蒂尼恩（Londinium）城建立，成为罗马不列颠尼亚首府。伦蒂尼恩即今日的伦敦，其市区范围大体与今日的伦敦金融城（City of London）重合	
	公元 60 年	布立吞人爱希尼（Iceni）部落的女王布迪卡（Boudicca 或 Boadicea）发动反罗马帝国的起义。翌年起义失败	
公元 2 世纪	公元 122 年	哈德良长城开始修建	
公元 3 世纪	公元 260 年	叛乱分子在高卢另立朝廷，疆域大体涵盖高卢、西班牙和不列颠，后人称为"高卢帝国"（其自称的拉丁文名称为 Imperium Galliarum，意为"高卢的朝廷"）	
	公元 275 年	奥勒良（Lucius Domitius Aurelianus，公元 214—275 年）皇帝平息分离运动，重新统一帝国	

续表

年代	历史事件	货币金融事件
公元 3 世纪	公元286— 296 年	罗马帝国海军不列颠亚水师（Classis Britannica）提督、贝尔盖人卡劳西乌斯（Carausius）拥兵作乱，割据不列颠尼亚及南卢北部，僭号"北帝"。伦蒂尼恩（Londinium）即今日的伦敦，其市区范围大体与今日的伦敦金融城（City of London）重合	在不列颠尼亚首府伦蒂尼恩等三处地方设立了造币厂，这是罗马不列颠亚自行设立官方造币厂之始。伦蒂尼恩造币厂生产的钱币背面通常有"ML"标记，即拉丁文"Moneta Londinium"的缩写，或"LN""LON"字样
公元 4 世纪	383	罗马人开始撤出不列颠	
	4 世纪末	盎格鲁一撒克逊部落开始侵袭并定居不列颠岛	
公元 5 世纪	公元 410 年	最后的罗马驻军和行政机构于公元 410 年全部撤离不列颠岛，留下岛民自生自灭。 据传，这年罗马皇帝霍诺留（Flavius Honorius，384—423 年）在答复不列颠人的祈请表文时表示要他们自己保卫自己。其时，帝国正为西哥特人（Visigoths）的侵扰所苦。就在这年的 8 月 24 日，西哥特人攻占并洗劫了罗马	

附表3　盎格鲁—撒克逊时代（公元5世纪初至1066年"诺曼征服"）

年份	历史事件	货币金融事件
公元600—800年	盎格鲁—撒克逊人在英格兰建立了多个政权。主要有七个王国，即肯特（Kent）、东盎格利亚（East Anglia）、诺森布里亚（Northumbria）、麦西亚（Mercia）、埃塞克斯（Essex）、萨塞克斯（Sussex）和韦塞克斯（Wessex）。这段时期被英国历史家称为"七国时代"（Heptarchy）。7世纪时，盎格鲁—撒克逊诸王国皈依基督教	
公元625年		最早的盎格鲁—撒克逊铸钱币出现，即肯特国王伊德巴尔德（Eadbald, 616—640年在位）制造的一种体量较小的金币。流传下来的《盎格鲁—撒克逊法典》称这种小金币为Scillingas，这一词汇后来演变为"先令"（Shillings），但钱币学者一般称其为"斯灵萨"（Thrymsa）金币。特里姆斯（Tremissis）金币。特里姆斯字面上的意为"三分之一单位"，是对于罗马的苏里达斯金币而言的，指其币值相当于苏利达斯标准的1/3，重量为8西利克（Siliqua，复数形式Siliquae），折合现代重量标准1.7克。肯特斯灵萨重量在1-3克，直径通常为13毫米左右，含金量在40%~70%。公元655年后，斯灵萨含金量降低到35%以下

续表

年份	历史事件	货币金融事件
公元650年		英格兰各地可能有多达30余家造币厂运营
公元675年		金币停止制造，为厚银币（Sceat）所取代。当时这种钱币可能被称为第纳利乌斯或斯库便士（古英语Penningas，现代英语Pennies）。据大英博物馆19世纪90年代编制的目录，厚银币有100多种不同品类。约公元710—750年，几乎所有的盎格鲁—撒克逊王国均生产此类钱币
8世纪后期		最早的加洛林式便士银币由麦西亚国王奥法（Offa，公元757—796年）推出，一枚便士银币重量为1/240萨克森镑，即22.5格令，或1.46克，即1个便士量（Pennyweight，简写dwt）含银量92.5%（Sterling Silver）。钱币上有国王的名字和造币者的名字。其他盎格鲁—撒克逊王国，包括东盎格利亚、肯特、韦塞克斯，诺森布里亚等，两位坎特伯雷大主教，以及维京人统治区域，也效仿奥法开始制造便士银币
公元829年	韦塞克斯国王埃格伯特（Egbert of Wessex，770—839年）成为盎格鲁—撒克逊诸王国共同拥戴的霸主	

续表

年份	历史事件	货币金融事件
公元865年	维京"异教雄师"（Great Heathen Army）大举入侵不列颠岛	大量的便士银币被用于向维京人缴纳"保护费"，即"丹麦金"。比便士更大的单位，如先令（1/20磅或12便士）、磅等，一般只作为记账单位，现实中甚少生产此类钱币。
公元878年	韦塞克斯国王阿尔弗雷德大王（Alfred the Great，公元848/849—899年）在爱丁顿战役（Battle of Edington）击败了维京大军。维京首领古斯伦（Guthrum，约公元835—890年）乞和，双方签订条约，基本平分了英格兰，维京人占据的领土被称为"丹麦法区"（Danelaw）	但也有特例，其中最著名的是曼库斯（Mancus）金币。曼库斯金币系仿效当时阿拉伯帝国阿拔斯王朝的第纳尔金币，重4~5克，折合30便士银币。在当时，一枚曼库斯金币可以购买360个面包
公元880年		阿尔弗雷德大王的便士银币上有"LONDONIA"字样，表明在伦敦生产。这个时间段被视为英国皇家造币厂（Royal Mint）的创始时间。到10世纪，英格兰已有超过70家造币厂，几乎每个市镇都有自己的造币厂
公元927年	韦塞克斯国王，阿尔弗雷德大王的孙子埃塞尔斯坦（Athelstan，公元894—939年）统一了英格兰，成为历史上第一位"英格兰人的国王"（King of the English）	

续表

年份	历史事件	货币金融事件
1013 年	维京人丹麦国王"八字胡斯文"（Sweyn Forkbeard，公元 963—1014 年）率军入侵英格兰，斯文之子克努特大王（Cnut the Great，公元 995—1035 年）在位时君临英格兰、丹麦、挪威和瑞典的部分地区，后世史家称其政权为"北海帝国"（North Sea Empire）或"盎格鲁—斯堪的纳维亚帝国"（Anglo-Scandinavian Empire）	
1043 年	"忏悔者"爱德华（Edward the Confessor，1003—1066 年）成为英格兰国王，英格兰的王位再度回到盎格鲁—撒克逊人手中	
1066 年	"忏悔者"爱德华崩殂，其内兄塞克斯伯爵（Earl of Wessex）哈罗德·戈得温森（Harold Godwinson）继位为王。诺曼底公爵威廉入侵英格兰，10 月 14 日于黑斯廷斯（Hastings）战役英格兰斩哈罗德。威廉于当年圣诞节加冕为英格兰国王。史称"诺曼征服"（Norman Conquest）	

附表4 诺曼王朝（1066—1154年）

年份	历史事件	货币金融事件
1066年	"征服者"威廉成为英格兰国王，开创诺曼王朝	诺曼时代的便士银币一般重量在20~22格令，即1.3~1.6克。造币人本人要对钱币的重量和成色承担全责，名字要写全名，而不使用缩写。亨利一世在位期间推出了半便士银币和四分之一便士银币
1087年	"征服者"威廉病故，次子威廉二世继位	造币厂总数降至30余家。
1100年	威廉二世去世，其弟亨利一世继位	
1024年		诺曼王朝早期的钱币质量低劣，造币者靠偷工减料大发横财。为扭转这一局面，1124年，亨利一世将150位造币者召来温彻斯特（Winchester）问责，其中94名被定罪，受到十分严重的惩罚。自此后，终亨利一世一朝，钱币质量一直保持高且稳定
1135年	亨利一世去世	
1135—	亨利一世的女儿玛蒂尔达与外甥史蒂芬争夺王位，史称"无政府"时期。双方于	
1153年	1153年言和，同意斯蒂芬死后由玛蒂尔达之子亨利继承王位	
1154年	斯蒂芬去世，亨利继位，称亨利二世	

附表 5　金雀花王朝（1154—1487 年）

年份	历史事件	货币金融事件
1154 年	亨利二世加冕为英格兰国王，开创金雀花王朝	
1171—1172 年	亨利二世征服爱尔兰	
1180 年		亨利二世推出新的便士图案，即短十字便士（Short-cross Penny），这一图案一直沿用至 1247 年。其间，英格兰造币厂的数量大为减少，质量控制变得更为容易、可靠。也是在亨利二世时代，英格兰银币的含银量正式确立为 92.5%，即国际标准银，英镑的正式名称 Pound Sterling 即源于此，意为一磅 925 银。1 磅合 240 便士 925 银
1189 年	亨利二世辞世，其子"狮心王"理查一世继位	
1190 年	"狮心王"理查参加第三次十字东征	
1192—1194 年	"狮心王"理查返国途中遭奥地利公爵和神圣罗马皇帝扣押，缴纳 10 万磅白银映金后获释	

续表

年份	历史事件	货币金融事件
1199年	理查在战斗中受伤，因伤口感染去世。其弟"无地王"约翰继位	
1215—1217年	第一次诸侯战争（First Baron's War）	约翰王在位期间，先由恶劣气候等原因导致农业歉收，引发剧烈的通货膨胀，紧接着又因国战争开支导致严重的通货紧缩。当时的习惯做法是，国王将征收来的税收集中起来，重新制造银币，再将新制造的银币用木桶装送往各处王家城堡、要塞储藏，以备支付雇佣军的军饷和其他军政活动的开销。约翰与其他军饷相关的银币退出流通，闲置任在这数月之久。
1215年	约翰王签署《大宪章》	法国战争期间，军费开支骤增，大量银币退出流通，导致经济活动因缺少钱币而陷于停滞，导致社会动荡
1216年	约翰去世，其子亨利三世继位	
1265—1267年	第二次诸侯战争	给银币"剪边"（Clipping）的犯罪行为颇为猖獗，导致流通中的银币大量不足重。为此，亨利三世推出新的图案设计，即长十字便士，背面的十字架上下左右贯穿整枚银币。
1265年	第二次诸侯战争期间，反叛贵族成立国会	亨利三世时期英格兰短暂尝试了发行便士金币。享利三世的便士金币每枚价值20便士银币。这次尝试并不成功，因为当时的金银比价为1：24，而1便士金币只能兑换20便士银币，将金币融化为金条转卖即可套利4便士，
1272年	亨利三世去世，其子"长腿"爱德华一世继位	因此不久后已发行的金币即被召回熔化。如今存世的亨利三世金便士极为稀缺

续表

年份	历史事件	货币金融事件
1279年		爱德华一世在伦敦塔城墙内设立皇家造币厂，又称伦敦塔造币厂（Tower's Mint），其周边永久性作业区域被称为"造币街"（Mint Street）
1283年	英格兰征服威尔士	法国于1266年推出大图尔银币（Gros Tournois，又名Gros St.Louis，即大圣路易），重4.22克，含银量23/24，合4.044克纯银，在英格兰颇受欢迎。为与大图尔银币竞争，这一时期英格兰推出了格罗特（Groat，四便士）、半格罗特、半便士和法寻（Farthing，1/4便士）等不同面值的银币
1296—1328年	第一次苏格兰独立战争，苏格兰得以确保其独立地位	
13世纪晚期		爱德华一世将伦敦城的一个地块授予侨居伦敦的伦巴第金匠，形成伦巴第街，在马克思和白芝浩的时代，伦巴第街就是欧洲乃至全球货币和信贷市场的代名词，至今仍是伦敦金融城的核心地段
1307年	爱德华一世去世，其子爱德华二世继位	
1327年	爱德华二世遇弑，其子爱德华三世继位	
1338年	爱德华三世对法国王位提出主张，英法百年战争开始	

年份	历史事件	货币金融事件
1344年		爱德华三世对货币进行减重，1便士银币降至20 1/4格令925银。爱德华二世和爱德华三世的便士银币基本沿袭了爱德华一世的形制。其中，爱德华三世时代生产的便士银币较少，而生产格罗特银币较多，格罗特开始逐渐取代便士成为最流行的银币面值。
1348年	黑死病传播至英国，最终导致全国约1/3人口死亡	从爱德华三世起，历届国王开始自称"法兰西国王"，并将这一尊号加在钱币上。爱德华三世时期，英格兰向佛兰德斯的羊毛出口大幅增加，佛兰德斯商人以金币支付。金币的流入以及英格兰尝试自行发行发洛林（Florin）金币，由纯金打造，重108格令（约7克），价值6先令（72便士），相当于两枚佛罗伦萨弗洛林。因其正面图案中的两个豹头，被称"双豹"（Double Leopard）。因神种原因，爱德华三世时的弗洛林金币甫一推出即被召回，目前存世仅三枚，是世界上现存名贵的钱币之一。
1360年	法国与英格兰签订《布勒丁尼条约》（Treaty of Bretigny），割让大片领土给英格兰，英王放弃对法国王位的主张。法国还需缴付三百万埃居（Ecu）金作为被俘的国王让二世的赎金。百年战争第一阶段结束	爱德华三世也发行了新设计的"贵族"（Noble）金币。一枚"贵族"金币价值三银币6先令8便士（6/8 6s./8d.），折合80便士，或1/3磅白银。爱德华三世第二次造币（1344—1346年）时期，"贵族"金币重138.5格令（9克），直径33~35毫米。后来"贵族"金币逐渐减重，到第四次造币时（1351—1377年）仅重120格令（7.8克），含金量23/24，由此折算金银比价约为1：11.2，与欧洲大陆的基本一致。除"贵族"金币，还有半"贵族"和四分之一"贵族"两种面值的金币，比"贵族"更为常见，使用更多

年份	历史事件	货币金融事件
1369 年	英法百年战争第二阶段开始。到 1380 年，法国收复大部分失地	
1377 年	爱德华三世去世，其孙理查二世继位	理查二世时代，大量劣质银币自欧洲流入英格兰，质量相对较高的英格兰银币则被输往欧洲，熔化后掺杂劣质金属成质量低劣的钱币，以此牟利。这是"劣币驱逐良币"的格雷欣法则（Gresham's Law）在英格兰的一个早期案例。
1381 年	农民暴动	
1399 年	亨利四世弑杀理查二世篡位	英格兰贵金属价格低于欧洲大陆所导致的金融秩序带来极大干扰：经济生活中缺乏足够的钱币流通，造币厂则无法购买到充足的白银用来造币。
1413 年	亨利四世去世，其子亨利五世继位	亨利四世时代，这一问题给英格兰货币再次贬值，英格兰货币 1 便士降至 15 格令（0.899 克纯银），半"贵族"金币（40 便士）降至 54 格令，折合金银比价 1：10.3。
1415 年	亨利五世在阿金库尔战役中大败法军	亨利五世时代，受百年战争影响
1420 年	亨利五世与法王查理六世签订《特鲁瓦条约》(Treaty of Troyes)，条约内容包括亨利迎娶查理之女瓦卢瓦的凯瑟琳（Catherine of Valois）为王后，成为法国摄政王，他和他的继承人将在夏尔六世驾崩后继承法国王位。法国太子夏尔则被剥夺了继承权。这是整个百年战争中英格兰取得的最大胜利	在欧洲大陆，法国于 1425 年进行了货币改革，英格兰 1 巴黎里弗尔（Livre Parisis）或 20 苏（Sols）价值基本持平。佛兰德斯于 1434 年改革了币值，1 荷兰弗洛林格罗特银币与 1 苏基本持平。荷兰弗洛林（Dutch Florin）约合 40 便士，1 荷兰先令（Stuiver）约合 2 便士。这样英格兰与欧洲大陆主要货币的比价保持稳定，直至 1560 年
1422 年	亨利五世去世，其子亨利六世继位。法国太子夏尔拒绝承认《特鲁瓦条约》的合法性，双方再度爆发战争	

续表

年份	历史事件	货币金融事件
1453 年	百年战争以法国的胜利而告终，除加莱外，英格兰丧失了在法国的全部领地	15 世纪 30 年代以后，欧洲大陆黄金价格高于英格兰，大批金币流出英格兰用以套利。为阻止金币外流，1464 年，爱德华四世将"贵族"金币的价格由 6 先令 8 便士（80 便士）上调至 8 先令 4 便士（100 便士），同时还推出一款新的金币名为"皇家玫瑰"（Royal Rose）或"里亚尔"（Ryal），重 120 格令，价值 8 先令 4 便士（100 便士），但其并不受欢迎，于 1470 年停止生产。爱德华四世于 1465 年推出"天使"（Angel）金币，与"贵族"金币形制大体相同，重 80 格令，或 5.12 克，直径 29 毫米，正面图案为天使米迦勒斩龙。爱德华四世还推出了半天使（Half-angel）金币，重量为天使金币的一半。 1430—1480 年，英格兰发生经济衰退，史称"大衰退"（Great Slump），即由白银紧缺导致通货货币紧缩和信贷紧缩，其间适逢泛欧范围内的贵金属饥荒（the Great Bullion Famine，1457—1464 年）。欧洲缺乏贵金属的情况直到新航路开辟后欧洲殖民势力在美洲和非洲找到新的贵金属来源方才缓解。在此期间，英格兰便士再次贬值，降至 12 格令。英格兰的主要出口市场佛兰德当时金币半天使当时天使重 40 格令，合 40 便士，折合金银比价 1：11.2。英格兰的主要出口市场佛兰德当时在勃艮第公国"大胆"查理治下，1469—1475 年，根据勃艮第和英格兰之间的协议，勃艮第公爵"大胆"查理发行的 2 先令（Double Patard 或 2-Stuiver）银币与英格兰格罗特银币（4 便士）可以等价互换。
1455 年	兰开斯特支系和约克支系为争夺英国王位而爆发内战，史称"玫瑰战争"，至 1487 年结束	
1461 年	爱德华四世加冕为王，废黜亨利六世	
1470 年	亨利六世复位，爱德华四世流亡勃艮第	
1471 年	爱德华四世复位，弑杀亨利六世	
1483 年	爱德华四世去世，其子爱德华五世继位。理查三世篡逆，废爱德华五世	
1487 年	博斯沃思原野战役，理查三世阵亡，金雀花王朝终结。亨利七世加冕为王，开创都铎王朝	

附表 6　都铎王朝（1487—1603 年）

年份	历史事件	货币金融事件
1487 年	都铎王朝建立	
1489 年		亨利七世推出"至尊"（Sovereign）金币，含金量 23K（95.83%），价值 1 英镑零 1 先令（21 先令）。约 1489 年，亨利七世推出一款名为泰斯通（Testoon）的银币，相当于 12 便士或 1/20 镑，即先今银币的前身。亨利七世的泰斯通银币可能并非为正式流通所造，更像一个试点项目
1509 年	亨利七世去世，其子亨利八世继位	
1527 年		亨利八世颁布谕旨，要求英格兰造币由格制单位转换为金衡制单位。这种做法的主要项目的应该是同欧洲大陆通用的重量单位接轨，以便利国际贸易。1 金衡磅合公制单位 373.24 克，分为 12 金衡盎司，每盎司 20 金衡便士重量（Pennyweight, dwt），共计 5760 金衡格令。1 金衡格令合 31.1034768 克。当时法国 1 巴黎里弗尔（Livre Parisis）银币重 1 法国盎司，合 30.594 克，与金衡盎司基本持平；德意志的金格罗申（Guldengroschen）银币也效仿巴黎里弗尔银币，重 1 德意志盎司，合 29.232 克，基本可以等值互换
1534 年	《至尊法案》通过，英格兰与罗马教廷决裂。英国国教会成立，宗教改革开始	亨利八世推出"玫瑰王冠"（Crown of the Rose）金币，重 3.5 克，价值 4 先令 6 便士（4s./6d.），成色 23K，但不受欢迎，不久后停止生产。"双玫瑰王冠"金币（Crown of the Double-Rose）价值 5 先令（5s.），重 57.5 格令（3.37 克），含金量 22K，比"玫瑰王冠"更受欢迎，一直到亨利八世驾崩后仍在生产。这款钱币领域最重要的变化泰斯通银币的推出。这款钱币后来演变为先今银币
1536— 1541 年	"解散修道院"运动，天主教会财产遭剥夺	

年份	历史事件	货币金融事件
1544年		大贬值（Great Debasement）开始。大贬值期间，金币的含金量由23K最终降至20K，银币的含银量更是从92.5%降至25%。这一政策一直持续到1551年才被爱德华六世正式终止，但其影响因"劣币驱逐良币"的经济规律持续，直到1560年伊丽莎白一世女王成托马斯·格雷欣爵士将贬值的劣币逐出流通，恢复英格兰货币信用。
1547年	亨利八世去世，其子爱德华六世继位	爱德华六世在位时间虽短暂，但在英格兰的钱币发展史上占有重要地位，多种不同面值的钱币在爱德华六世时代首次推出，包括王冠（Crown）和半王冠银币、六便士和三便士银币等。其中，王冠银币的形制与当时全球贸易通行的硬通货西班牙八雷亚尔银币（Real de a Ocho，英文通用名 Spanish Dollar）基本相同，约25克或0.82盎司纯银，直径约38毫米。1枚王冠形制的银币，约5先令或60便士。当时欧洲各国都推出了价值1/4英镑，即5先令的银币，应该是王冠银制的银币，英格兰王冠银币为大不列颠贸易所取代，一直沿用至今，1990年英镑面值为5英镑。 总体起来，以1551年为界，1551年前，英格兰钱币的面值为： 银币：法寻（Farthing，1/4便士）以及格罗特（Groat，4便士）；半便士（Half-penny）、便士、半格罗特（Half-groat，2便士）以及格罗特（Groat，4便士）； 金币：1/4贵族（20便士）、半贵族（40便士）、贵族或天使（80便士）。基本与同期法国金币的苏（2便士）和里弗尔（40便士）相匹配。 1551年后，英格兰钱币的面值为： 银币：三便士（取代半格罗特）、六便士（取代格罗特）以及先令（12便士）； 银币或金币：半王冠（2先令6便士，合30便士），取代了四分之一天使（40便士）；王冠（5先令，合60便士），取代了半天使金币（40便士）； 金币：半至尊（10先令，合120便士）和至尊（20先令，合240便士，即1英镑）。

续表

年份	历史事件	货币金融事件
1553 年	爱德华六世去世，其同父异母姐姐玛丽一世继位	
1558 年	玛丽一世去世，其同父异母妹妹伊丽莎白一世继位	
1560 年		英格兰通过法律禁止"良币"出口，并取消"劣币"的法偿货币地位。伊丽莎白一世责成托马斯·格雷欣爵士将所有贬值的"劣币"从流通中回收，再将回收的劣币融化，重新制造成色更高的"良币"，这一过程中，托马斯爵士为王室创造了大约 5 万英镑收益。托马斯·格雷欣爵士观察到，高纯度的贵金属钱币（"良币"）通常会被民众窖藏起来，退出流通，贬值的法偿货币（"劣币"）则被沿用来清偿债务。这一观察后来以"格雷欣法则"（Gresham's law）之名为后世所熟知
1588 年	摧毁西班牙无敌舰队	
1600 年	英国东印度公司成立	
1603 年	伊丽莎白一世女王去世	

附表 7　斯图亚特王朝（1604—1649 年）

年份	历史事件	货币金融事件
1604 年	苏格兰国王詹姆斯六世加冕为英格兰国王，称詹姆斯一世	尽管英格兰和苏格兰尚未正式合并，但苏格兰摄政会议下令采用同英格兰相同的造币标准。新的"统一"（Unite）金币价值 1 英镑或 12 苏格兰镑，两国此后发行的金币和银币的重量和成色保持一致，但苏格兰可以保留自己的铜币。两国钱币上国王的肖像均相同，即"大不列颠，法兰西和爱尔兰之王"，使用罗马数字表明面值时可以同时指代英格兰先令或英格兰便士。两国间的钱币仅有细微差异，比如 1610 年后，苏格兰钱币上苏格兰皇家的狮子纹章要比英格兰一世的更突出。 价值 20 苏先令的统一金币在詹姆斯一世后的各代君主及共和国时期均有生产，共和国时期推行的统一金币文弃用拉丁文，改用英文。从 1663 年起直到 1813 年推出新款"至尊"金币，英国没有再发行过价值 20 先令（1 英镑）的金币
1605 年	天主教极端分子企图暗杀国王的"火药阴谋"被破获	詹姆斯一世时期英格兰推出了法寻（Farthing，1/4 便士）铜币，以解决流通中缺少小面值辅币找零的问题，为英格兰首例法偿铜币。
1615 年	英格兰出使印度莫卧儿帝国贾汗吉尔皇帝阿格拉，拜会	在当时欧洲物价革命的大背景下，英格兰通货膨胀也较为严重，便士银币的购买力日渐下降，其在经济生活和币制中的地位也日渐下降。
1618 年	三十年战争爆发	先令银币开始出现罗马数字面值标记 XII，即 12 便士。
1625 年	詹姆斯一世去世，其子查理一世继位	詹姆斯一世新发行的金币有推各布斯（Jacobus）、统一（Unite）、玫瑰里亚尔（Rose Ryal）、马刺里亚尔（Spur Ryal）、桂冠（Laureal）、半桂冠（Half Laureal）等数种。推各布斯金币价值 20 先令（1 英镑），玫瑰里亚尔金币价值 30 先令（1.5 英镑），马刺里亚尔金币价值 15 先令。桂冠是英国发行的第三种金币价值 20 先令（1 英镑）的金币。半桂冠金币是继半王冠金币和双王冠银币后英格兰发行的第三款价值 10 先令的钱币

续表

年份	历史事件	货币金融事件
1629年	查理一世实行无国会统治，直至1640年，史称"十一年僭政"	从钱币学角度来看，查理一世时期的钱币是所有英国君主发行的钱币中最有趣、最复杂的。很多不同品类和面值钱币在伦敦铸造币厂生产，但内战期间，在外另设立了诸多新的造币厂，以生产大面值钱币为主，主要用于支付士兵的军饷。
1639年	苏格兰与英格兰之间爆发"主教战争"，至1644年结束	国会于1642年接管伦敦铸造币厂后继续生产类似款式的便士，直到1648年，只是国王的肖像换成了以前的旧款式，以此标明国会无意废黜君王，只是反对"君侧小人"。
1640年	为解决财政危机，查理一世强行征用伦敦教堂造币厂新币，导致政用信誉破产。为筹集战争经费，查理一世重新召开国会	1638年，一家新的造币厂在威尔士的阿伯里斯特威斯（Aberystwyth）城堡被投入运营，使用当地出产的白银生产从便士到半克朗的小面值银币。1648年，城堡在内战中被摧毁，造币厂转移至银矿旷继续生产，但究竟生产了何种钱币如今找不到任何记录。 内战期间，国会令取伦敦教堂造币厂后，查理一世在共行在牛津设立造币厂。牛津造币厂于1646年关闭。1643年7月，保王党以占有牛津里斯托尔并在当地设立银厂。1643—1646年，保王党在埃克塞特也设有一间造币厂，主要生产王冠和半王冠银币。
1642年	英格兰内战爆发	查理一世在位时期推出的金币有卡洛斯（Carolus），三统一（Triple Unite）等。卡洛斯是查理推出的拉丁文拼写，卡洛斯金币价值20先令，后来上调至23先令。三统一金币价值60先令或成3英镑，是英国打制钱币时代生产的最高面值的钱币。
1649年	查理一世被处决，英格兰共和国建立	重421格令，合27.3克，略高于7/8金衡盎司，价值高7/8金衡盎司。内战时期，1642—1644年三统一金币主要在保王党控制下的牛津造币厂生产，也有极少量于1642年在舒斯伯里（Shrewsbury）造币厂生产

附表 8　英格兰共和国或"王位空缺"时代（1649—1660 年）

年份	历史事件	货币金融事件
1649 年	"残缺国会"表决通过废除君主制的提议，建立共和国	克伦威尔统治时期发行的最有趣的一款钱币是机制五十先令金币，只制造过一次，目前已知仅有 11 枚存世，是极为珍稀的佳果。正面克伦威尔的头像效仿罗马皇帝的面来。这款金币与共和国时代的机制二十先令（1 英镑）阔金币（Broad）图案、直径相同，但重量和价值为阔金币的 2.5 倍，应为阔金币的厚金设计样币，这也解释了为何这款金币如此稀少。 共和国时代续发行价值 22 先令的统一金币，只是币文由拉丁文改为全英文。 克伦威尔王冠银币的设计与上文提到的五十先令金币和二十先令阔金币相同，克伦威尔的头像仿罗马皇帝装扮，铭文采用拉丁文
1649—1652 年	克伦威尔对爱尔兰和苏格兰进行军事征服	
1651 年	残缺国会通过《1651 年航海法案》，采取贸易保护主义政策，旨在打击荷兰在航海和国际贸易领域的优势	
1652—1654 年	第一次英荷战争，英格兰获胜	
1653 年	克伦威尔就任护国主，建立独裁统治	
1658 年	克伦威尔去世，其子理查德·克伦威尔继任护国主	
1659 年	理查德·克伦威尔下野	
1660 年	国会决定邀请查理一世之子查理二世回国复辟斯图亚特王朝	

附表 9　斯图亚特王朝复辟时期（1660—1714 年）

年份	历史事件	货币金融事件
1660 年	查理二世返回伦敦，翌年正式加冕	
1663 年		推出几尼金币。几尼是英国首款机器制造的法偿金币。几尼金币的价格起初定为 20 先令（1 英镑），但查理二世时代，因黄金价格飙升，在市场上几尼金币的价格从一开始就有明显溢价。此后黄金价格一直保持上升趋势，特别是在政局不稳时更是急剧飙升。从 1663 年到 1813 年，几尼金币的生产和流通见证了英国君主立宪制的建立、工业革命的兴起和日不落帝国的初具雏形，具有重大历史意义；几尼金币在法律上的非货币化也刚好同英国进入事实上的金本位制的时间重合
1665 年	伦敦大瘟疫暴发	
1665—1667 年	第二次英荷战争	
1666 年	伦敦大火	
1672 年		1672 年 1 月 2 日王室宣布停止一切到期债务的兑付，停兑为期一年，至 1672 年 12 月 31 日；停兑期间利息按年化 6% 照付，但本金偿还暂停。这一事件史称"大停兑"
1672—1674 年	第三次英荷战争	

续表

年份	历史事件	货币金融事件
1677年	荷兰执政、奥伦治来王威廉三世与查理二世的侄女、约克公爵詹姆斯的女儿、英国王位第二顺位继承人玛丽公主结婚	
1685年	查理二世去世，其弟詹姆斯二世继位	
1688年	"光荣革命"爆发，国会拥立威廉三世和玛丽二世为共知君王，詹姆斯二世流亡法国。九年战争爆发	
1688—1691年	詹姆斯的支持者在爱尔兰举兵反抗威廉和玛丽的新政权，史称爱尔兰威廉党人战争（Williamite War in Ireland）	为给士兵发饷，詹姆斯党人用铜、锡等贱金属制造钱币，二世复位后，这些钱币可以兑换为银币并附加利息。这些钱币被称为"大炮钱"
1689年	威廉和玛丽签署《权利法案》	
1694年	玛丽二世女王去世，威廉三世成为唯一的君王	英格兰银行成立
1695年		就是否应提升银币币值，朗兹和洛克展开论战
1696—1699年		"货币大重造"，以机器造币取代减重的银币

续表

年份	历史事件	货币金融事件
1696 年		牛顿出任英国皇家造币厂监督，主持货币大重造
1701 年	西班牙王位继承战争爆发，至 1714 年结束	
1702 年	威廉三世去世，其妻妹安妮继承王位	
1707 年	英格兰和苏格兰正式合并为大不列颠王国	按照《联合法案》的要求，新的大不列颠联合王国应使用统一的货币，为此，苏格兰发行了新款式的银币，但金币和铜币暂不涉及。苏格兰的货币重造由牛顿负责。 苏格兰对货币的汇率被确定为 12∶1，新币采用金衡标准，即每磅 12 金衡盎司，而非苏格兰传统的每磅 16 金衡盎司。新款钱币同时在伦敦和爱丁堡生产，其中爱丁堡生产的钱币下方有字母"E"标记以示区别。 1707 年 10 月 6 日起，外国钱币不能再用作法偿货币；1708 年 2 月 10 日起，货币重造前生产的苏格兰旧币也不可再作为法偿货币。最后一批新币于 1709 年 10 月 5 日从爱丁堡造币厂出厂，这是苏格兰生产的最后一批钱币
1714 年	安妮女王去世，汉诺威选帝侯乔治一世继位为王，汉诺威王朝开启	

附录二 英国钱币沿革一览表

——盎格鲁—撒克逊时代至汉诺威王朝建立

附表 10 金币

名称	成色	重量和面值	推出时间/君主	终止时间
斯灵萨 （Thrymsa）	40%~70%，655 年后 降至 35%	1/3 苏利达斯，即 8 西利克（Siliqua，复数形式 Siliquae），折合现代重量标准 1.7 克。实测 1~3 克	公元 625 年	公元 675 年
曼库斯 （Mancus）	N/A	仿效当时阿拉伯帝国阿拔斯王朝的第纳尔金币，重 4~5 克，折合 30 便士银币	约公元 796 年	1016 年
金便士 （Gold Penny）	高于 23K	2.9 克；20 便士银币（1 先令）	1257 年； 亨利三世	发行后立刻被召回
弗洛林 （Florin）	高于 23K	108 格令（6.998 克）；6 先令	1344 年； 爱德华三世	发行后立刻被召回
半弗洛林 （Half Florin）	高于 23K	3.51 克；3 先令	1344 年； 爱德华三世	发行后立刻被召回

续表

名称	成色	重量和面值	推出时间/君主	终止时间
四分之一弗洛林（Quarter Florin）	高于23K	1.64克；1先令6便士	1344年；爱德华三世	发行后立刻被召回
贵族（Noble）	23K	138.5格令（9克），后减重至120格令（7.8克）；6先令8便士或（1/3英镑）80便士	1344年；爱德华三世	1470年
天使（Angel）	23K	80格令（5.12克）；价值在6先令8便士至8先令11先令变动	1465年；爱德华四世	1642年
至尊（Sovereign）	23K（大跌值后降至22K）	第一批重240格令（半金衡盎司或155.55克）；20先令（1英镑）	1489年；亨利八世	1604年。1816年货币大重造后推出新版1英镑至尊金币
玫瑰王冠（Crown of Rose）	23K	3.5克；4先令6便士	1526年；亨利八世	流通数月后即停止生产
半王冠（Half Crown）	23K（伊丽莎白一世和詹姆斯一世时代的半王冠金币为22K）	2先令6便士（1/8英镑）	1526年；亨利八世	詹姆斯一世后不再发行半王冠金币

续表

名称	成色	重量和面值	推出时间/君主	终止时间
半至尊（Half Sovereign）	22K	10先令	1544年；亨利八世	1604年。1816年货币大重造后推出新版半至尊金币
雅各布斯（Jacobus）	22K	1/41金衡磅（9.10克）；25先令	詹姆斯一世	
玫瑰里亚尔（Rose Ryal）	22K	13.68克；30先令（11/2英镑）	1604年；詹姆斯一世	1625年
马利里亚尔（Spur Ryal）	22K	15先令，后涨至16先令6便士	1604年；詹姆斯一世	1625年
统一（Unite）	22K	20先令（1英镑），后涨至22先令	1604年；詹姆斯一世	1663年后被几尼金币取代
桂冠（Laureal）	22K	140.5格令（9.1克或略少于1/3金衡盎司）；20先令	1619年；詹姆斯一世	1625年
半桂冠（Half Laureal）	22K	10先令	1619年；詹姆斯一世	1625年
卡洛斯（Carolus）	22K	20先令，后涨至23先令	查理一世	

续表

名称	成色	重量和面值	推出时间/君主	终止时间
三统一（Triple Unite）	22K	421 格令（27.3 克或略高于 7/8 金衡盎司）；60 先令（3 英镑），为英国打制钱币时代币值最高的钱币	1642 年；查理一世	1644 年
五十先令（Fifty Shillings）	22K	22.7 克（0.73 盎司）；50 先令	1656 年；克伦威尔	20 先令阔金币的设计样币
阔金币（Broad）	22K	9.0~9.1 克；20 先令	1656 年；克伦威尔	
几尼（Guinea）	22K	1 金衡磅王冠金生产 44 1/2 枚几尼，合每枚金衡盎司重 129.438 格令（8.385 克或 0.247 金衡盎司）；发行时定为 20 先令，后不断上涨，1717 年后固定为 21 先令	1663 年；查理二世	1799 年（1813 年特别生产了 8 万枚"军事几尼"）

附表 11　银币

名称	成色	重量/面值	推出时间/君主	终止时间
厚银币（Sceat）	无统一标准	0.8~1.3 克	公元 625 年	公元 675 年
斯缇卡（Styca）	银合金，后改为铜		约公元 790 年；诺森布里亚王国	约公元 850 年
便士（Penny）	23K	至 1971 年英国货币改行十进制前，理论价值为 1 英镑的 1/240。到 18 世纪初，皇家造币厂的官方标准为 1 金衡盎司 925 标准银生产 62 便士，1 英镑价值约 3.87 金衡盎司标准银	公元 785 年；麦西亚国王奥法仿效加洛林王朝同类银币推出，其后约 500 年间便士是英格兰唯一的一种货币面值	今天的便士为辅币。1797 年后改为铜币，1992 年后改为钢镀铜材质，价值 1/100 英镑
法寻（Farthing）	925 标准银	1/4 便士或 1/960 英镑。詹姆斯一世时代改为铜币	可能在 13 世纪早期亨利三世时代，1216—1247 年	1960 年
格罗特（Groat）	925 标准银	4 便士	13 世纪晚期爱德华一世时期	1856 年
先令（Shilling）	925 标准银	12 便士（1/20 英镑）	约 1489 年，亨利七世。詹姆斯一世时期开始标示面值 XII，即 12 便士。1920 年后改为含银量 50%，1946 年后改为铜镍合金	1990 年后不再作为法偿货币

名称	成色	重量/面值	推出时间/君主	终止时间
三便士（Threepence）	925标准银	3便士（1/4先令或1/80英镑）	16世纪中期，爱德华六世时代。詹姆斯一世时期停止使用，内战时期查理一世重新推出。乔治五世（1910—1936年在位）改为50%银合金，爱德华八世推出铜合金三便士	1971年十进制改革后不再作为法偿货币
六便士（Sixpence）	925标准银	6便士（1/2先令或1/40英镑）	16世纪中期，爱德华六世时代。伊丽莎白一世时代币开始标示年份	1980年6月30日后不再作为法偿货币。2016年皇家造币厂推出十进位制下的六便士圣诞纪念币
三法寻（Three Farthings）	925标准银	3/4便士	伊丽莎白一世第三次、第四次造币（1561—1582年）	伊丽莎白一世以后没有再发行
三个半便士（Three Halfpence）	925标准银	1 1/2便士	伊丽莎白一世第三次、第四次造币（1561—1582年）	伊丽莎白一世以后没有再发行

续表

名称	成色	重量/面值	推出时间/君主	终止时间
王冠（Crown）	925 标准银	1/4 英镑（5 先令或 60 便士）	1551 年；爱德华六世时期	1927 年改为 50% 银合金；1951 年改为铜镍合金；1990 年改为 5 英镑硬币，今天仍在使用
半王冠（Half Crown）	925 标准银	1/8 英镑（2 先令 6 便士或 30 便士）	1549 年；爱德华六世时期	1919 年改为 50% 银合金，1946 年改为铜镍合金，1970 年退出流通

参考文献

［1］Alexander Pierre Faure, "Money Creation: Genesis 2: Goldsmith-Bankers and Bank Notes", 2013-04-04, Available at SSRN: https://ssrn.com/abstract=2244977 or http://dx.doi.org/10.2139/ssrn.2244977.

［2］Andre Gunder Frank, "ReOrient: Global Economy in the Asian Age", University of California Press, 1998.

［3］Anthony Hoston, "Stablizing Monetary System: Sterling's Currency and Credit Markets from the 12th to 20th C", Cambridge Working Paper in Economic and Social History, CWPESH No.11, Cambridge University, 2012.Available at https://www.econsoc.hist.cam.ac.uk/docs/CWPESH%20number%2011%20Sept%202012.pdf.

［4］BBC East, Detectorist finds 10, 000 Roman coins in Huntington hoard, Katy Prickett, https://www.bbc.com/news/uk-england-cambridgeshire-59665406.

［5］BBC, "Anglo-Saxon coin found in Wiltshire could sell for ￡200k", 2021-06-31, https://www.bbc.com/news/uk-england-wiltshire-58028670.

［6］BBC, "Gold coin found in Devon field fetches

£ 540k".2022–01–22, https://www.bbc.com/news/uk-england-devon-60095685.

［7］C.E.Chalis, "Currency and Economy in Tudor and Early Stuart England", The Historical Association, London, UK, 1989.

［8］C.E.Challis, "A New history of the Royal Mint ledited by C.E. Chalis",Cambridge University Press, Cambridge, 1992.http://www.loc.gov/catdir/toc/cam021/89031656.html.

［9］C.R.Fay, "Newton and the Gold Standard".*Cambridge Historical Journal*, Vol.5, No.1, 1935, pp.109–117.http://www.jstor.org/stable/3020836.

［10］Caius Julius Caesar, "Commentarii de Bello Gallico", Andesite Press, 2015.

［11］Charles P. Kindleberger, "A Financial History of Western Europe", Taylor & Francis, 2005, p.60.

［12］Claudio Marsilio, "Which way to turn?"The destinations of the Spanish silver（1621–1650）London, Lisbon, or Genoa?, " Working Papers GHES-Office of Economic and Social History, ISEG-Lisbon School of Economics and Management, GHES-Social and Economic History Research Unit, Universidade de Lisboa, 2015.

［13］D'Maris Coffman, "The Protectorate Excise, 1654–1659", In: Excise Taxation and the Origins of Public Debt, Palgrave Studies in the History of Finance, Palgrave Macmillan, London, 2013.https://doi.org/10.1057/9781137371553_6.

［14］Dan Bogart, "There can be no partnership with the

king: Regulatory commitment and tortured rise of England's East Indian merchant empire", 2015, Available at https://eml.berkeley. edu/~webfac/seminars/bogart_211seminar.pdf.

［15］Dan Jones, "The Plantagenets: The Kings who made England", London, HarperPress, 2012.

［16］David Holt, John Hulett, Bob Lyall, "The Tower Mint shillings of Charles Ⅰ（1625–1649）", *British Numismatic Journal*, Vol.84, 2014, pp.165–176.

［17］Diarmaid MacCulloch, "Thomas Cromwell: The best Italian in England", History Extra, 2018–10–04, https://www. historyextra.com/period/tudor/thomas–cromwell–the–best–italian–in–all–england/.

［18］Diary of Samuel Pepys, https://en.wikisource.org/wiki/ Diary_of_Samuel_Pepys/1667/June #B3th.

［19］Eric H Cline, "1177BC: The Year Civilization Collapsed", Princeton University Press, 2014.

［20］Federal Deposit Insurance Corporation, "A brief history of deposit insurance in the United States", Prepared for the International Conference on Deposit Insurance, Washington DC., Septermber 1998.

［21］George Akerlof, "The Market for Lemons: Quality Uncertainty and the Market Mechanism", The Quarterly Journal of Economics, Vol.84, No.3, 1970, pp.488–500.JSTOR, https://doi. org/10.2307/1879431.

［22］Glenn O.Nichols, "English Government Borrowing, 1660–

1688", Journal of British Studies, Vol.10, No.2, 1971, pp.83–104.

［23］Glynn Davies, "A History of Money", Third Edition, University of Wales Press, 2002, p.241.

［24］Greg Steinmetz, "The Richest Man Who Ever Lived: The Life and Time of Jacob Fugger", Simon Schuster, 2015.

［25］Ian Gentles, "A Greedy Puritan?"Oliver Cromwell and Money, 2011.

［26］James Shapiro, "The Year of Lear: Shakespeare in 1606", First Simon & Schuster Hardcover Edition, 2015.

［27］Jeff Starck, "Gold 50-shilling coin of Cromwell soars in London auction" Coin World, 2021-01-30.https://www.coinworld. com/news/world-coins/gold-50-shilling-coin-of-cromwell-soars-in-london-auction.

［28］John A.Guy, "Tudor England", Oxford University Press, 1988, p.32.

［29］John J. Schroeder, "War Finance in London, 1642–1646." *The Historian*, Vol.21, No.4, 1959, pp.356–371. *JSTOR*, http://www. jstor.org/stable/24436644.

［30］Jongchul Kim, "How modern banking originated: The London goldsmith-bankers' institutionalisation of trust", Business History, Vol.53, No.6, 2011, pp.939–959.

［31］Li Ling-Fan, "After the Great Debasement, 1544–1551: Did Gresham's Law Apply?" Working Papers, No.126/09, Department of Economic History, London School of Economics,

2009, Available at https://www.lse.ac.uk/Economic–History/Assets/Documents/WorkingPapers/Economic–History/2009/WP126.pdf.

［32］Margaret MacMillan, "War: How Conflict Shaped Us", Random House, New York, 2020.

［33］Martin Allen, "Mints and Money in Medieval England", Cambridge: Cambridge University Press, 2012.

［34］Mary Beard, "SPQR: A History of Ancient Rome", First Edition, Liveright Publishing Corporation, 2015.

［35］Mundell, Robert, "Uses and abuses of Gresham's law in the history of money", Zagreb journal of economics, Vol.2, 1998, pp.3–38.

［36］Patrick Hyde Kelly, "Introduction.Locke on Money（edited）", by John Locke, Clarendon Press, 1991, pp.1–121.

［37］Peter Bernholz, Peter Kugler, "The Price Revolution in the 16th Century: Empirical Results from a Structural Vectorautoregression Model", WWZ Working Paper, No.12/07, University of Basel, 2007.Center of Business and Economics（WWZ）, Basel, https://doi.org/10.5451/unibas-ep61240.

［38］Pierre Riché, "The Carolingians: A Family who Forged Europe", University of Pennsylvania Press, 1993.

［39］Raphaelle Schwarzberg, "Becoming a London goldsmith in the seventeenth century: Social capital and mobility of apprentices and masters of the guild", Working Papers No.141/10, June 2010. London School of Economics and Political Science, Available at https://www.lse.ac.uk/Economic-History/Assets/Documents/ WorkingPapers/Economic-History/2010/WP141.pdf.

［40］Richard Cust, "Charles Ⅰ, the Privy Council, and the Forced Loan", *Journal of British Studies*, Vol.24, No.2, 1985, pp.208–235.http://www.jstor.org/stable/175703.

［41］Richard Kleer, "Reappraising Locke's Case against 'Raising the Coin'", Discussion Papers, Department of Economics, University of Regina, 2001.Available at https://www.uregina.ca/arts/economics/ assets/docs/pdf/papers/090.pdf.

［42］Ronald Hutton, "The Making of Oliver Cromwell", New Haven, CT, 2021；online edn, Yale Scholarship Online, 2022-01-20, https://doi.org/10.12987/yale/9780300257458.001.0001.

［43］Saumitra Jha, "Financial Innovations and Political Dvelopment: Evidence from Revolutionary England", https://www. gsb.stanford.edu/faculty-research/working-papers/financial-innovations-political-development-evidence-revolutionary, 2010.

［44］Sharath S. Srivatsa, "Collector mints a fortune from coin auction", 2012-02-20, www.thehindu.com.

［45］Spink, "Coins of England and the United Kingdom", 46th edition standard catalogue of British coins, 2011.

［46］Stephen Deng, "The Great Debasement and Its Aftermath", In: "Coinage and State Formation in Early Modern English Literature, Early Modern Cultural Studies", Palgrave Macmillan, New York, 2011.https://doi.org/10.1057/9780230118249_4.

［47］Stephen M. Stigler, "Eight Centuries of Sampling Inspection: The Trial of the Pyx", Journal of the American Statistical Association, Vol.72, No.359, 1977, pp.493–500.https://doi.org/10.2307/2286206.

［48］Stephen Quinn, "Gold, Silver, and the Glorious Revolution: Arbitrage between Bills of Exchange and Bullion", *The Economic History Review*, Vol.49, No.3, 1996, pp.473–490.*JSTOR*, https://doi.org/10.2307/2597760.

［49］Stuart Rigold, "The Principal Series of English Sceattas", The British Numismatic Journal, No.47, 1977, pp.21–30.

［50］Thomas Levenson, "Newton and the counterfeiter : the unknown detective career of the world's greatest scientist", Houghton Mifflin Harcourt, 2009.

［51］Thomas Piketty, "Capital in the Twenty-First Century", English translation by Arthur Goldhammer, The Belknap Press of Havard University Press, Cambridge, MA & London, England, 2014.

［52］Wilfried Parys, "David Ricardo, the Stock Exchange, and the Battle of Waterloo: Samuelsonian legends lack historical evidence", Working Papers, University of Antwerp, Faculty of Business and Economics, 2020.

［53］William Dalrymple, "The Anarchy: The Relentless Rise of The East India Company", Bloomsbury Publishing, 2019.

［54］大英博物馆官方网站，https://www.britishmuseum.org.

［55］格雷欣学院（Gresham College）官网，https://www.gresham.

ac.uk。

［56］国民政府立法院编译处：《大宪章》，《各国宪法汇编》，1933 年（民国二十二年）8 月出版。维基文库，https://zh.m.wikisource.org/zh/ 英国大宪章。

［57］剑桥大学菲茨威廉博物馆官网，https://www.fitzmuseum.cam.ac.uk.

［58］《罗念生全集》第四卷《阿里斯托芬喜剧六种》，上海世纪出版（集团）有限公司、上海人民出版社 2007 年，2007 年 4 月第一次印刷。

［59］《莎士比亚全集》（莎士比亚诞辰 450 周年纪念版），朱生豪译，人民文学出版社，2014 年 10 月北京第 1 版，2022 年 3 月第 7 次印刷。

［60］《圣经·新约》，新标点和合本并排对照版，中华基督教两会 2015 年 2 月第一版第 6 次印刷。

［61］《圣经》，简化字现代标点和合本，中国基督教两会 2005 年印刷。

［62］"圣母玫瑰"号博物馆官方网站，https://maryrose.org。

［63］托马斯·亨利·赫胥黎，（Thomas Henry Huxley，1825—1895 年）：《天演论》（Evolution and Ethics），严复译，维基文库，https://zh.m.wikisource.org/wiki/ 天演论。

［64］英国国家档案馆网站币值换算器：1290–2017，https://www.nationalarchives.gov.uk/currency–converter/。

［65］英国国家陆军博物馆官网，https://www.nam.ac.uk/explore/british-civil-wars。

［66］英国皇家造币厂博物馆官网，https://www.royalmintmuseum.
org.uk/。

［67］英国皇家造币厂官网，https://www.royalmint.com。

［68］油管频道，https://www.youtube.com/c/GreshamCollege。